GALÁPAGOS

Purdue Studies in Romance Literatures

Editorial Board

Íñigo Sánchez-Llama, Series Editor
Elena Coda
Paul B. Dixon
Patricia Hart

Deborah Houk Schocket
Gwen Kirkpatrick
Allen G. Wood

Howard Mancing, Consulting Editor
Floyd Merrell, Consulting Editor
Joyce L. Detzner, Production Editor

Associate Editors

French
Jeanette Beer
Paul Benhamou
Willard Bohn
Gerard J. Brault
Thomas Broden
Mary Ann Caws
Glyn P. Norton
Allan H. Pasco
Gerald Prince
Roseann Runte
Ursula Tidd

Italian
Fiora A. Bassanese
Peter Carravetta
Benjamin Lawton
Franco Masciandaro
Anthony Julian Tamburri

Luso-Brazilian
Fred M. Clark
Marta Peixoto
Ricardo da Silveira Lobo Sternberg

Spanish and Spanish American
Catherine Connor
Ivy A. Corfis
Frederick A. de Armas
Edward Friedman
Charles Ganelin
David T. Gies
Roberto González Echevarría
David K. Herzberger
Emily Hicks
Djelal Kadir
Amy Kaminsky
Lucille Kerr
Howard Mancing
Floyd Merrell
Alberto Moreiras
Randolph D. Pope
Elżbieta Skłodowska
Marcia Stephenson
Mario Valdés

PSRL volume 77

GALÁPAGOS

Imaginarios de la
evolución textual
en las islas encantadas

Esteban Mayorga

Purdue University Press
West Lafayette, Indiana

Copyright ©2019 by Purdue University. All rights reserved.

∞ The paper used in this book meets the minimum requirements of
American National Standard for Information Sciences—Permanence of
Paper for Printed Library Materials, ANSI Z39.48-1992.

Printed in the United States of America
Interior template design by Anita Noble;
Cover template design by Heidi Branham;
Cover image: "El paisaje vaciado" by Florencia Luna.

Library of Congress Cataloging-in-Publication Data

Names: Mayorga, Esteban, 1977- author.
Title: Galápagos : imaginarios y evolución textual en Las Islas
    Encantadas / Esteban Mayorga.
Description: West Lafayette : Purdue University Press, 2019. | Series:
    Purdue studies in Romance literatures ; 77 | Includes bibliographical
    references and index.
Identifiers: LCCN 2019027037 (print) | LCCN 2019027038 (ebook) | ISBN
    9781557538772 (paperback) | ISBN 9781612496085 (epub) | ISBN
    9781612496092 (pdf)
Subjects: LCSH: Galapagos Islands--History. | Galapagos Islands--In
    literature. | Galapagos Islands--Description and travel. | National
    characteristics, Ecuadorian.
Classification: LCC F3741.G2 M39 2019 (print) | LCC F3741.G2 (ebook) |
    DDC 986.6/5--dc23
LC record available at https://lccn.loc.gov/2019027037
LC ebook record available at https://lccn.loc.gov/2019027038

*Para Gabriela, Manukis y Samuel Antón:
el único paisaje posible*

Índice

ix Agradecimientos
1 Narrativas insulares
11 Capítulo uno
   La primera crónica colonial de unas islas maginarias
   Carta a su majestad de Tomás de Berlanga
23 Capítulo dos
   Metahistoria en el archipiélago, la primera ficción colonial
   Historia de los Incas de Sarmiento de Gamboa
37 Capítulo tres
   La fluidez de la selección natural
   The Voyage of the Beagle de Charles Darwin
59 Capítulo cuatro
   La relación entre el Transcendentalismo y las Galápagos
   The Encantadas, or Enchanted Isles de Herman Melville
81 Capítulo cinco
   Los piratas en Galápagos y la formación del estado-nación
   El pirata del Guayas de Manuel Bilbao
101 Capítulo seis
   La construcción de la identidad galapaguense y ecuatoriana
   Galápagos a la vista de Bolívar Naveda
121 Capítulo siete
   La fuerza del mercado y la perspectiva ecocrítica
   Galápagos: huellas en el paraíso de Hugo Idrovo
139 Conclusión
149 Anexo
153 Notas
173 Obras citadas
185 Índice alfabético

Agradecimientos

Agradezco a Niagara University y a Boston College. En especial al Departamento de Lenguas y a su director Jim McCutcheon. Agradezco también a Ernesto Livon-Grosman, así como a Harry Rosser y a Mariano Siskind. De igual modo me gustaría darles las gracias a Janelyn, Emmet y Daniel; a Vinicio y a Carmen. Un agradecimiento especial va para Diego Mayorga, sin él imposible llevar a cabo este proyecto. También quisiera dar gracias a Katy Ruiz, a Nicolás y a Camilla; y un abrazo para María Fernanda, Estefanía, Jose y Sebastián. Seguramente estoy olvidando a alguien pero no puedo dejar de mencionar a Manuela Larrea y a Samuel Mayorga, así como a Estela Corozo y a Yolanda Guaminga, pero, sobre todo, a Gabriela Ponce.

Fragmentos de este libro se publicaron anteriormente de forma parcial. Por ello quisiera dar las gracias a la *Revista Iberoamericana* por aceptar la reproducción de "Las Galápagos en el imaginario fundacional del Estado-Nación latinoamericano: *El pirata del Guayas* de Manuel Bilbao" en el volumen LXXXV, número 268, en 2019. Y a Esteban Ponce, editor del libro *Grado Cero: la condición equinoccial y la producción de cultura en el Ecuador y otras longitudes ecuatoriales*, por aceptar la reproducción de "Melville en Galápagos: paisaje transcendental" publicado por la Universidad de las Artes en 2016, páginas 241–71.

Narrativas insulares

Este libro analiza la construcción literaria de las islas Galápagos desde su mal llamado descubrimiento y propone que los textos que intentan representarlas responden a intereses que no se manifiestan de modo evidente en una primera lectura. La intención no es mostrar estas relaciones, sino trazar vínculos entre ellas y los textos que viajeros, exploradores y escritores compusieron, desde el siglo XVI hasta el siglo XXI, con el fin de comprender las consecuencias de su enunciación para el archipiélago, la nación ecuatoriana y América Latina a partir de un espacio crucial para la modernidad. Un efecto de la reproducción narrativa de las islas muestra su escisión conceptual con relación al Ecuador y por extensión con Latinoamérica, la cual trae consigo fisuras que permiten medir la fuerza de la industria turística en el imaginario espacial latinoamericano. Por un lado, la crisis de conservación que se vive en este lugar en la actualidad y, por otro, la aparición de un discurso hegemónico, desde el siglo XIX, que pretende borrar enunciados alternos de representación del territorio. Ambos fenómenos construyen eficazmente un archipiélago de múltiples significados que van desde la utilidad del laboratorio biológico hasta aquella del parque turístico, pasando por la plataforma política durante la formación del estado-nación.

Una de las particularidades del espacio galapaguense es la inexistencia de habitantes nativos en el momento de su descubrimiento, hecho que influenciara directamente los textos que se produjeran desde el inicio;[1] un lugar considerado desierto hasta mediados del siglo XIX y donde solamente desde finales del XX se estableciera una colonia de habitantes estable.[2] Dado este fenómeno, la descripción etnográfica, un *topos* tanto de la literatura de viaje como de aquella llamada colonial, llegó a desarrollarse tardíamente y estuvo condicionada más por el espacio y por la biota que por cualquier otro criterio, siempre insuficiente dentro de una tradición representativa compleja. La ausencia de nativos obliga a que los viajeros al escribir se centren en el paisaje y la ubicación geográfica del espacio, referentes que operan como un telón de fondo que cuestiona la posibilidad de mimetizar el entorno, creando una tensión que perdura y que es más dependiente de textos anteriores que del espacio.

A partir del siglo XVII se produjeron abundantes narrativas bilingües cuya emergencia se reafirmó con ímpetu, en el XIX, mediante el predominio marítimo de Inglaterra y la curiosidad por la literatura de viaje durante la época. Dado que en este siglo se fundaron la mayoría de repúblicas de América Latina, incluido el Ecuador, y que el archipiélago pasó de ser un lugar abandonado a considerarse un caso de estudio único para replantear teorías filosóficas y científicas, los textos compuestos en lengua inglesa tuvieron un impacto como no lo tuviera ninguna narrativa anterior. El postulado de la selección natural no solo desata este fenómeno, sino que también borra de un trazo las relaciones coloniales anteriores a él.

Puesto que hasta la fecha las islas poseen una importancia inusual dentro del marco epistémico mundial, naciones de influencia desarrollaron un eficaz discurso de apropiación que fue creando un sentimiento de propiedad pública universal. Este fenómeno no ha hecho más que crecer e históricamente ha desdeñado la presencia de actores locales en el lugar, incluso estableciendo criterios propios para la administración del archipiélago sin tomar en cuenta sus consecuencias para los lugareños. Esto explica por qué la presencia estatal en las islas fuera tan fuerte al empezar con el envío de presidiarios en 1830, a fin de mantener habitantes en el lugar y así no perder potestad sobre ellas.[3] En pocos lugares es tan evidente la pugna entre el estado y el mercado por emitir un significado de control; actualmente, la valoración de las Galápagos no deja de presentarse a través de un discurso mercantil, muchas veces disfrazado de ecológico—así como en el XIX se disfrazara de cosmopolita—, en el que se supuestamente antepone la protección del medioambiente al bienestar de sus habitantes. Si algo tiene de interesante contraponer obras canónicas como el *Voyage of the Beagle* (1839) con aquellas que no lo son, como *El pirata del Guayas* (1855), es entender la incomodidad que textos como éste último generan en contra de la representación dominante; precisamente esta incomodidad causó que los textos considerados menores se desdeñaran al publicarse.

Uno de muchos ejemplos de la carencia de un marco teórico de particularidad local, aparente en otros estudios sobre el tema, es la imposibilidad de entender las secuelas políticas de los conflictos entre países latinoamericanos, y cómo anexar el archipiélago al Ecuador en el siglo diecinueve se consideró un triunfo para compensar el deseo, siempre imposible, de civilizar o modernizar las naciones americanas recién constituidas. Dicho de otro modo: este deseo latinoamericano de ser un continente moderno respondía a un vacío que debía llenarse con la empresa civilizatoria aunque fuera especulativa, y las Galápagos se prestaban para ello del modo más pragmático. Esta lectura, sin embargo, en el horizonte del XIX no era del todo evidente puesto que no se valoraba a las islas por lo que pudieran brindar de sí, sino por ser un lugar abandonado y salvaje.

La selección del corpus, particularmente, y el marco teórico, en general, responden a la intención de presentar una resistencia ante los derechos de globalización que se desprenden del patrimonio natural de la humanidad, derechos que se ven esbozados en los textos coloniales y estructurados en los de literatura de viaje de publicación posterior. De modo complementario con estas herramientas se trazan vínculos de dominación y emancipación entre lo que se conoce como las Américas, y se construyen significados potenciales a partir de la narrativa que se identifica con la ubicación y el paisaje de las Galápagos, creando un significante maestro. El libro intenta desplazar el énfasis desde los emisores tradicionales del discurso hacia emisores distintos cuya morfología de escritura refleje el efecto que los primeros tuvieron sobre los segundos. ¿Son conscientes, los habitantes del lugar, de la apropiación o de la resistencia de la violencia textual de narraciones extranjeras con respecto al imaginario de las Galápagos? Un problema de difícil elisión desde este punto de vista es el impulso patriótico que se ve en los escritores nacionales en contraposición con la narrativa neoimperialista, importante en sí mismo, el primero, por el problema que evidencia más que por su contenido.

El primer capítulo analiza una carta de relación escrita por Tomás de Berlanga (1490–1551). Este documento pionero sobre la existencia de las islas fue publicado en 1535,[4] e intenta separar la descripción del lugar (flora, fauna) de su ubicación, lo cual permite observar la importancia del modelo cartográfico en oposición al área real. Se puede advertir cómo el mapa, como modelo, resulta más importante que el territorio mismo, sobre todo en cuanto a la forma en que divide al archipiélago del continente no solo físicamente, sino también política y legalmente respecto del futuro virreinato. La misiva contiene técnicas retóricas que enfatizan la dificultad de acceso al territorio, recreando un abandono no solo geográfico sino también moral en su especulación. Este texto ejemplifica el modo en que las interpretaciones sobre las narrativas galapaguenses han variado y cómo desde el inicio sus manipulaciones responden a una esencia mercantil que define a la provincia insular actualmente.[5] También permite explicar el punto de partida de una tendencia a fabricar un valor en el espacio que responde más a intereses que a sus cualidades inherentes, si bien sea imposible diferenciar los valores reales de aquellos inventados a conveniencia.

El segundo capítulo se enfoca en una leyenda del explorador y cronista español Pedro Sarmiento de Gamboa (1532–92) sobre un viaje de Tupac Yupanqui que algunos historiadores han conjeturado fue hacia las Galápagos. El texto se encuentra en la *Segunda parte de la historia general llamada índica* (1572) y crea una dicotomía entre la representación ficticia confrontada con la histórica que relatara Berlanga. El análisis muestra cómo el texto, al poner en juego esta vieja tensión mimética, reconstruye el espacio insular bajo un imaginario especulativo apoyado en la experiencia de organizarse por algo similar a *lo real maravilloso* americano, algo paradójicamente importante dado que las crónicas coloniales eran documentos legales. La leyenda de Sarmiento de Gamboa modifica esquemas de lectura, cuya principal consecuencia es la separación del archipiélago de cualquier referente real, de modo particular porque ilusoriamente el viaje de Tupac Yupanqui se relata novedoso, si bien la forma de contarla no lo es. Sarmiento de Gamboa también usa retórica relacionada con las fuentes, el testimonio y su agenda personal, lo que permite observar que la manera de reconfigurar el origen del archipiélago no solamente es ficticia, sino obviamente argumentada a favor del imperio; esta reconfiguración tiene que ver con un movimiento de re-creación, o de origen nuevo, según Gilles Deleuze (*Desert* 9–13), que rediseña el espacio y que afecta individualmente a las narrativas sobre las islas.

El tercer capítulo interpreta *The Voyage of the Beagle* (1839) de Charles Darwin (1809–82) utilizando la teoría del "fluid text" propuesta por John Bryant (1043). Al notar los cambios entre las distintas ediciones de este popular libro se puede asegurar que su autor pretendió condicionar la recepción de *On the Origin of the Species* (1850) y que, al alterar el capítulo sobre las Galápagos, creó una serie de relatos alternos que prosperaron hasta hacerse dominantes. Para mostrar este condicionamiento se examina a profundidad la construcción de la autoridad a partir del narrador en primera persona, las sinestesias en cuanto al gusto, la inefabilidad, la maravilla y la inclusión de imágenes. En las imágenes, componente crucial de los cambios entre ediciones, se observa como el mapa de las Galápagos hecho por Darwin utiliza nombres en inglés, y cómo se sirve de los picos de los pinzones como ejemplo para reafirmar su teoría de la selección natural. Los mapas y la biota recrean un aislamiento que define a las Galápagos como un satélite que no dice nada en cuanto a la potestad sobre ellas por parte del Ecuador, y así el discurso darwiniano borra con éxito las narrativas anteriores a él. Los pobladores que habitaban en el archipiélago durante su visita, en su mayoría presidiarios, no tienen cabida en este discurso. El prestigio del autor y su teoría tienen un impacto sobre la recepción de sus textos en el Ecuador, y en América Latina, que emerge con efecto retardado. De ahí que se lo institucionalice a pesar de que sus observaciones están separadas de la realidad social, sin cuestionar la utilización del lugar como un laboratorio de experimentación que reproduce las dinámicas del poder metropolitano. La publicación de sus textos desencadena una serie de viajes científicos, exploratorios y de turismo de élite hacia las Galápagos. Dado que Darwin presenta la imagen del laboratorio dependiente del edén deshabitado, perpetúa la noción de isla desierta y suscita la idea de un significante biológico desprovisto de significado, el cual solamente la matriz creacionista es capaz de proveer.

El cuarto capítulo propone una lectura de *The Encantadas, or Enchanted Isles* (1854) en *The Complete Shorter Fiction* de Herman Melville (1819–91), que analiza las derivaciones de sus relatos e importancia para la configuración del imaginario galapaguense dentro y fuera del país. Si es que este autor intenta socavar el Transcendentalismo norteamericano propuesto por Ralph Waldo Emerson por medio de su representación de las Galápagos, ¿cuáles son los efectos colaterales y cómo se ve afectado su imaginario?, ¿cómo se apropia el autor del contexto histórico-político ecuatoriano y latinoamericano y qué conlleva su reproducción paródica en el entorno? Melville critica un sistema de clasificación de la narrativa de viajes del siglo XIX y desestabiliza la impostada narrativa darwiniana del origen y el paraíso, así como aquella que apadrina la expansión imperialista de su país durante las décadas de 1840 y 1850. La parodia es evidente, pero una técnica más eficaz es el modo como congela de manera ilusoria el tiempo. La idea de congelar las imágenes, de modo similar a la imagen dialéctica que propone Walter Benjamin (475), contradice al concepto evolutivo, pues a éste le es indispensable un movimiento dilatado para llevarse a cabo, y sugiere que la presencia del ser humano es irreconciliable con la naturaleza.

El quinto capítulo examina la novela *El pirata del Guayas* (1855) del chileno Manuel Bilbao (1827-95), y cómo en ella se presenta un discurso confrontado al establecido por las narraciones en lengua inglesa, particularmente en contra del de la selección natural. Este texto, interpretado en parte bajo la luz de la "ficción fundacional" (Sommer 29), señala como la violencia, en vez del discurso edénico propuesto por Darwin y la industria turística, es un concepto medular y primigenio de la identidad galapaguense, ecuatoriana, y por extensión latinoamericana. Las figuras del preso y del pirata son desagradables y contraproducentes tanto para el oficialismo como para las narraciones extranjeras. Esto ocurre porque existe una transformación que parte desde la lógica y llega hasta la irracionalidad, fenómeno en el cual el océano opera como un espacio liminar que la suscita: si entender la evolución requiere de máxima lucidez, la piratería devela que se necesita de la violencia absoluta para instaurarse en el lugar. La transformación de presos en piratas desprovistos de raciocinio de la norma legislativa, pero nunca carentes de lógica grupal, regenera la violencia que es necesaria, dado el contexto, para reafirmar a la recientemente fundada república.

El libro documental *Galápagos a la vista* (1952) de Bolívar Naveda (b. 1928) es el sujeto del sexto capítulo, y es el intento local más ambicioso de representación del territorio. Su composición se realizó en plena crisis identitaria ecuatoriana causada por la pérdida diplomática y militar de territorio amazónico en

1942, y por la presencia neoimperialista de los Estados Unidos. Específicamente por la posesión del Canal de Panamá y por la Segunda Guerra Mundial, pues este país ocupó una de las islas galapaguenses por su privilegiada ubicación geopolítica. Esta crisis se propuso construir una identidad renovada creando ficciones literarias e historiográficas con el afán de "volver a tener patria" en oposición a la ocupación norteamericana. Por este motivo, la representación de las islas realizada por Naveda posee una "comunidad de geografía y de paisaje como sustento de la identidad" (Carvajal 250). Todo el esfuerzo de Naveda está en rebatir los constructos extranjeros y reafirmar los nacionales redefiniendo las fronteras narrativas del espacio establecidas hasta entonces. Si el pirata de Bilbao no tenía fronteras para navegar, el narrador de Naveda tampoco se ve constreñido por ellas al escribir: su registro mezcla la postulación científica con la narrativa social, política, institucional, costumbrista, poética, legal, entre otras. La importancia de su planteamiento, de más de quinientas páginas, radica en el hecho de que emite un discurso que proviene desde dentro del espacio a modo de compendio total para subsanar las fisuras creadas por discursos anteriores.

El libro se cierra con el análisis de *Galápagos: huellas en el paraíso* (2005) de Hugo Idrovo (1957–),[6] donde la representación del archipiélago se ciñe a los conceptos del lenguaje de la mercancía y de la espectacularidad con fines comerciales (Barthes, Miller y Howard 29). Las islas pasan de ser un laboratorio y un espacio geopolíticamente importante, a ser un lugar de consumo de élite. El libro, de venta en inglés y en español, en tanto objeto, es una sinécdoque del espacio que representa, un pequeño pedazo de la zona que promete una muestra de lo que ésta brinda al visitante-consumidor. Si la isla es una joya como señala Elizabeth McMahon ("Encapsulated" 24), los libros como éste vienen a ser el catálogo que la ofrece a sus clientes. Dicho catálogo reaviva el uso de las narrativas bilingües que se introdujeron durante el siglo XVII, una de las piezas fundamentales de su mercantilización. Pero si las islas se venden como una mercancía exclusiva, sus habitantes interpretan este fenómeno como una ventaja y un privilegio, y se sienten orgullosos de ser parte de él, ilusionados al pertenecer a una modernidad inacabada. La fisura identitaria que presenta Naveda se ve resuelta en la actualidad, supuestamente, por la bonanza económica, la cual parece compensar hasta el punto que los galapaguenses desarrollan un orgullo, de conciencia de clase, mediado por el mercado y el capital.

Para entender las morfologías del viaje hacia este espacio mítico es necesario leer de modo específico sus relaciones de recepción. En el ámbito local, práctico, estas morfologías se transforman en una necesidad social. Por ejemplo, algunos visitantes locales que van hacia las Galápagos lo hacen para quedarse y no para conocerlas, con el afán de mejorar su calidad de vida por las oportunidades de trabajo que en ellas se brinda. Esta diferencia radical de un *oikos* dúctil entre los sujetos nacionales y extranjeros que las visitan devela la tensión producto del impacto narrativo. ¿En qué medida es consciente el visitante de la influencia de la literatura de viaje en su decisión de ir a las Galápagos? En el ámbito nacional, ¿cómo incentivan o preludian, estos textos, el movimiento migratorio y cómo lo reproducen? La razón económica es la hipótesis más sencilla para explicar la tendencia a migrar, y es un criterio válido, pero resulta insuficiente a la hora de conceptualizar la especificidad del viaje y sus límites imaginarios. Para reformular la cuestión, los turistas, ¿están al tanto del modo ambivalente como se les vende la experiencia del viaje? Y los ecuatorianos, ¿viajan hacia las islas para buscar su propia identidad al no "encontrarla" en el Ecuador continental?

El viaje como búsqueda de la identidad, en el contexto latinoamericano a menudo atado a un complejo colonial particular, es un *topos* repetido pero cobra otro matiz y una importancia distinta en el caso insular. Primeramente porque las islas brindan una promesa de mejoría social que eclipsa algunas de las marcadas diferencias de clase; segundo porque quedarse en ellas, y obtener un permiso de residencia, es complicado porque el estado lleva a cabo estrictas políticas de control diseñadas por grupos de interés afines a la empresa turística. Este control causa que ecuatorianos desplazados hacia el lugar para trabajar temporalmente hayan decidido quedarse y, por ende, su permiso de trabajo y de residencia haya caducado. Son, en su mayoría, obreros que trabajan en construcción, pero también hay artesanos, asistentes domésticos, vendedores ambulantes y peones que viven en condición irregular en su propio país.[7] Para los ecuatorianos, hoy en día, ser de Galápagos implica no ser del todo ecuatoriano, lo cual significaría estar en condiciones aventajadas y verse superior en la escala socioeconómica. Este fenómeno trae consigo cierto estatus dado no solo por la mejoría financiera, sino también por una ilusión de cosmopolitismo que debe sus orígenes a la ansiedad del siglo XIX por llegar a la modernidad y que textos como el del pirata Briones ya preludiaran.[8] Es revelador observar, por dar un ejemplo azaroso, como las imágenes cartográficas del lugar develan un afán paranoico por crear un modelo controlado del espacio por parte de los sujetos que pretenden administrarlas. La falta de control, causante parcial de este constructo, históricamente ha tenido múltiples efectos cognitivos y un estudio geográfico de la forma como cambian los mapas, desde 1535 hasta hoy en día, bien podría trazar un viaje imaginario ideal dentro del marco imperial y su conceptualización geopolítica.

Uno de los aspectos transcendentales es entender como se relacionan el referente real y el significado que se le otorga, y a la vez comprender cómo se siguen tejiendo narrativas insulares a partir de la subjetividad específica a cada actor. El modo en que se van articulando los temas desata derivaciones que presentan nuevas inquietudes, porque las islas, entendidas como espacio interpretativo, son inagotables dada la tendencia a definirlas por lo que las rodea más que por sí mismas. La condensación de la significación inherentemente insular se va desenrollando conforme se crean nuevos textos al narrarlas. Valdría la pena incorporar un análisis que pretenda definir a las Galápagos como un espacio de contra-cultura,[9] u otro en el cual se explique la construcción cognitiva del territorio en el imaginario ecuatoriano y latinoamericano; o quizás uno en el cual se discierna la institucionalización y recepción del discurso evolutivo en el país y en el continente. De igual modo, sería productivo examinar la forma de operar de los lenguajes visual y cinematográfico, así como un acercamiento que se rija por la aplicación de la teoría ecocrítica.

Capítulo uno

La primera crónica colonial de unas islas imaginarias

Carta a su majestad de Tomás de Berlanga

La celebridad de Tomás de Berlanga se debe al descubrimiento de las islas Galápagos el diez de marzo de 1535 y al modo particular de documentar su experiencia. Debido a ella se desatan una serie de interrogantes que resignifican el imaginario del archipiélago ecuatoriano. ¿Cómo se desplaza el sentido cuando el espacio presenta otra suerte de complicaciones miméticas? ¿Qué ocurre cuando la empresa del escritor se debe al azar y su cargo no es el de un cronista oficial? Berlanga no supo escribir fuera de la especificidad de la retórica colonial un lugar de características tan anómalas, y dado que había *orden y mandato* de escribir sobre los sucesos que ocurrieran en el "Nuevo Mundo" su carta viene a ser un documento ejemplar de lo que Walter Mignolo llamaría género relatorio ("Cartas" 60). Algo sin importancia de no ser porque tensiona la voluntad individual del autor y aquella del imperio que lo fuerza a documentar sus vivencias. Si bien la obsesión de alguna crítica por intentar definir dicho género ha dado pie a discusiones poco productivas, resulta provechoso entenderlas de cara a la matriz de los sistemas verbal y gráfico porque pueden leerse como una modificación conceptual de los territorios descubiertos.[1]

Los mapas coloniales no solo operaban como instrumentos de navegación y organización de lo colonizado, sino también como documentos de cognición de cara a los dominios del imperio a través de detalles espacio-temporales que se prestaban para la mejor elaboración de un modelo que contribuyera a reafirmar la episteme europea. Berlanga pretende dar una ubicación más o menos exacta del territorio insular e intenta, asimismo, relativizar la distancia que existe entre las islas que visitará.[2] La evidencia textual sugiere que hay un afán por dar cuenta de la localización del archipiélago con respecto al continente americano, donde se ve un anhelo por ubicar del modo más preciso posible los nuevos territorios así

Capítulo uno

como aquellos por reconocerse. Este ejercicio suele ser común en los relatores coloniales, así como lo suelen ser los detalles de navegación en sus bitácoras de viaje.

Una representación ideal no solamente se entiende con respecto al paisaje y a las costumbres de sus habitantes, sino con respecto a la geografía de su espacio, en el cual se enfatiza una correspondencia entre la distancia y el tamaño a representarse. En este caso, el problema radica en la impostación de este modelo como un delimitador del espacio insular sin sesgo, en teoría, político. Explica Elizabeth DeLoughrey: "By recognizing this often arbitrary division between islands and continents, we can pinpoint how geography has been used to uphold a series of cultural and political assumptions" (2). No debería sorprender que la carta del dominico sentara bases para una serie de reproducciones sobre el archipiélago que desencadenaran la elaboración del primer mapa europeo en el cual constan las Galápagos, de 1561 (Latorre, *El hombre* 51).[3] La diferencia entre *carta* y *mapa*, propuesta por Mignolo, explica que toda descripción en las relaciones de descubrimiento debe leerse a través de una dimensión cognitivo-expresiva que es más deudora "de lo que *sabemos antes*" ("Cartas" 61, cursiva en el original). El discurso berlanguiano constituido a priori restablece la información e intenta capturarla con la intención de ubicar el territorio en una manifestación viciada del espacio.[4] La manera de entender el mundo por medio de una representación lingüística, visual y espacial, sugiere que se debe interpretarlo con respecto a formas ubicadas en orden y en relación a aproximaciones que impostan objetividad: "The 'organized vision' which generated the voyages of discovery was a theoretical conception of the world as represented by maps. Maps which could serve both the needs of navigation and provide a comprehensible view of the planet were the most conspicuous examples of the attempt to put the world on paper and to think about the world in terms of those representations" (Olson 204).

La representación del espacio en las crónicas coloniales obliga a que las relaciones se tornen inestables en su especificidad, donde hay una proclividad a dar mayor importancia a la cartografía, y a desdeñar cualquier narrativa que se encuentre fuera de este modelo.[5] Esta relación se malinterpreta por cuanto existe solamente en y a través del modelo, y su esencia está en una supuesta imparcialidad dependiente de mediciones que fueron tomadas y luego escritas por viajeros los cuales, como se sabe, además de los textos precursores que los influyeron, siempre fueron deudores de los que invirtieron en sus exploraciones y de las instituciones a las que pertenecían. A pesar de que el espacio contradiga al cronista, el eurocentrismo peninsular se impone y se reafirma por medio de técnicas de escritura específicas tales como la apelación religiosa, la inefabilidad, la autoridad del autor, entre otras. Los mapas, en este caso, recrean un lugar que se va haciendo a medida que se va escribiendo, con el agravante de que el concepto se superpone al lugar que ha servido de referente, cambiando su significación hasta acentuar la distancia entre la isla material y su cartografía, alterando el imaginario porque en este proceso de apropiación hay algo que se pierde de la esencia galapaguense.

El intento constante por ubicar es una de las herramientas discursivas más potentes que se hacen evidentes en las relaciones de descubrimiento y conquista, además de aquellas de temas repetidos deudoras de la retórica clásica. La dificultad de cara a la verosimilitud, por un lado, y la cuestión del testimonio ocular con respecto a la autoridad del relator, por otro, complementan la narrativa espacial para hacerla más convincente. Apunta Rolena Adorno: "The relationship between historical testimony and historiographic authority was, without a doubt, one of the central issues in the histories and relations *(relaciones)* written by participants in the Spanish conquests in America" (210). ¿Cómo refutar las mediciones de Berlanga si él estuvo ahí? ¿Por qué dudar de su probidad si fue obispo de Panamá?[6] Habría motivos obvios para pensar que esta carta entonces narrara hechos historiográficos "reales," y que sus detalles geográficos fueran precisos.

Pero el autor se enfrenta con un problema de vacío antropológico dado que hasta mediados del siglo XIX nadie vivía de modo constante en las Galápagos, y solamente a partir de finales del XX empezó a establecerse una colonia de habitantes estable.[7] Este vacío obliga a que su relación se centre no solo en las coordenadas del sitio, sino tanto o más en el paisaje y en la flora y fauna endémicas al lugar, así como en los "trabajos que padeció la tripulación" (Berlanga 538) al llegar allí. Estas variables resultan de un modo u otro dependientes entre sí y se despliegan por medio de una escritura que intenta negociar y contener la tensión entre autor colonial y espacio desconocido. La narración se constituye a partir de una sensación de abandono que se transforma en monstruosidad,

Capítulo uno

a causa del peligro real de morir debido a la carencia de agua y alimentos, así como por la dificultad de exploración del terreno. Este sentimiento ominoso se extiende del orden geográfico y espacial al orden moral, y se presenta por medio de una descripción infernal que recalca la nula posibilidad de habitar las islas:

> Otro día vimos otra isla, mayor que es aquella de grandes sierras; e creyendo que allí por su grandeza como por su monstruosidad que no podría dejar de tener ríos e frutas, fuimos a ella (…) Surto el navío, salimos todos los pasajeros en tierra, e unos entendían en hacer un pozo, e otros en buscar agua por la isla: del pozo salió el agua mas amarga que la de la mar. [Las tunas de los cactus] para sacar de ellas agua, e sacada parecía lavazas, de legía, e bebían la como si fuera agua rosada (…) pero de la necesidad del agua se nos murió allí un hombre (…) pero en toda la isla no pienso que hay donde se pudiese sembrar una fanega de maíz, porque lo más de ella está lleno de piedras muy grandes que parece que en algún tiempo llovió Dios piedras; e la tierra que ay es como escoria, sin que sirva, porque no tiene virtud para criar un poco de yerba, sino unos cardones, la hoja de los cuales dije que cogíamos. (Berlanga 539–40)

La hostilidad del paisaje explica el vacío antropológico y le permite configurar un espacio perverso que intenta materializar una visión horrorosa utilizando lo que Beatriz Osorio Garcés llamaría "retórica española de desacralización"[8] (2010). Dicha técnica de escritura viene a ser un constructo por parte de los cronistas similar al que se hizo, por ejemplo, sobre los indios caníbales o sobre aquellos que practicaban sacrificios humanos; el argumento pretende mostrar que una intervención cristiana es indispensable para salvarlos.[9] Este énfasis obligado crea una serie de preguntas de cara a lo que podía ofrecer el archipiélago a la Corona, ¿en qué medida beneficia a España un territorio perdido, infértil y monstruoso? ¿Se trata verdaderamente de un lugar con tales características, o estos adjetivos se deben a la retórica que le es propia a este horizonte histórico?

Para responder a esta última pregunta vale observar cómo, en 1684, describe las islas el bucanero inglés William Dampier (1651–1715): "Close by the sea there grows in some places bushes or Burton-wood, which is very good firing. (…) There is water (…) in ponds and holes among the rocks. Some other of these islands are mostly plain and low, and the land more fertile, producing trees of diverse forts, unknown to us (…) In these large islands there are some pretty big rivers; and in many of the other lesser islands, there are brooks of good water" (101). Las ambigüedades que despierta el relato de Dampier frente al de Berlanga son comunes desde las narraciones iniciales que relataran al archipiélago, y sirven para explicar cómo se va construyendo un discurso que revela más acerca de quien lo produce que de las islas por sí mismas. Dampier debía dar un informe detallado sobre las islas del Pacífico y sobre la posibilidad de carenar las naves, guarecer y abastecer a sus tripulaciones en un lugar seguro, y le convenía pintar cierta comodidad para las empresas navieras inglesas. Esto explica también la gran cantidad de páginas que el autor inglés dedica a la descripción de las tortugas, su abundancia y lo sabrosa que puede ser su carne.[10]

Las descripciones de estos animales son importantes en el imaginario ecuatoriano e internacional al pasar de ser un *topos* durante el siglo XVI a un emblema turístico reconocible en el mundo. Si el discurso colonial viene a deberse a la hipérbole y a las técnicas de dominación cultural que le son propias, aquel escrito en lengua inglesa tiende a priorizar la valía comercial utilizando herramientas similares. Por ejemplo, Woodes Rogers en "A cruising voyage round the world ..." publicó, en 1732, sobre las Galápagos:

> Found no water ... They tell me the island is nothing but loose Rocks, like cinders, very rotten and heavy, and the Earth parched, that it will not bear a Man, but breaks into holes under his feet, which makes me suppose there has been a volcano here (...) [Captain Davis] says that it had trees fit for masts; but these sort of men and others I have conversed with, or whose books I have read, have given very blind or false relation of their navigation ... for supposing the places too remote to have their stories disproved, they imposed on the credulous, amongst whom I was one, till now I too plainly see that we cannot find any of relation to be relied on. (207–11)[11]

Carlos Manuel Larrea escribe "La mayor parte de estos relatos son de enorme interés y en muchas partes parecen obras de imaginación y no diarios de abordo"[12] (77). No parece arriesgado afirmar que la ficción viene a ser el mejor vehículo de transmisión para crear el mito narrativo galapaguense. Para Berlanga, al contrario que para Dampier, las Galápagos no poseían valía aparente en ese momento más que para corroborar la compleja serie de contradicciones que los territorios que se iban anexando a la Corona iniciaron. Estos ejemplos escritos en inglés son útiles para comprobar la heterogeneidad del significado representativo y la dificultad de encontrar un paisaje "verdadero," algo imposible desde todo punto de vista.

Así como la cita de Dampier es importante por su inexactitud,[13] hay un pasaje de la misiva berlanguiana que ha tenido más de una lectura a posteriori y que se ha alterado para dar cabida a interpretaciones que se contradicen. Este pasaje, acaso irrelevante para los lectores del siglo XVI por su explicitud, sirve como punto de partida para evidenciar una esencia de la mirada actual del archipiélago ecuatoriano, que viene a construirse a través de valores fabricados por una promesa de experiencia material, de orden hegemónico, impuesto por el turismo, así como en aquella época fuera impuesto por la religión. El fragmento, que se encuentra ya editado en la *Colección de documentos inéditos* de 1884, es el siguiente: "En esta [isla], en la arena de la playa, abia unas chinas, que asi como salimos *pisamos*, queran piedras de diamantes, e otras de color de ambar" (540, la cursiva es mía). Al cotejar este fragmento con el manuscrito original, lo primero que salta a la vista es como el editor anónimo añade la puntuación de forma arbitraria, sin explicitar ningún criterio, ya que Berlanga no hacía uso de comas y solamente puntos, cuando los ponía. Las comas cambian el significado de este pasaje, específicamente en la parte que se refiere los diamantes, algo por demás inexistente en el lugar pero cuya sola mención despierta interés pecuniario. Por otro lado, el verbo *pisamos* puede confundirse con el verbo *pensamos*: algo que debería interpretarse como que el color de las piedras fuera el mismo color de los diamantes, ya que más adelante menciona el color de otro tipo de piedras, se quiere interpretar como que realmente hubieran diamantes en las islas.

Los autores ecuatorianos Costales (1984), Latorre (1999), e Idrovo (2005), por citar tres ejemplos, han retorcido este pasaje en sus respectivas reproducciones de la carta citada. El empleo del vocablo diamantes resulta curioso al leerlo con lo postulado por McMahon sobre la isla: "In the colonial imaginary, island colonies themselves are often figured as precious jewels and trinkets ... In this process the jewel functions as a metonym of the whole island, and the desire to possess the part is the desire for the whole" ("Encapsulated" 24). La metáfora que aparece en esta cita sirve para trazar una conexión entre la valoración de la isla tanto para el aparato colonial como para las narrativas decimonónicas y aquellas que pertenecen al siglo XX. Los supuestos diamantes construyen una cotización falaz para lectores que pretenden diseminar un imaginario valorativo del archipiélago; y esta disyuntiva replantea la posibilidad de un discurso de apreciación que tiene repercusiones para el territorio y para el Ecuador a posteriori. La sola mención de una isla pequeña con playas de diamantes logra crear una imagen capaz de irradiar riquezas inimaginables sin ningún esfuerzo asignado a su exploración y explotación.

Si el imaginario colonial reconstruye las islas como una reificación y como el efecto del deseo, como plantea McMahon, se puede entender mejor la economía del viaje berlanguiano y la tensión entre utopía y distopía ("Encapsulated" 23). Es factible que dicho imaginario, el cual sin duda inicia con el documento de Berlanga, introduzca la mercantilización de las Galápagos y enfatice el modo maniqueo de entenderlas que aparece en textos posteriores. Pero la importancia de esta misiva también aumenta de modo considerable cuando se la reproduce en textos contemporáneos dentro de contextos distintos, tanto en inglés como en español. En efecto, los tres autores ya citados, han reeditado y publicado recientemente la misiva de Berlanga como parte complementaria de sus textos sobre las Galápagos. Latorre ha escrito cuatro libros historiográficos sobre la región insular, y en uno de ellos, titulado *Tomás de Berlanga y el descubrimiento de Galápagos* de 1996, transcribe la carta y modifica sin criterios ecdóticos el pasaje en cuestión: "En esta, en la arena de la playa, había unas chinas, que así como salimos *pensamos* que eran piedras de diamantes, e otras de color de ámbar" (205, la cursiva es mía).

La reproducción como se lee en Latorre permite una interpretación en la cual aparentemente Berlanga *piensa* que hay verdaderos diamantes en las playas cuando quiere decir que la tripulación *pisa* la playa y que ésta tiene piedras que brillan como diamantes.[14] Mientras Idrovo transcribe *verbatim* lo escrito por Latorre, Costales escribe: "En ésta, en la arena de la playa, habían unas chinas, que así como salimos *pensamos* que eran *puntas* de diamantes, y otras de color de ámbar ..." (12). Estos ejemplos evidencian la construcción textual del archipiélago a partir de la lectura, edición y reproducción descuidada de los textos que las relatan.[15] Las transcripciones de Latorre e Idrovo son tal vez más importantes por sus procesos de producción; el primero difundió su trabajo como historiador; y el segundo dentro de la cultura popular como promotor cultural y político que habita en las Galápagos.[16] La carta de Berlanga publicada en este contexto permite una doble lectura en la cual prima su difusión tergiversada tanto en el medio formal como en el informal, por lo cual llega a sus potenciales lectores causando un efecto expansivo. Este fenómeno muestra la proclividad constante a crear un discurso efectista que intenta recurrir a los textos que las describen, entre los cuales sobresalen las narraciones fundacionales como la presente y aquellas escritas por autoridades tales como Darwin, en el contexto mundial, o José de Villamil, en el local.[17]

Se podría trazar una línea que explicara el constante interés por encontrar una legitimación del imaginario económico de las islas bajo una narrativa de posesión cultural por parte de otros visitantes después de la colonia. Es evidente que dicha valía se presenta a través de una violencia textual organizada que transforma al discurso cotidiano. Desde el famoso general Villamil, primer gobernador y colonizador de este lugar, por ejemplo, quien evaluaba el espacio por la posibilidad de extraer guano, según él abundante en el siglo XIX; pasando por los piratas ingleses, que calculaban en detalle el número de tortugas para utilizarlas como alimento imperecedero; hasta llegar a Darwin y los picos de los pinzones que le permitirían mostrar su teoría de mejor forma. En realidad, en el caso de Villamil, la explotación de guano fue un fracaso porque las cantidades de este material eran irrisorias y es evidente que tenía intereses personales de apropiación del lugar (Larrea 141). Por otro lado, los piratas utilizaban las Galápagos como un lugar de escondite más que nada y, fortuitamente, se servían de la comida que había allí, básicamente tortugas, sin mencionar la pesca que se daba en abundancia. La importancia de los pinzones para Darwin es relativa pues el desarrollo de su teoría de la selección natural tiene tanto que ver con estas aves como con las teorías de Russell Wallace, o de Malthus, que el naturalista leyera antes de componer la suya (Dugard 13).

Por otro lado, en el siglo XX se empezó a interpretar las islas por su ilusoria imagen de paraíso perdido, así como por su posición estratégica de cara a la defensa de Sudamérica al comenzar la Segunda Guerra Mundial. Es decir, su capital simbólico siguió siendo de orden geopolítico y no necesariamente biológico, inherente a ellas. A partir de la carta de Berlanga se puede prever la forma como el mercado turístico empezará a manipular y utilizar componentes de su narrativa tales como la biota extraña, la ubicación, la piratería. Este valor que el turismo va creando en la actualidad le debe tanto a la crónica colonial como a la teoría de la selección natural, a pesar de que Berlanga, por ejemplo, no bautizara las islas al descubrirlas. Dejó al significante insular vacío, en su nominación, para que otros lo llenaran de significado a posteriori: la nomenclatura imperial viene a ser un componente crucial del aparato colonial tanto por su pragmatismo al momento de navegar, así como por la anexión al imperio y la aceptación del dogma que quiere impartir.

La idea de no bautizar las islas se relaciona con la impresión de apartamiento, casi infernal, que al autor le interesa presentar, además de la forma más eficiente de mostrar un dominio territorial importante. Daniel Defert escribe: "King Emmanuel was described as: 'Emmanuel of Portugal and the Algarve, of the African sea, Lord of Guinea and the conquest of navigation and commerce of Ethiopia, Arabia, Persia and India.' Thus were named lands dominated or capable of being dominated by the sovereign whose blazon and duty they formed: political undertaking and religious service" (15–16). ¿Cómo explicar que el dominico no las nombrara al descubrirlas? Los primeros apelativos de las Galápagos fueron ciertamente hispanos, acuñados por Diego de Rivadeneira en 1546 (Larrea 49, Naveda 273).[18] Pero luego las islas fueron informalmente rebautizadas por los británicos en el siglo XVII para más tarde cambiar, una vez más, a una denominación francesa, no oficial, en 1772 por Guillaume Derisle (Castillo 10). Precisamente por esta mezcla de nomenclaturas el estado ecuatoriano decidió bautizar las Galápagos como "Archipiélago del Ecuador" en 1842 y más tarde, en 1892, cambiar su nombre al de "Archipiélago de Colón" por la conmemoración de los cuatrocientos años de su viaje[19] (Larrea 117–18).

Apunta Christophe Grenier cómo el nombre "Archipiélago de Colón," que es el oficial dado por el gobierno del Ecuador, no es el que usan ahora los habitantes del lugar sino el de "Galápagos," que fue acuñado por los ingleses y que se ha asentado como el más representativo (73). Los únicos nombres indígenas, Auachumbi y Niñachumbi,[20] con los que se designara a ciertas islas que algunos historiadores conjeturan fueron las Galápagos, tampoco se han vuelto a utilizar y son prácticamente desconocidos en la actualidad.[21] Esta tensión evidencia la imposición extranjera al momento de organizar lo que considera periférico, tensión que inicia al dejar la nomenclatura abierta y perfectamente habilitada para escritores subsiguientes que desearan apropiarse de ella. Aunque los nombres en español fueron oficiales tanto antes como después de la independencia ecuatoriana de España, aquellos acuñados en inglés cobraron mayor popularidad desde la visita de piratas en siglos posteriores, mostrando la importancia de la cartografía en cuanto a la composición del imaginario.

Muchos de los apelativos se usan hoy en día para designar lugares que el turismo explota inteligentemente, por lo cual no sorprende que "… this onomastic battle is tied to the commercial and governmental interests of those who set their sights on the Galápagos" (Lazo 233). Como por ejemplo los dos exploradores británicos William Cowley y James Colnett que pusieron nombres de reyes y nobles ingleses a algunas islas tales como Charles, James, Albemarle y Chatham, entre otras.[22] Similar cosa pasa en el mapa que se presenta a continuación, hecho por Cowley, y aunque bautizara una isla con su propio nombre, en 1684, dicha isla no consta en la representación cartográfica. Nótese el énfasis en títulos nobiliarios, así como la autoridad del autor que supuestamente "descubrió y describió" las Galápagos. El mapa en cuestión será el referente obligado de algunos de los navegantes de habla inglesa, así como de la expedición comandada por Fitzroy que Darwin hubiera de consultar antes de llegar. Muchos de estos determinantes propios todavía se utilizan hoy en día y la atribución de Cowley contrasta con el silencio de Berlanga. La carta de este último se presta para una interpretación sobre lo que no menciona, precisamente porque sus abstenciones llaman la atención frente a las acostumbradas relaciones coloniales propensas al *horror vacui*.

Berlanga tiene más una obligación por dar cuenta del viaje que un verdadero interés en retratar el territorio descubierto, de por sí carente de interés por estar deshabitado y ser escabroso. Este tema se evidencia en el título del texto,[23] cuyo primer párrafo empieza así: "Pareciome ser justo hacer saber a Vuestra Majestad el proceso de mi viaje desde que parti de Panama" (538). No solo que no se menciona el descubrimiento del archipiélago en el título, sino que "le pareció" mejor enfatizar el traslado, los lugares de salida y de llegada, y no el lugar en sí. Si bien el descubrimiento de las Galápagos fue casual, la escritura de la carta no lo fue, por lo que

La primera crónica colonial

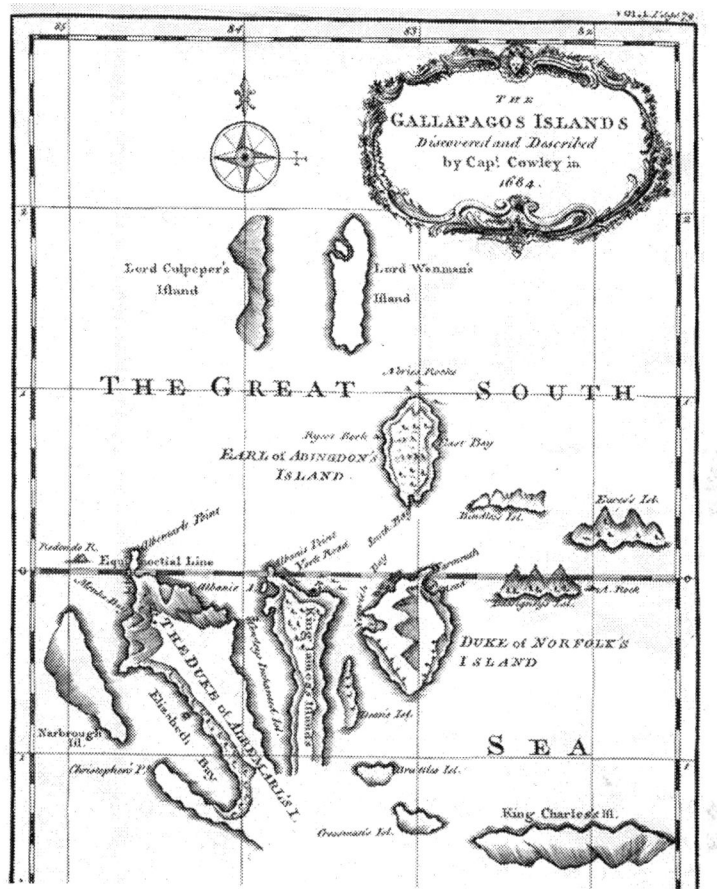

Figura 1: Una vez más, nótese la imprecisión de la representación cartográfica, algunas islas se dibujan inacabadas. Véase también como parece que la nomenclatura es más importante que la precisión geográfica (Cowley, "Map of the Galápagos islands, discovered and described by Captain Cowley" 1684).

llama la atención el poco interés que muestra el autor en escribir y comentar sobre ellas (ver figura 1).

Por otro lado, no hay ningún intento, en la carta, ni de describir en detalle ni de rebatir o afirmar sobre la veracidad de la relación, así como tampoco se hace hincapié en la importancia testimonial ni en la autoridad del escritor, condiciones inherentes a las crónicas coloniales. He aquí una de sus paradojas fundamentales;[24] este texto plantea cierta incomodidad de encasillamiento vis à vis el

Capítulo uno

texto colonial paradigmático, a pesar de que es representativo de otros documentos de descubrimiento escritos por sujetos que no eran cronistas oficiales. El ejemplo más evidente se encuentra en la descripción de la fauna que, al compararlo con cronistas como Oviedo, por ejemplo, causa extrañeza por su corta extensión:

> ... e salidos no hallaron sino lobos marinos, e tortugas e Galápagos tan grandes, que llevaba cada uno un hombre encima, e muchas iguanas que son como sierpes. Otro día vimos otra isla ... (...) En esta segunda [isla] había la misma disposición que en la primera; muchos lobos marinos, tortugas, iguanas, galápagos, muchas aves de las de España, pero tan bobas, que no sabían huir, e muchas tomaban a manos: a las otras dos [islas] no llegamos; no sé la disposición que tienen. (Berlanga 539–40)

No existe otra referencia a la fauna, ni interés alguno por ahondar en ella, salvo por adherirse a la monstruosidad del lugar. Esto explique, tal vez, el hecho de que la carta no fuese editada hasta mediados del siglo XIX, a pesar del énfasis en lo extraño del espacio y su ubicación tan precisa. La reducción, o condensación del significado, crea un relato tan poderoso como popular que otros escritores, exploradores y cronistas se verán obligados a consultar antes de visitar las islas. Si bien la carta de Berlanga es relativamente desconocida, otros textos posteriores se ven sobreimpuestos a ella, aunque presentan otras complejidades en cuanto a la representación de las Galápagos. Tal es el caso de Pedro Sarmiento de Gamboa, cuya *Historia de los incas* se publicara treinta años después del texto berlanguiano.

Capítulo dos

Metahistoria en el archipiélago, la primera ficción colonial
Historia de los Incas de Sarmiento de Gamboa

Existe un texto del siglo XVI que ha suscitado una lectura distinta y forzada de cara a la descripción de las islas Galápagos en contraposición a aquella planteada por Berlanga. Se trata de una leyenda que se encuentra en la *Segunda parte de la historia general llamada índica*,[1] también denominada *Historia de los Incas* (123–25), escrita y publicada en 1572 por el historiador y explorador español Pedro Sarmiento de Gamboa (1532–92). Una leyenda de tesitura similar aparece en la *Miscelánea Antártica: una historia del Perú antiguo*, de 1586 (321–30), escrita por el sacerdote e historiador Miguel Cabello de Balboa (1535–1608), y según Latorre también en la *Historia general del Pirú* (1580–1616) del cronista Martín de Murúa (1525–1618) (*El hombre en las islas* 27).

Con variaciones menores, estos autores relatan cómo Tupac Yupanqui navegó comandando una numerosa cantidad de balsas con veinte mil soldados en busca de ciertas islas que se afirmaba poseían riquezas y curiosidades. A pesar de que no existe evidencia alguna de que Sarmiento de Gamboa visitara las Galápagos, su crónica ha sido una de las más citadas con relación a las islas. Una de las partes referidas es la siguiente:

> Navegó Tupac Inca y fue y descubrió las islas Avachumpi y Niñachumpi y volvió de allá, de donde trajo gente negra y mucho oro y una silla de latón y un pellejo y quijadas de caballo; los cuales trofeos se guardaron en la fortaleza del Cuzco hasta el tiempo de los españoles. Este pellejo y quijada de caballo guardaba un inca principal, que hoy vive y dio esta relación, y al ratificarse los demás se halló presente y llámase Urco Huaranca. Hago instancia en esto, porque a los que supieren algo de Indias les parecerá un caso extraño y dificultoso de creer. Tardó en este viaje Tupac Inca Yupanqui más de nueve meses, otros dicen un año ... (124)

Capítulo dos

Resulta difícil entender cómo algunos historiadores afirman que estas islas son el archipiélago ecuatoriano, específicamente porque cualquier tesis que defienda que los incas descubrieran este lugar antes que los españoles modifica el imaginario del lugar en sus relaciones de poder. Por un lado está el valor de las narrativas fundacionales vis à vis el nexo político-estatal con el virreinato, hasta el siglo XIX, y por otro aquellas del Ecuador después de la independencia y la formación del estado moderno. Esta tesis también muestra que lejos de estar ausente existe aún hoy en día una proclividad a forzar los textos tocantes a las Galápagos, y en tal postura el texto original pasa a ser relativizado para poder deducir de él, de acuerdo a un interés particular, una experiencia específica. La oposición entre los relatos de Berlanga y Sarmiento de Gamboa crea una síntesis entre el fenómeno y la elucubración. ¿De qué modo construye Sarmiento de Gamboa un territorio en su crónica que permita defender que Tupac Tupanqui fuera el descubridor de las Galápagos?

Una de las primeras menciones modernas realizadas acerca de este evento consta en el primer volumen de la *Historia general de la República del Ecuador* (1890–1903) de Federico González Suárez:[2]

> Ya Tupac-Yupanqui, padre de Huayna-Cápac, había hecho antes una expedición a la costa (…) también había recorrido la provincia de Manabí, desde uno de cuyos cerros elevados se cuanta que conoció el mar, y aun se añade que se embarcó en balsas y que arribó a ciertas islas desconocidas. Se refiere además que en esas islas encontró hombres negros, y que trajo de ellas unas pieles de ciertos animales, tan grandes como caballos. Pero, ¿son ciertas estas cosas? ¿Hasta qué punto se ha mezclado en estas tradiciones la verdad con la fábula? No es posible discernirlo. (64)

Una visión opuesta aparece en *Las islas de los Galápagos y otras más á poniente* (1892) del historiador Marcos Jiménez de la Espada, el cual escribe: "… las de *Hahuachumbi* y *Ninachumbi*, (…) según las señas, son dos de las Galápagos" (22). Estos ejemplos sirven para mostrar la ductilidad del territorio en cuanto a su potencial de significación; comenta Grenier: "[a] nourri une polémique entre historiens péruviens et équatoriens, qui font remonter la souveraineté de leurs pays respectifs sur l'archipel à l'origine de ses premiers découvreurs supposés. Dès ses débuts plus ou moins mythiques, l'histoire des Galápagos est donc controversée: ces îles sont un espace convoité" (57). ¿Cómo opera la elaboración de la leyenda tocante al *topos* insular por parte de la episteme europea? La leyenda de Sarmiento de Gamboa choca con la de Berlanga por su capacidad de fabulación y poco rigor empírico; si el primero menciona el lugar pero no su ubicación exacta, carente de mediciones de latitud y longitud, el segundo enfatiza exageradamente esta información, como se comentó en el primer capítulo. Esta oposición geográfica es también estética, particularmente entre el lenguaje fáctico y aquel que no lo es; algo similar ocurre con la oposición insular entre la isla paradisíaca y la isla infernal según la definición occidental, cuyo origen podría rastrearse hasta la poética aristotélica.

El *topos* de la isla, desde la tradición grecolatina, posee inherentemente un sistema maniqueo de apreciación: "… la isla puede ser carceral, oclusiva, infernal, pervertida por la locura (…) [pero] la isla es (…) espacio paradisiaco, *locus amoenus* por excelencia que ilustran mapas medievales, textos de poetas, viajeros y cronistas, pintores del arte visionario y constructores de utopías …" (Aínsa 20–21). Debido a esta oposición hay mayor proclividad a utilizar la conceptualización de la isla para fines determinados, dado su espacio vacío que queda abierto: "Broadly speaking, European inscriptions of island topoi have often upheld imperial knowledge and must be recognized as ideological tools that helped make colonial expansion possible" (DeLoughrey 13). Si por un lado la monstruosidad de las Galápagos muestra su abandono geográficomoral, por otro, la imaginación de Sarmiento de Gamboa recrea una mina de oro que atrae e incentiva a la Corona a explorar el territorio para obtener beneficios económicos.

La isla funciona como una versión pequeña de América en el imaginario colonial y opera como uno de los espacios más remotos del nuevo territorio imperial, espacio que supuestamente debe explotarse lo antes posible. Surge un desplazamiento de interés de lo conocido, perteneciente al continente, a lo desconocido, perteneciente al territorio insular, que desordena y cuestiona el establecimiento de los dominios de la Corona. Si parte del imperio se encuentra sin explorar aún, se desconocen los límites del poder español donde la trivial "isla encantada" es un ejemplo más de una construcción fantástica. La leyenda cuenta que Diego de Rivadeneira fue quien las describiera como "encantadas" en 1546,

Capítulo dos

a causa del clima, en especial con respecto al persistente celaje.³ Esta calidad de encantado representa un desconocimiento que bien se pudiera explicar así:

> … la búsqueda de un centro en medio de un territorio incógnito constituye uno de los grandes relatos de una parcela fundamental de la narrativa hispanoamericana (…), la visión de América como espacio desconocido ha conservado una vigencia indiscutible en este campo (…) América como enigma, como mundo oculto necesitado de su revelación. (…) La imagen de América como isla ignota. (Badavío, citado en Becerra, 69–70)

El texto de Sarmiento de Gamboa ratifica la hipótesis de que las narraciones isleñas, en cuanto a espacio condensado y delimitado por el océano, se hayan inventado más que descrito. Resulta más fácil fabular sobre territorios cuyo referente es desconocido que sobre aquel que no lo es, y esta dicotomía viene a ser una composición casi obligada al momento de narrar la Isla por parte de Occidente; lo mencionan no sólo Badavío y Aínsa, sino también Pablo Ospina (15) y McMahon: "It is this object status and its interconnection with the paradoxical quality of the islands as a hellish Eden that sets up the rhetorical apparatus by which small islands are cast as destinations of refuge …" ("Gilded Cage" 201).

Este constructo narrativo muestra la importancia de los textos sobre el movimiento antropocéntrico al momento de construir un imaginario.⁴ Si bien existe una diferencia entre lo que significan las Galápagos para los extranjeros y los locales, el inicio de tal distinción son los textos que las describen desde el siglo XVI los que, a su vez, imitan a sus precedentes clásicos.⁵ Es erróneo pensar que los colonizadores del siglo XX fueron los que iniciaron el maniqueísmo insular ya que éstos emulan el movimiento del significado de las narraciones anteriores, y no viceversa. Interesa entender cómo va cambiando el valor de esta superficie al momento que se va alargando su bibliografía, porque existe evidencia de que Tupac Yupanqui realizó un viaje a ciertas islas no identificadas:⁶ "No puede discutirse, en cambio, a la luz de la eurística [sic] y la hermenéutica de la documentación antigua, que la expedición haya en efecto tenido lugar" (Kauffman Doig 674). Pero el relato de Sarmiento de Gamboa tiene mayor interés que las islas mismas porque pone en juego una invención que cuestiona el paradigma historiográfico de la crónica de indias. Un componente fundamental de cara a la construcción de las Galápagos que este texto revela no se relaciona con la verosimilitud, sino con la re-creación de un territorio por otro, lo que César Aira llamaría "la ficción como auxiliar del pensamiento" al referirse a la novela exótica: un concepto parcialmente escindido de la teoría postcolonial (73). No debe olvidarse que en esta época los textos poseían, inherentemente, un valor legal e histórico, como comenta Daniel Defert: "The travel account nearly always functioned as a [legal] document" (12).

Es decir, manuscritos oficiales que permitían justificar la conquista y que debían ceñirse a un "precise rhetorical setting" (Defert 13). El viaje de los conquistadores era un artefacto que "assembles knowledge as the locus for systematic deductions, for celestial and marine observations, for taking samples of flora, fauna and humanity (...) First of all, in these descriptions we are dealing not with landscapes or societies but with entities that have meaning only for diplomatic strategy" (Defert 11–14). Sarmiento de Gamboa sabía que su texto sería leído por Toledo, virrey del Perú, quien se lo encargó, y que sus escritos serían considerados legales, conformes con las leyes virreinales. Por ello mezcla la utilidad del lugar con el asombro, la seriedad de la crónica y las fuentes de origen de lo que ésta relata. La fuerza del texto radica en el modo como contrarresta el axioma europeo de percepción teocéntrica, y es enriquecedor observar que la re-creación de la isla es pertinente desde una lectura de ficción en la cual un imaginario vuelve a construir el espacio dado por un "mago" según el propio autor. Es evidente que la reescritura heterogénea de América por parte de sus autores pedía prestadas técnicas narrativas de disciplinas de diversa índole, la ficción siendo una de ellas.[7] ¿Cómo se manipulaba la ficción histórica para el lector del siglo XVI? ¿Había, por parte de los lectores, una forma consciente de diferenciar registros entre los hechos y las invenciones?

La crítica postcolonial no es la herramienta más apropiada para analizar espacios como las Galápagos dado el vacío humano, un elemento que despoja ciertas relaciones de poder particulares a ella. Especialmente si se inserta a las crónicas coloniales dentro de la teoría del viaje: "I want to reappraise the travel text as a site of distress and unraveling that is neither necessarily nor adequately explained by post-colonialisms (...) The 'art of travel' is not, straightforwardly, about the inscription of power over otherness;

Capítulo dos

rather, it is underscored by an anxious sense that to travel is to 'be nowhere'" (Musgrove 31–32). No existe una conceptualización precisa de la alteridad cuando el roce sucede entre el colonizador y un entorno desconocido, ausente de seres humanos, poseedor de una biota específica. El archipiélago carecía de habitantes en el momento que estos textos se redactaron y su representación no enfatiza necesariamente la visión del Otro como sujeto.

Lejos de ser un motivo de desdén por parte del aparato crítico, la carencia de habitantes se torna en el elemento que permite la observación y deducción que desencadena consecuencias a nivel mundial a partir de la elaboración de la teoría de la selección natural; se trata de un espacio que en el siglo XIX será esencial para el establecimiento de la modernidad en Occidente. Esto obliga a que, específicamente, el énfasis esté en el espacio, como plantea Gillian Beer: "… the assumption that islands are either inhabited or uninhabited, as if according to some aboriginal fiat, has itself come under scrutiny by bio-geographers in recent years" ("Island Bounds" 41). Dicho de otro modo, las Galápagos son un lugar incómodo para la postulación postcolonial porque una de sus valías principales se basa en la imposibilidad del discurso etnográfico. La representación colonial del Otro cuando el lugar es una isla desierta tiene otra morfología, mediada por la fabulación que responde más a la invención y al interés personal del autor, quien obligatoriamente debe inventar para describir unas islas que nunca visitó.

El punto de inflexión de este texto se encuentra entre la veracidad y la invención como procesos cognitivos;[8] en este vértice, en el cual se pone en duda la construcción del espacio real, se da mayor relevancia al espacio ficticio que permite proyectar un esquema mental europeo y no una "realidad" sobre la navegación de Tupac Yupanqui. Esta movilidad no es física sino mental, y trae consigo la reconstrucción del espacio insular como esencial por sobre la real, reconstrucción nunca desprovista de prejuicios del aparato discursivo. El siguiente pasaje es un buen ejemplo: "… llamó a un hombre que traía consigo en las conquistas, llamado Antarqui, el cual todos éstos afirman que era grande nigromántico, tanto que volaba por los aires" (Sarmiento de Gamboa 123).

El efecto fabulador del mago que vuela exige un cambio en cuanto a la recepción del texto, dado que su lectura puede interpretarse desde el punto de vista performático y establece una suerte de viaje narrativo (Gerrig 17–19). El viaje mental que se desarrolla a través de la lectura de esta leyenda emula el viaje que hiciera Tupac Yupanqui, escrito por Sarmiento de Gamboa, con la añadidura de que la accesibilidad a este movimiento ocurre mediante la decodificación de la lectura. Siguiendo la hermenéutica cognitiva, que sostiene que las experiencias de ficción, al almacenarse en el cerebro, pueden llegar a ser tan poderosas como las experiencias reales (Novitz i–xii), Sarmiento de Gamboa vuelve a recrear las Galápagos alterando sus esquemas mentales, como plantea la *Schema Theory*. La reconfiguración epistémica que plantea sería, en las crónicas, doblemente activa porque éstas se han leído, a lo largo del tiempo, como historia y como ficción, como plantearan Hayden White y Carlos Fuentes, entre otros, en la postmodernidad. Una consecuencia importante es que las Galápagos se crearan como una distopía, por un lado, y por otro que se entendieran separadamente del continente, sin nexos legales ni políticos; distancia conceptual que inició antes de la independencia y que permaneció hasta fines del siglo XX.[9]

Después de leer el siguiente pasaje, no parece extraño que el libro de Sarmiento de Gamboa pasara por un sinnúmero de lecturas fluctuantes en torno a su credibilidad:

> … aportaron allí unos mercaderes que habían venido por la mar de hacia el poniente en balsas navegando a la vela. De los cuales se informó de la tierra de donde venían, que eran unas islas, llamadas una Avachumpi y otra Niñachumpi adonde había mucha gente y oro. Y como Tupac Inca era de ánimo y pensamientos altos y no se contentaba con lo que en tierra había conquistado, determinó tentar la feliz ventura, que le ayudaba por la mar. Mas no se creyó así ligeramente de los mercaderes navegantes, ya decía él que de mercaderes no se debían los capac así de la primera vez creer, porque es gente que habla mucho. Y para hacer más información, y como no era negocio que dondequiera se podía informar de él, llamó a un hombre que traía consigo en las conquistas, llamado Antarqui, el cual todos éstos afirman que era grande nigromántico, tanto que volaba por los aires. Al cual preguntó Tupac Inca si lo que los mercaderes marinos decían de las islas era verdad. Antarqui le respondió, después de haberlo pensado bien, que era verdad lo que decían, y que él iría primero allá. Y así dicen que fue por sus artes, y tanteó el camino y vio las islas, gente y riquezas de ellas, y tornando dio certidumbre a Tupac Inca. (123)

29

Capítulo dos

Sería interesante indagar cuanto puede resistir, antes de reventarse, la crónica como documento histórico después de leer textos tan fascinantes. Este pasaje es un modelo que ayuda a entender el peso de las teorías cognitivas e imaginarias, así como es útil para resaltar el juego que se plantea de cara a la otredad y la verosimilitud de la narración. El ejemplo es conveniente porque Tupac Yupanqui razona de modo opuesto al que tácitamente debería haber razonado, antagónico a una lógica occidental, y desdeña el testimonio de los mercaderes españoles pero no el de Antarqui, el mago que vuela, única persona en la cual confía. La verosimilitud viene a ser más una cuestión de fuentes y de la relatividad cultural que de contenido, porque todo el énfasis se desplaza del significado a su emisor. El primero se convierte en un ejercicio de especulación, desprovisto de lógica pero recibido como natural e indiscutible dado que el poder lo tiene el sujeto que lo emite. El pasaje también es clave porque evidencia la capacidad del autor para racionalizar y estabilizar el registro ante su lector contextual en lo tocante a lo mágico y maravilloso de América; se sabe que Sarmiento de Gamboa era un autor dado a la exageración y buen conocedor de la retórica.

Comenta Christian Fernández: "Si bien Sarmiento era un hombre preparado para escribir y con un manejo de la retórica y la argumentación impresionante, (…) no era un dechado de virtudes. Con problemas con la inquisición acusado de quiromántico, astrólogo, mago y hechicero, y con problemas con la administración anterior, ciertamente no era alguien con quien un virrey [del Perú] tan meticuloso como Toledo hubiese querido estar asociado" (322–23). Dadas sus credenciales no sorprende que intente convencer citando las fuentes de su leyenda con el fin de cubrir y prever las posibilidades de contradicción; a saber, la indígena por medio del inca Urco Huaranca y la metropolitana a través de los comerciantes españoles. Esto funciona porque el autor relaciona la maravilla con las "artes del levitar" de los incas y la supuesta "razón argumentativa" con los españoles, separando ambas cosmovisiones pero llegando al mismo resultado.[10]

Dicho de otro modo: cuestiona la realidad dada y representada por sujetos, teórica y radicalmente diferentes, pero establece una realidad propia, común en el texto, mediado éste por una cognición mental que opera como denominador que les es propio a los dos. Por si la autoridad del emisor se viera desestabilizada, intenta reconfigurar el testimonio ocular destacando la importancia de la observación como facultad inseparable de veracidad. Sarmiento de Gamboa recalca que Tupac Yupanqui no aceptó ligeramente la aseveración de los mercaderes que estuvieron en las islas "porque es gente que habla mucho," y envía a su mensajero para *ver* si la información es correcta. No puede leerse de modo casual la utilización de este verbo, porque refuerza la necesidad del testigo presencial para conseguir cierta soberanía que se traduzca en prueba de autenticidad (Pagden 51, Myers 184).[11]

Para (des)favorecer la inteligencia indígena y maravillar al lector al mismo tiempo, Sarmiento de Gamboa conoce el cambio en el cual la observación del fenómeno empieza a cobrar mayor peso frente a los dogmas, incluso de cara a la composición de textos híbridos, si esta narración en su época podía leerse de modo historiográfico. Pero la agenda del autor se puede también vislumbrar en una primera lectura, la cual ya en el prólogo de la *Historia de los Incas* dirigido a Felipe II recalca la posibilidad de encontrar riquezas[12] y se refiere peyorativamente a los indígenas.[13] Antes de finalizar dicho prólogo, muestra interés en conquistar las islas de Salomón y se ofrece para "descubrir y poblar, descubriendo y facilitando todas las navegaciones de las contrataciones de toda la demarcación, con el favor de Dios, con breves caminos" (24). Este afán muestra la imposibilidad de separar la formulación de la narrativa colonial de la gran cantidad de técnicas de persuasión que le son propias, como que la forma de la una condicionara la conceptualización de la otra, y viceversa. Ya los "tesoros" provenientes del viaje de Tupac Yupanqui que se narran en la leyenda galapaguense—gente negra, oro, silla de latón, pellejo y quijadas de caballo—se parecen más a lo que se encontraba en islas ya conocidas, como lo eran las salomónicas, que a las desconocidas como las Galápagos, donde era imposible que se encontraran estas cosas.

El cronista Cabello de Balboa, quien escribió la misma leyenda, es más prudente tal vez, pero reafirma la posibilidad de que los incas pudiesen haber navegado largas distancias y haber llegado a ciertas "islas huérfanas":[14]

> De este viaje se alejo de tierras mas que se puede fácilmente creer, mas cierto afirman los que sus cosas de este valeroso Inga cuentan, que de este camino se detuvo por la mar duración y espacio de un año, y dice mas que descubrió ciertas Islas a quien

Capítulo dos

> llamaron Hagua Chumbi y Nina Chumbi que Islas estas sean en el mar de el sur (en cuya costa el Inga se embarco) no lo osare determinadamente afirmar, ni que tierra sea la que pueda presumirse de ser hallada en esta navegación. Las relaciones que de este viaje nos dan los antiguos son que trajo de allá Indios prisioneros de color negra, y mucho oro y plata, y mas una Silla de Latón, y cueros de animales como Caballos, y de parte donde se puedan traer las tales cosas de todo punto se ignora en este Pirú, y en el mar que lo va prolongando. (323)

Este historiador, en páginas subsiguientes, explica que otros exploradores han dado señas similares sobre la existencia de las islas, por lo cual se permite aseverar que la construcción textual de las Galápagos está supeditada al movimiento de los sujetos que las escriben pero, sobre todo, a la sensación de pertenencia a la colonia, convertida siempre en una relación desigual. Sin importar la fuente o el referente que recrea esquemas mentales proclives a mutar y siempre a regenerarse,[15] la recreación a través de los textos y representada en esta realidad cognitiva permite entender mejor la narración faláz de un espacio inaccesible hasta bien entrado el siglo XX. Esto genera la ilusión de que aumente la distancia entre el archipiélago situado maravillosamente fuera del tiempo y lugar históricos vis à vis el virreinato, ubicado en la administración imperial. El aislamiento, la carencia de una comunidad estable que intentara rebatir los constructos, y la generación constante de ficciones que las describen, dejan observar cómo las islas aparecen una y otra vez de manera escindida a conceptualizaciones alternas. Su construcción narrativa, en vez de adherirse a un imaginario afín a algo definible, colonial o no, empieza a tejer esquemas propios a través de textos que se van asentado para limitar la superficie insular como un punto de referencia, aparentemente, sin nexos.

Plantea Deleuze, en cuanto al movimiento y la re-creación de la isla desierta al definir un desplazamiento constante, que la isla es una imagen que se repite sin fin. Al momento de recrearse, las Galápagos, vendrían a originarse de nuevo porque el movimiento de la imaginación asume el movimiento de su propia producción (*Desert* 9–14). Se podría afirmar que la imaginación del cronista produce la misma isla una y otra vez, así como la reproducen sus lectores al leerla, y este nuevo origen, textual e imaginario, llega a tener mayores repercusiones que la propia isla, siendo el texto más importante que el referente. Se repite el fenómeno en el cual el modelo se superpone a la materialidad.

Para matizar esta interpretación uno podría referirse a textos tan antiguos como "De lo sublime" (Longinus 97), en el cual se plantea que el efecto del lenguaje no necesariamente tiene que ver con la persuasión, sino con una especie de transporte, o trasplante, a pesar de que este enfoque enfatice más el aspecto estético del texto mientras que el cognitivo haga hincapié en la actividad cerebral del lector, así como el de Deleuze privilegie a la imaginación sobre la experiencia real. Dos tipos de Galápagos esencialmente opuestos se incorporan a partir del océano y del continente; el primero vendría a ser más importante porque existiría dentro de un contexto inmanentemente esencial, un organismo verdadero por sí mismo y originario debido a su apartamiento. Esta re-creación emula el diseño que hacen los mapas que analizara Mignolo (Deleuze, *Desert* 9).

Si bien la imaginación permite la instauración de la imagen mental y visual en un concepto, ambos archipiélagos se recrean por el mismo medio, renacen de modo distinto y se dejan ver en distintos lenguajes a pesar de que sus fines son más similares que diferentes. El origen insular depende, entre otras cosas, del aislamiento, idea que resulta difícil no vincular con las gestas de colonización porque su función era explorar, delimitar y reclamar territorios para la Corona. Los mapas y la ordenación del espacio contrarrestan el concepto mismo de lo que se entiende por un lugar "desconocido," un concepto pertinente y complejo dentro de los estudios postcoloniales para entender al Otro. Este orden, siempre conceptual, crea una paradoja porque si bien ordena el espacio también lo separa, porque prioriza el modelo en detrimento de la realidad. La separación es la única que permite, primero, el desplazamiento imaginario y, segundo, su recreación al momento de representar al referente, siendo un buen ejemplo la crónica de Sarmiento de Gamboa.

Sin embargo, para Deleuze, la isla desierta es un constructo que se recrea dando un nuevo origen, que es de segundo orden, porque el primero estaría ya dado antes debido a la erupción volcánica que creó el territorio. La transcendencia de esta teoría se relaciona con la importancia del segundo origen de las Galápagos, que sería más significativo que el primero, ya que éste dicta las pautas de su re-creación:

Capítulo dos

> First, it is true that from the deserted island it is not creation but re-creation, not the beginning but a re-beginning that takes place. The deserted island is the origin, but a second origin. From it everything begins anew. The island is the necessary minimum for this re-beginning, the material that survives the first origin, the radiating seed or egg that must be sufficient to re-produce everything. Clearly, this presupposes that the formation of the world happens in two stages, in two periods of time, birth and re-birth, and that the second is just as necessary and essential as the first, and thus the first is necessarily compromised, born for renewal and already renounced in a catastrophe. (*Desert* 13)

En la misma página Deleuze escribe "The second origin is thus more essential than the first, since it gives us the law of repetition, the law of the series, whose first origin gave us only moments ... Since the island is a second origin, it is entrusted to man and not to the gods" (*Desert* 13). Este segundo origen sería más esencial que el primero porque: "The élan that draws humans toward islands extends the double movement that produces islands in themselves. Dreaming of islands—whether with joy or in fear, it doesn't matter—is dreaming of pulling away, of being already *separate*, far from any continent, of being lost and alone—or it is dreaming of starting from scratch, recreating, beginning anew" (Deleuze 10).

Los dos movimientos, de ausencia y de arranque, suponen la existencia de un deseo de crear la isla, a priori, a partir del texto en su segunda forma al ser un detonante de producción y movimiento. Si Deleuze niega el movimiento antropocéntrico porque éste, a su vez, negaría el concepto mismo de isla desierta al poblar el territorio, se puede entender como los humanos no deberían emular dicho movimiento ya que su presencia media la condición desértica del archipiélago (*Desert* 11). Si el viaje y el contacto con el Otro son empresas cruciales para entender cierta modernidad como plantea James Clifford (2),[16] se debe advertir no solo cómo el desplazamiento reconstituye el significado del encuentro, sino también como la estasis lo debilita.

Tanto lo estático, como lo móvil, se reitera en la narrativa fundacional del archipiélago: por un lado, Sarmiento de Gamboa recrea una estasis histórica pero crea un movimiento ficticio; y por otro Berlanga legitima el desplazamiento geográfico pero lo torna estático al intentar situar el lugar en un mapa. El intento por dar la ubicación del lugar con coordenadas no solo permite verificar la existencia de la superficie insular, sino que también despoja el aura mítica que, a priori, debería poseer. Las mediciones están ausentes en el texto de Sarmiento de Gamboa necesariamente porque su relato reproduce un imaginario mítico: en este texto, la esencia de las Galápagos es imaginaria, por lo cual es dependiente, ante todo, de las condiciones que permitan fundar el mito relacionado con un paisaje ignoto y con un territorio alejado del que no se conoce casi nada y que no se comprende:

> This is to state once again that the essence of the deserted island is imaginary and not actual, mythological and not geographical. At the same time, its destiny is subject to those human conditions that make mythology possible. Mythology is not simply willed into existence, and the peoples of the earth quickly ensured they would no longer understand their own myths. It is at this very moment when literature begins. (Deleuze, *Desert* 12)

Una de las consecuencias principales resulta en la separación casi total del lugar sin conexión a referentes reconocibles, lo cual incentiva, a partir del siglo XX, la manifestación de algo que podría llamarse "propiedad pública universal." La apropiación de un espacio vaciado de soberanía e importante para la derivación de la modernidad inconclusa. Tanto en el imaginario como en los textos, existe una violencia literal que se torna epistémica, y que crea un efecto falaz de restablecimiento del territorio imposible de repeler.

Si la ausencia de indígenas causa un efecto en las crónicas coloniales es lógico entender que también origina otro en la crítica. Es revelador observar como la carencia de habitantes no ha sido obstáculo para crear una abundancia de narraciones sobre las Galápagos, pero sí para la creación de un aparato crítico que solo despertó a finales del siglo XX cuando esta provincia empezó a poblarse. Desde su descubrimiento, nunca hubo una ausencia de textos que las relataran pero sí una escasez de exégesis y aunque el descuido crítico es explicable por la condición desértica de las islas, sus consecuencias no lo son inmediatamente. La ruptura causada por esta re-creación perdura hasta hoy en día pues es continua y sus repercusiones se ven en los siglos XIX, XX y XXI; una de ellas es la facilidad con la cual se ha asentado la separación legal y estatal

Capítulo dos

del archipiélago con el país, así como las narraciones bilingües y las discrepancias de nominación entre las distintas naciones imperialistas que las acuñaron y el Ecuador.

Otra consecuencia, tal vez tangencial, sea la instauración de una colonia penal en el archipiélago, desde el siglo diecinueve, así como con la aparición de una serie de caudillos que trabajaran allí al margen de la ley continental. Los textos coloniales muestran una primera separación en una medida fundacional, alterando el imaginario, pero los textos críticos posteriores son responsables de esta distorsión por su inexistencia y por su ingenuidad con respecto a las implicaciones que aquellos hubieran de establecer. La ausencia de modelos interpretativos, de mediana resistencia, al establecimiento de esta "propiedad universal" no duraría mucho ya que, en el siglo XIX, se despierta un gran interés por las islas debido a la visita de Darwin y la publicación de *The Voyage of the Beagle* en 1839[17] y de *On the Origin of the Species* en 1850.

En el primer texto se evidencia la fuerza de la instauración de las narrativas bilingües, que prácticamente borran las crónicas coloniales inaugurales, así como de una institucionalización burocrática de Darwin en Ecuador, además de aquella que fomenta la escisión del territorio con el país frente a la teoría por la cual se lo conoce en el extranjero. Esta atracción desmedida es, también, relativa de cara a la territorialización del receptor, porque es visible casi solo en el extranjero y no en el país, y en su mayoría se enfoca en corroborar o refutar la postulación de la selección natural dejando de lado cualquier cuestión alterna de soberanía o pertenencia de identidad ecuatoriana. Esto ocurrió durante una época crucial para el Ecuador, porque al momento de la llegada del naturalista no había transcurrido ni siquiera una década desde la fundación del país como república, en 1830.

Capítulo tres

La fluidez de la selección natural
The Voyage of the Beagle de Charles Darwin

Cuando Darwin llega a las Galápagos en 1835 tiene veintiséis años y una idea vaga de cómo organizar la experiencia del viaje del Beagle. La tripulación, comandada por el capitán Fitzroy, solo permaneció en el archipiélago ecuatoriano por cinco semanas y al regresar a Inglaterra publicó *The Narrative of the Voyages of H. M. Ships Adventure and Beagle* en 1839, cuyo último volumen, *Journal and Remarks 1832–1836*,[1] escribiera el científico inglés. Este texto tuvo gran acogida, se reeditó independientemente en 1845 con un nuevo título[2] y se volvió a editar en 1860 y a reproducir, corregir e imprimir repetidamente hasta que, en 1905, saliera la edición definitiva titulada *The Voyage of the Beagle*. Las alteraciones más significativas entre las citadas ediciones ocurrieron entre 1839 y 1845, y no solamente fueron de contenido sino también de estilo, con el fin de transformar al texto en algo más asequible al lector común (Tallmadge 328). Se puede leer en la contratapa de la segunda edición: "The aim of the Publisher has been to produce a series of works as entertaining as romances, yet not frivolous, but abounding in sound information" (Darwin, *Journal of Researches* 1845). Se convirtió brevemente en un *best-seller* y su importancia fue incrementándose por reseñas hiperbólicas de especificidad histórico-crítica.[3]

Las modificaciones entre una y otra edición crean una suerte de imagen dialéctica, o un paréntesis del tipo *epoché*, por medio de los cuales se puede interpretar la suspensión del pensamiento darwiniano vis à vis la importancia del espacio que pretende representar y la recepción de sus textos en lo que concierne al empirismo del viaje del Beagle. ¿Cómo concebir los cambios entre ediciones y su condicionamiento a la postulación de la teoría de la selección natural? ¿Cuáles son sus consecuencias no solo para repensar parte de la modernidad occidental, sino también para el

Capítulo tres

lugar que las ejemplifica? Y, específicamente, ¿con relación a la formación del estado-nación ecuatorianos y, por extensión, latinoamericanos? La fluidez del texto, nunca desprovista de significado, en este caso particular logró sustraer de la discusión el contexto local al que pertenece el espacio insular que permite enunciarlo, a pesar de que sobre las versiones del *Voyage*, especialmente las dos primeras, se hayan anotado varias distinciones.

Richard Lansdown menciona, por ejemplo, que son muy disímiles, aunque no explica en detalle cuales serían las principales variantes. También se ha planteado que la causa principal por la que Darwin alterara la edición de 1839 son "las lecturas" que el naturalista británico realizara después de su viaje a partir de la tesis propuesta por Thomas Malthus (Lansdown 111). Este argumento permite señalar una senda poco transitada al momento de analizar la obra de Darwin, puesto que si bien la producción intelectual del autor se puede interpretar a partir de su biblioteca, es más interesante leer las variantes del texto por los temas que evita, o por aquellos que se arriesga a mencionar, o no, de modo parcial. Dentro de esta categoría estaría el tema religioso, aludido con una contundencia avasalladora aunque nunca atacado directamente, pero también estaría el discurso inaugural de los países latinoamericanos, particularmente la elaboración de las bases para representar su identidad durante el siglo en el cual se fundan.

No resulta convincente la hipótesis de que por el desdén con relación al subtexto local, en la versión final del *Voyage*, Darwin variara su texto para compenetrar con la comunidad científica británica, el público lector y "resolver" las diferencias que tuviera con su padre (Tallmadge 325–26). Hay un razonamiento válido, aunque al mismo tiempo tautológico, en el cual se plantea que las cartas que Darwin enviara durante su viaje, cotejadas con las inscripciones de su diario y con el libro mismo, muestran sus técnicas retóricas de modo más evidente, entre ellas la fabricación heroica del narrador, la reafirmación de la autoridad testimonial y la erudición científica. Pero la verdadera creación del significado y la especificidad de la reescritura del *Voyage of the Beagle* provienen del *punctum* ineludible que articula la formulación del significante insular para llenarlo del significado evolucionista. Éste solo puede componerse a través de la ilusión mimética relacionada con el discurso científico que transforma a conveniencia el imaginario del archipiélago. Es decir, existe una duda en lo que concierne a la conceptualización de las Galápagos que a medida que las ediciones del *Voyage* se van corrigiendo se transforma, a momentos forzadamente, en una certeza individual. Sin embargo, el posible conocimiento de lo que se puede deducir del texto viene a ser para él, en cierto modo, un problema porque el espacio se resiste a sus interpretaciones.

No debe sorprender que el capítulo sobre "las islas encantadas" fuera reescrito algunas veces de modo que su contenido se acomodara a la proposición de la selección natural, como una suerte de construcción viciada del paisaje, y lo que se encuentra en él, para poder ejemplificar su teoría. Resulta curioso leer bibliografía en la que no hay consenso en cuanto al posible punto de partida que diera origen a la idea evolucionista, si bien el imaginario común especule que se deba a la variación de los picos de los pinzones. Precisamente porque algunas investigaciones no dan particular importancia a las Galápagos en cuanto a la elaboración de la hipótesis darwiniana, sino que las presentan como un elemento más de muchos otros que habrían colaborado para pensar el concepto, es preciso volver a los textos y cuestionar algunas de sus articulaciones retóricas. A modo de Perogrullo se asevera, por ejemplo, que Darwin no era consciente de ninguna teoría durante su viaje sino mucho después de haberlo realizado; proposición que se basa en la interpretación de su autobiografía y su desarrollo intelectual, este último compuesto más de lecturas posteriores al viaje, así como de discusiones con expertos, que de experiencias concretas (Sulloway 121–54). La idea evolutiva provendría del análisis de la tradición científica y no del trabajo de campo dado por las largas expediciones decimonónicas, y es posible que por este motivo la segunda edición del *Voyage* posea un marco teórico más sólido, que muestra conocimientos adquiridos a posteriori, a la vez que se atreve a sustentar postulados más arriesgados.

La tendencia a intentar explicar cómo otros hechos, y no el viaje hacia las Galápagos, fueran más significativos para el creacionismo es auto delatadora, una razón instrumental para sospechar acerca de la imposibilidad de la experiencia del viaje como un factor primordial y verlo como un factor artificial que es efectivo para despertar la curiosidad del lector. El movimiento constante del Beagle, capturado en la maleabilidad de las ediciones del *Voyage*, se vuelve una emulación a priori del movimiento textual que ocurriera después, y va desbrozando el camino para irlo rellenando

Capítulo tres

con una matriz de significación que solo el discurso científico es capaz de proporcionar. Si bien el viaje es movimiento, también puede leerse como un paréntesis en el cual se logra paralizar la cotidianidad de la percepción para enseñar los resquicios de lo real: "… at the Galapagos Archipelago we have a halting-place, where many new forms have been created …" (Darwin, *The Origin of Species and The Voyage of the Beagle* 403). Por otro lado, hay interpretaciones que mencionan la posibilidad, por demás lógica, de aseverar que el pensamiento de Darwin cambió "radicalmente" después de visitar las islas (Dugard 9).

Parece más productivo hallar crítica que pretenda evaluar el corpus darwiniano bajo otros criterios:

> Correspondence demonstrates how far Darwin's doctrines and persona were taken up to serve exclusively local political and scientific agendas (…) We know (…) that the assessment of his work became caught up in the volatile relationship between politics and science in the second half of the century. Particularly in Paris, institutional scientific divisions often aligned with political commitments and the fate of men of science was closely tied to the rise and fall of ministries. (White 55–58)

Imposible no pensar en estas implicaciones, especialmente por el prestigio que el discurso científico poseía ya antes, incluso, del siglo diecinueve (Livon-Grosman 72). Pero así como se puede intentar delimitar el texto del *Voyage* por su recepción, otorgándole demasiada importancia al lector, se puede tratar de delimitarlo por su aislamiento, proporcionándole mayor transcendencia al manejo de los tropos por parte del autor: "… how Darwin said things was a crucial part of his struggle to think things" (Beer, *Darwin's Plots* xxv)"; o: "The force of Darwin's biological and zoological proposals was founded, in part, on the persuasion of his style" (Steiner 16). La plausibilidad del grado escritura cero del discurso científico que actualmente no se daría por sentada, tiene singulares repercusiones para la configuración del imaginario de las Galápagos en el siglo diecinueve, específicamente porque "Beyond the popular imagination, up through the continuing human interest of the Beagle voyage and the continuing worry over the religious implications of evolutionary theory, the sustained interest of scholars and scientists in his work has made him perhaps the most discussed writer in English besides Shakespeare" (Levine ix–x).

La fluidez de la selección natural

Si bien la comparación resulta desmedida y poco convincente, permite imaginar cierta euforia por parte de los ingleses por mantener una hegemonía cultural venida a menos, particularmente en cuanto al discurso articulado a partir del acervo de la ciencia occidental y la supuesta totalidad epistemológica que se creía que poseía. Aunque este fenómeno no sea particular a los británicos, y su operación se pueda evidenciar en la geografía artística que intentaba capturar la esencia natural en su integridad propuesta por Humboldt, resulta valioso comprender cómo se manifiesta en las ediciones contemporáneas del *Voyage*. Hoy en día la editorial Knopf publica la edición definitiva de este libro junto con *The Origin of Species* en un solo volumen, en la colección Every Man's Library. La introducción, escrita por Richard Dawkins en 2003, enfatiza la originalidad del argumento darwiniano vis à vis aquel que propusieran otros científicos como Wallace o Malthus, y dedica pocas páginas al *Voyage*, destacando los cambios de título sin mencionar las sustanciales variaciones entre la primera y la segunda edición. Tampoco repara en encomios: "*The Voyage of the Beagle* is a travel book by one of the most intelligently observant and thoughtful travellers of all time. What a privilege to see the world through his eyes. What a bonus to glimpse the mind of a developing genius in the flower of his robust and energetic youth" (Dawkins xxix).

Las aproximaciones mencionadas hasta ahora son útiles hasta un agotamiento específico que puede conducir a la aporía bibliográfica, y en ésta se confirma que ninguna de ellas toma en cuenta a profundidad el contexto latinoamericano, no se diga el ecuatoriano, resultantes en un vacío que logra paralizar de modo indefinido la verdadera causalidad de las conclusiones de Darwin en el lugar que diera origen a su teoría. Se podría seguir citando en trayectoria circular un corpus crítico endogámico, sin encontrar evidencia suficiente para repensar las repercusiones del creacionismo en América Latina. Pero el punto de partida tiene que ver con la conceptualización del espacio galapaguense, y específicamente con la inclusión de trece páginas adicionales al capítulo sobre las Galápagos—el número XVII—entre la primera y segunda ediciones del *Voyage*. Simplemente vista, la inserción de tres ilustraciones es el componente que más llama la atención, pero la reconfiguración del texto y el espacio utilizado para incluir las imágenes tiene un peso determinado en cuanto a la acogida

Capítulo tres

especulativa del libro. La primera ilustración es un mapa de las islas con sus nombres en inglés; la segunda es un dibujo de las cabezas y los picos de algunos pinzones; y la tercera la representación de una iguana terrestre a escala. Adicionalmente, Darwin incorporó una tabla explicativa sobre la cantidad de especies de plantas que pueblan cada una de las islas que visitó.

Estas imágenes propician una lectura híbrida del libro en la cual palabra e imagen se reconfiguran, en dialéctica móvil, para mediar su recepción, y son importantes porque el libro posee pocas a excepción del capítulo XVII.[4] Por otro lado, no deja de ser curiosa la similitud que posee el mapa del Reino Unido con aquel que representa al archipiélago ecuatoriano. ¿Cómo jerarquiza y condiciona cognitivamente la lectura este único mapa en las 549 páginas del texto? No resulta curioso a pesar de la existencia de nombres en español para cada isla, que el autor también resolviera poner en su mapa los nombres en inglés que piratas o expedicionarios británicos como Cowley, o Colnett, usaran casi dos siglos antes. Esta relación espacial y cognitiva de nombres y mapas, acaso simbiótica entre las Galápagos e Inglaterra, continúa tejiendo una especie de lenguaje de pertenencia, sujeto a la determinación histórica del espacio de proveniencia del enunciador, quien escribe más adelante: "From the regular form of the many craters, they gave to the country an artificial appearance, which vividly reminded me of those parts of Staffordshire, where the great iron-foundries are most numerous" (Darwin, *The Origin of Species and The Voyage of the Beagle* 386). Casualmente, no solo los nombres, el paisaje y el mapa se muestran británicos, sino que también lo parece su administrador político, Lawson, vicegobernador de la colonia. Es él quien enseña a Darwin sobre las diferentes especies de tortugas habitantes en cada isla:

> I have not as yet noticed by far the most remarkable feature in the natural history of this archipelago; it is that the different islands to a considerable extent are inhabited by a different set of beings. My attention was first called to this fact by the Vice-Governor, Mr. Lawson, declaring that the tortoises differed from the different islands, and that he could with certainty tell from which island any one was brought. (Darwin, *The Origin* 405)

Estas equivalencias entre Inglaterra y el archipiélago no son accidentales, así como no lo es el hecho de que Lawson haya realizado una observación que sintetiza de modo preciso la tesis

La fluidez de la selección natural

evolucionista. Dichos paralelismos están cargados de una energía desatada casi de modo fulminante, especialmente en cuanto a la relación de poder entre el sujeto expositor del discurso y el paisaje que lo interpela, y ponen en juego la elasticidad entre la técnica para desechar un aparato discursivo perteneciente a la soberanía local y otro que no se debe a ella. Establece además una afinidad superficial en la que todo está gobernado por la autoridad del narrador y el *ethos* de su cultura, apoyada en parte por la ausencia de ecuatorianos en el lugar.[5] Lo que no se menciona es que si bien Lawson era el vicegobernador de la provincia cuando el Beagle llegó, el gobernador titular del territorio era José de Villamil, criollo ecuatoriano responsable de la colonización del archipiélago por parte del Ecuador en 1832. Al no nombrarlo, Darwin crea una narración coercitiva que pretende garantizar la verosimilitud, comprobable por el lugar de emisión de la crónica que escribe sobre las islas, convirtiéndose casi en un proceso hiperreal[6] en el cual la cartografía y sus consecuencias se reivindican antes de conocer al referente material. El problema varía porque Darwin tiene que hacer coincidir su representación con el territorio verdadero en las subsiguientes ediciones del *Voyage* (ver figura 2).

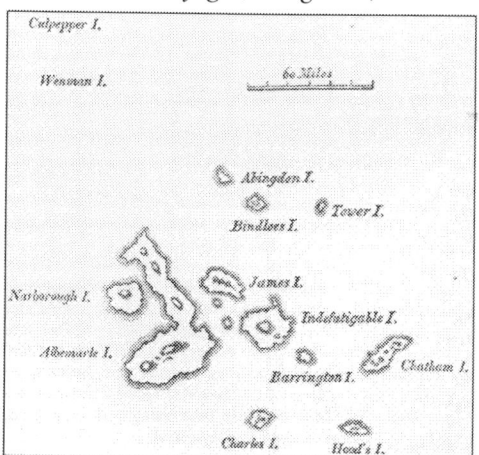

Figura 2: Nótese la simplicidad con la que se presenta el territorio, desprovisto de cualquier referente local, y la importancia dada a los nombres de la aristocracia inglesa con los que se bautizara al archipiélago antes de la llegada del Beagle. Este mapa solo se encuentra en la segunda edición y no en la primera. En contraste con la dispersión del mapa de Cowley, véase abajo, el de Darwin presenta una idea de organización y simplicidad evidentes (Darwin, *The Origin* 454–78).

Capítulo tres

Las fuentes de información que se citan en la segunda edición son tan variadas—por lo menos treinta y cinco autoridades de distintos científicos y exploradores, según Tallmadge (324-45) —como lo es su objetivo final: presentar una perspectiva holística del lugar pero, al mismo tiempo, no polisémica, sino limitada a una sola hipótesis. Las citas provienen de europeos célebres en el ámbito de la ciencia tales como Humboldt, Doubleday, Kirby, Lamarck, o de bucaneros como Dampier, pero en ningún momento de habitantes de las regiones que visita. Este fenómeno no es particular a las Galápagos, y no es excepcional en la literatura de viaje, pero señala la necesidad de acudir a una voz digna de confianza que sea parte del mismo discurso cultural del autor, simulada y hermanada con, por dar un ejemplo, el tal Lawson, autoridad de intereses y cosmogonías similares, idioma y nación de origen. La supuesta ausencia de autoridades ecuatorianas le permite disertar, con exención, sobre la forma como evolucionaran los animales y no deja una posibilidad verdadera de refutarlo, a la vez que le concede alegar cierta veracidad desde dos puntos de vista.

El discurso empieza a desviarse para profundizar en ciertas especificidades no desprovistas de exotismo o extrañamiento, entre las cuales se encuentran, por dar ejemplos, las tortugas, las iguanas y los pinzones. No es ocioso observar como en la primera edición Darwin menciona, brevemente, el pasaje ya citado que se repite en la segunda con dramatismo calculado:

The Voyage de 1839	*The Voyage* de 1845
... the tortoises coming from different islands in the archipelago were slightly different in form; and that in certain islands they attained a larger average size than in others. Mr. Lawson maintained that he could at once tell from which island any one was brought. (466)	... the tortoises coming from different islands in the archipelago were slightly different in form; and that in certain islands they attained a larger average size than in others. Mr. Lawson maintained that he could at once tell from which island any one was brought ... *by far the most remarkable feature in the natural history*. (466, la cursiva es mía)

Es notable la habilidad del autor para remendar el texto en su segunda entrega y dar cabida a una lectura ininterrumpida, dando

La fluidez de la selección natural

la ilusión al lector de poca intervención posterior a la primera publicación y de una estabilidad casi total. En realidad, se podría elucubrar que su trayectoria intelectual en este preciso momento se rige más por la duda que por la certeza; abundan ejemplos de esta superposición de pa(i)sajes alterados cuyas disparidades crean la reafirmación de la viabilidad del evolucionismo. Este sensacionalismo es evidente en uno de los párrafos más repetidos por la crítica darwiniana:[7] "... both in space and time, we seem to be brought somewhat near to that great fact—that mystery of mysteries—the first appearance of new beings on this earth" (Darwin, *The Origin* 390). El enunciado cierra una reflexión que intenta explicar cómo se encuentran especies endémicas en cada isla, similares a las del continente pero modificadas para sobrevivir en el entorno galapaguense (ver figura 3).

Figura 3: El mapa de Cowley de 1684 en el que se basara el presentado por Darwin (Cowley, "A Short Account" página sin número).

El énfasis en la especificidad animal causado por la vaciedad etnográfica, se repite sin reparar en fronteras de efectismo; por ejemplo las tortugas son, en parte, un constituyente de este "misterio de misterios," así como lo son otras especies de animales que no solamente se presentan exóticos, sino como casos de

Capítulo tres

estudio especial en cuanto a su morfología. Se ve obligado a explicar cómo los picos de los pinzones se han desarrollado y adaptado a un ecosistema tan particular y por esto la referencia a estos pájaros en el primer libro es descriptiva, carente de interpretación convincente, en parte porque está desprovista de ilustraciones. Pero la explicación detallada sobre estas aves que acompaña los dibujos en el segundo libro del *Voyage* es crucial porque también se alude a ellas en *The Origin of Species*, concretamente en el capítulo XII sobre la distribución geográfica de las especies endémicas (837–38). He aquí la comparación:

The Voyage de 1845	*The Origin* de 1859
… one might really fancy that from an original paucity of birds in this archipelago, one species had been taken and modified for different ends. (391)	[these birds] will be eminently liable for modification. (837)

El efecto de la maleabilidad narrativa, específicamente en cuanto al contexto local, hace evidente que "la evolución textual" del espacio se vea alterada, porque al autor le preocupa exponer tres puntos principales. El primero es mostrar, insistentemente, que las islas han estado aisladas durante millones de años y que su geografía es distinta a la del continente.[8] El segundo es disertar sobre cómo la fauna es parecida a la de América, a pesar de que el entorno no lo es, y dilucidar no cómo llegó allí sino cómo sobrevivió una vez instalada. Y el tercer punto es ratificar, una y otra vez, que la fauna que hubo de migrar al lugar se ha ido adaptando por medio de cambios comprobables a través de la observación repetida en el tiempo. Dicho de otro modo: tiene que marcar el aislamiento y las diferencias geográficas, pero a la vez una dependencia del continente, y debe conjugar estos elementos con una postulación convincente. Por este motivo, en términos cartesianos, habría una suerte de narrativa sustancial que explica cómo las propiedades de las islas cambian durante un periodo enorme de tiempo y drásticamente durante su existencia, sin que el lugar deje de ser lo que es. Darwin quiere mostrar la existencia de un sustrato que las mantiene igual pero que, al mismo tiempo, permite cierta fluidez y continuidad, que abarca sus distintas propiedades y que fuerza la adaptación (ver figura 4).

La fluidez de la selección natural

Figura 4: Los picos se presentan distintos entre sí de cara a la isla que habitan. La importancia se desplaza del ave al espacio en el que se la encuentra, concepto primordial para entender la selección natural. Por este motivo la condición *sine qua non* de la evolución que Darwin debe reafirmar tiene que ver con un lugar despojado de la manipulación antropocéntrica (Darwin, *The Origin* 454-78).

Así se crea un alejamiento entre las islas y su referente externo, que al mismo tiempo es inmediato y enseña, con destreza, las similitudes entre los seres vivos que las habitan. Para lograr este cometido Darwin utiliza una imagen fundamental en cuanto al vínculo que tiene el territorio insular con América, que en la segunda edición del *Voyage* describe así: "The archipelago is a little world within itself, or rather a satellite attached to America" (*The Origin*, 391). Al final del capítulo escribe: "I have said that the Galapagos Archipelago might be called a satellite attached to America, but it should rather be called a group of satellites, physically similar, organically distinct, yet intimately related to each other, and all related in a marked, though much lesser degree, to the great American continent" (*The Origin*, 410).[9] La metáfora del satélite modifica la ubicación no solo espacial, sino también aquella de orden político porque Darwin no menciona el país al que este satélite pertenece.[10] En *The Origin*, las Galápagos son las únicas islas que se mencionan, en todo el texto, a pesar de haber visitado muchas otras durante el viaje del Beagle: "The most striking and important fact for us in regard to the inhabitants of

Capítulo tres

the islands, is their affinity to those of the nearest mainland, without being actually the same species. Numerous instances could be given of this fact. I will give only one, that of the Galapagos Archipelago, situated under the equator, between 500 and 600 miles from the shores of South America" (843).

Tanto en este pasaje como en aquel que consta en *The Voyage*, no alude de ningún modo a cuestiones referentes a la potestad o soberanía del territorio, a pesar de dar una ubicación aproximada con respecto al continente.[11] Tal como se la presenta, esta información deja abierta la interpretación de que es un lugar abandonado a pesar de que allí residía una colonia de desterrados de nacionalidad ecuatoriana y por ende había cierta presencia estatal. Los presos no eran solamente presos políticos, como menciona de refilón el autor, aunque sí había algunos de ellos que se envió para que ningún otro país reclamara el territorio bajo la ley del derecho internacional conocida como *res nullius*; fue una colonización forzada y apresurada para asegurar la ocupación, más que nada. Pero el énfasis en *The Origin* está en ubicar el territorio en cuanto a las distancias que lo separan del continente y no en definirlo en relación al estado que las administra o la gente que vive allí; algo tal vez previsible desde el punto de vista científico, pero sesgado desde el político y económico para el Ecuador dada la autoridad del discurso de expedicionario y la importancia que llegara a otorgársele. Si por un lado *The Voyage* crea correspondencias entre Inglaterra y las islas para presentarlas a través del matiz de la autoridad, casi como parte del imperio, por otro, insiste en exhibirlas como un lugar satelital de cara a su nexo americano. La imagen del satélite es brillante, por definición algo dependiente y sujeto a un ente mayor, pero en este caso no reconoce a ningún país de América Latina sino a una cierta hegemonía inglesa, desde donde se emana el significado de potestad en esta lectura. La representación de Darwin implica una marcada diferencia entre el archipiélago y el país que lo gobierna, pues no se los conecta en lo absoluto: hacerlo implica modificar el paisaje ya que los presos ecuatorianos son sujetos incómodos al momento de conceptualizar la isla (desierta), a pesar de su inmanencia a ella porque Galápagos se funda, para el Ecuador, como un presidio.[12]

La ideología imperial británica dominante, expuesta a través del texto del *Voyage*, crea cierta ilusión satisfactoria de estabilidad, específicamente con relación a la certeza de un descubrimiento y el sistema que se usa para adquirirlo, a decir el género de literatura de viajes y la retórica que le es propia. Pero la experiencia material, manifestada por la presencia de presos que ocupan el espacio insular, contradice esta falsa noción de seguridad e interrumpe el proceso selectivo que se quiere mostrar. Surge otro conflicto, lo que en un inicio es un apartamiento geográfico para subrayar la flora y fauna extrañamente adaptables, se torna en un apartamiento del imaginario con consecuencias para la identidad fundacional del archipiélago. Estas modificaciones se manifiestan tibia y tardíamente en el siglo posterior a su llegada, dada la poca densidad poblacional, pero con mucha fuerza en la segunda mitad del siglo XX y en el XXI, especialmente en lo que corresponde a la narrativa en inglés y su inclinación por los significados de experiencia, turística o transcendental, que el mercado crea sin cese a partir de fines de la década de los ochenta.

Los textos de Darwin tienen un efecto de purgación que borra la historia de las Galápagos que existiera hasta entonces. Si bien la misma posibilidad de que exista una historia literaria de las islas resultara debatible en aquel entonces, es inevitable mencionar que su tradición representativa se fundó en 1535 cuando Tomás de Berlanga escribiera la carta para dar cuenta de ellas. Independientemente de que Darwin conociera este texto o no,[13] la superposición semántica del *Voyage* supedita el proceso de recepción al discurso científico más que al colonial, casi del mismo modo como tangencialmente deconstruye la narración romántica pirática para dar cabida a aquella deudora del positivismo. Desde este punto de vista, *The Voyage* resulta más importante que *The Origin*, porque su estructura de composición es el fin y la suma, al mismo tiempo, de todos los textos anteriores escritos sobre las islas. Al ser un fin, forzadamente, se puede intuir que proponga una sucesión de elementos que suponen un comienzo, un punto de partida desde cuyo horizonte se puede inferir un inicio heterogéneo que para entenderse no necesita ningún texto anterior, incluido el más importante de la tradición judeo-cristiana. No debe sorprender que la representación evolucionista, que se ciñe a una búsqueda del origen, se defina como:

> Proyectos que se proponen reconstruir in situ una historia naturalizada del hombre primitivo. Esos antecedentes se leen como justificación de ese mismo sistema imperial que ha financiado los viajes, como si las teorías evolucionistas fueran

> también una explicación y una justificación del origen del imperio (...). Descalificadas de todo tipo de complejidad cultural, política o económica, estas culturas quedan más cerca del reino animal que de la naturaleza humana de los viajeros que la retratan. (Livon-Grosman 29)

El problema que surge tiene que ver con el modo de establecer el imaginario del lugar en el extranjero de cara al que se forja dentro del país y, más tarde, en el continente. En principio, se trata de un desfase esencial pues el Ecuador, así como América Latina, en el siglo XIX, está recién constituido y su situación política es inestable; ocurren conflictos armados, dictaduras y pugnas de poder repetidas.[14] El concepto historiográfico del caos fundacional podría extrapolarse con relativa facilidad hacia otras naciones latinoamericanas durante la misma época pero, en Ecuador, sin entenderse la importancia que este espacio insular tiene para postular un concepto occidental de modernidad, una de las últimas preocupaciones de sus gobernantes era la investigación científica o el debate filosófico con respecto a una parte de su territorio designado como recinto carcelario. Paradójicamente, Galápagos representaría la barbarie anti-moderna para cualquier nación emergente del continente y lo opuesto para naciones metropolitanas imperialistas.

Las islas maravillan a la comunidad internacional, pero también la incomodan, específicamente con relación a la proposición religiosa que hábilmente se elide pero que se ve refutada de un trazo. Esta recepción sorpresiva contrasta con la insignificancia del lugar para el Ecuador, y por ella se va creando una valoración maniquea del archipiélago que perdura hasta mediados del siglo XX y que no se disipa hasta finales del mismo, cuando el país empieza a cambiar su mirada hacia ellas. Este cambio ocurre también porque el pensamiento evolucionista altera la representación del territorio con un efecto dilatado que solo se puede comprender una vez que se aproxima al final de la época que definiera al estado y nación ecuatorianos como entes inacabados y aún por configurarse. La fragmentación estatal es la más antagónica en cuanto al concepto del evolucionismo porque éste se basa en un fundamento teórico relacionado con la totalidad, algo que sea capaz de comprenderlo "todo." Resulta patente que esta totalidad pudiera ser la única noción capaz de competir con aquella que pertenece al génesis bíblico; el evolucionismo es constitutivo en cuanto a su aplicación a cualquier lugar, si bien el lugar que permite articularlo todavía no está formado en su integridad. No me refiero solamente a la incipiente formación republicana del país, o de los países del continente, sino a la formación geológica del espacio, porque el archipiélago es un conjunto de islas jóvenes que está constantemente creándose por medio de frecuentes erupciones volcánicas. Esta metáfora geológica aplicada a aquella del ideal, también ratifica la materialización del origen, en este caso volcánico pero también conceptual, que permite explicar el evolucionismo a través de una idea infinita y perfecta, como la de un creador divino, en los ojos de Darwin.[15]

Se puede proponer la lectura a partir del origen entendido como un fenómeno que dirige la historia galapaguense hacia un reinicio artificial, porque las islas se transforman en un laboratorio que permite probar o refutar empíricamente su proyección y validez teóricas.[16] A diferencia de la Misión Geodésica francesa, liderada por La Condamine,[17] que fue al Ecuador continental en 1736 con el fin de "medir" el mundo, o de la Real Expedición Botánica comandada por Caldas que llegó a finales del XVIII, la expedición de Fitzroy llega a las Galápagos sin una agenda rígida, por lo cual se asegura de capturar la experiencia con una suerte de engañosa vaguedad que se vuelve específica a medida que el texto va "evolucionando" por medio de las reediciones. Dentro de esta vaguedad hay una constante que le da forma, la única posible en la matriz biológica, que se debe al idealismo subjetivo y cómo la forma de la biota y el espacio dependen de los sentidos que los interpretan. La enunciación del postulado evolutivo sugiere más de una conexión a considerarse con la filosofía de Berkeley, especialmente con relación a la cualidad primaria como grado de diferenciación en cuanto a la posibilidad de describir un objeto que se deba a la imprecisión de, por dar ejemplos, el sentido de la vista confrontado con el del tacto, o el auditivo con el olfativo, en cuyo caso la experiencia vuelve a configurarse.[18] El gusto, el oído, la vista, en repetición tautológica aparecen como relaciones constitutivas del intento por maravillar, cuyo énfasis no está en el referente, sino en las asociaciones que le permiten dialogar con el individuo.

La realidad, aquella en la cual Darwin está suspendido y que es de orden insular, depende de los sentidos y se hace imposible probar su existencia a menos que se intenten martillar hasta el cansancio los efectos de la experiencia sensorial y la construcción de su significado correspondiente al origen. Dada la empatía con el lector que surge al usar las sinestesias, el texto pretende transportarlo hacia el lugar: "A most paradoxical mixture of sound and silence pervades the shady parts of the wood. The noise from the insects is so loud that it may be heard even in a vessel anchored several hundred yards from the shore" (*The Origin* 27); "Nature, in these climes, chooses her vocalists from more humble performers than in Europe (…) when several are together [frogs] they sing in harmony on different notes" (44); "when the bullock (…) is given the death below; a noise more expressive of fierce agony than any I know: I have often distinguished it from a long distance …" (135).

Las hipérboles adecuadas a la sensación auditiva corroboran la utilización de un registro cuya contundencia argumentativa, así como recepción mundial, produce un manto de misterio y de asombro sobre el territorio insular como no se producirá bajo ninguna otra empresa narrativa. Este fenómeno es tan importante que genera inmediatamente un conjunto nuevo de viajes, mapas, y crónicas, entre otros documentos, con el fin de comprobar su enunciado. Esta nueva tradición representativa que se va creando no está exenta de maravilla; una parte esencial de la síntesis darwiniana tiene que ver con el efecto de impresión que desea causar en sus lectores, muchos de ellos pertenecientes a la comunidad científica que él conoce muy bien. Estas experiencias van de la mano con el intento constante por fascinar:

> … of the ninety shells, no less than forty-seven are unknown elsewhere—a wonderful fact, considering how widely distributed sea-shells generally are (…) If we now turn to the Flora, we shall find the aboriginal plants of the different islands wonderfully different … Hence we have the truly wonderful fact, that in James Island, of the thirty-eight Galapageian plants, or those found in no other part of the world, thirty are exclusively confined to this one island (…) The distribution of the tenants of this archipelago would not be nearly so wonderful, if, for instance, one island had a mocking-thrush, and a second island some other quite distinct genus (…) that several of the islands possess their own species of the tortoise, mocking-thrush, finches, and numerous plants, these species having the same general habits, occupying analogous situations, and

> obviously filling the same place in the natural economy of this archipelago, that strikes me with wonder. (*The Origin* 402–09)

El archipiélago se vuelve inefable, y la inefabilidad repetida se transforma en un eje retórico que muestra la dificultad de la representación, deudor del tropo connotativo y de las sinestesias más que del referente: "… but it is not possible to give an adequate idea of the higher feelings of wonder, astonishment, and devotion, which fill and elevate the mind" (40). Escribe hacia el final del libro:

> When quietly walking along the shady pathways, and admiring each successive view, I wished to find language to express my ideas. Epithet after epithet was found too weak to convey to those who have not visited the intertropical regions, the sensation of delight which the mind experiences (…) How great would be the desire in every admirer of nature to behold, if such were possible, the scenery of another planet! (507)

El efectismo de estas citas muestra por qué las leyendas coloniales que escribió Sarmiento de Gamboa sobre Galápagos, o la carta del descubrimiento fortuito de Berlanga, casi desaparecen. Pasa algo similar con los textos de bucaneros y piratas, o las historias románticas de náufragos: la imagen del planeta, presentada como sucesión incremental a aquella del satélite, abarca una cosmovisión mucho más compleja que cualquier otra filiación dependiente de la matriz estatal o nacional. El corpus intratextual darwiniano de re-edición y de re-escritura, así como sus ramificaciones, son cruciales para identificar el inicio de un discurso hegemónico de absorción por parte del aparato mercantil y turístico en el siglo XX y XXI. Es axiomático ver como el turismo, y el mercado que lo controla, lo captan y lo perpetúan hasta hacer desaparecer cualquier discurso alterno que no esté sentado en función de la maravilla biológica para acrecentar el consumo de la experiencia.

La maravilla se manifiesta en la traducción de los sentidos gustativos y visuales a lo largo de todo el libro y no solo refiriéndose a las islas: "… had for supper 'carne con cuero,' or meat roasted with the skin on it (…) If any worthy alderman had supped with us that evening, 'carne con cuero,' without doubt, would soon have been celebrated in London" (202); y sobre las tortugas:

Capítulo tres

"... we lived entirely upon tortoise-meat: the breast-plate roasted (...) with the flesh on it, is very good; and the young tortoises make excellent soup" (389). Y sobre el avestruz: "It was cooked and eaten before my memory returned" (107); las vizcachas: "Their flesh, when cooked, is very white and good" (138); el pescado: "Our only amusement was catching fish for our dinner: there were several kinds, and all good eating" (149).

En cuanto a la percepción visual, destacan estos ejemplos: "... the clouds suddenly cleared away, and the effect was quite magical. The great mountains, bright with the full moon, seemed impeding over us on all sides (...) The increased brilliancy of the moon and stars at this elevation, owing to the perfect transparency of the atmosphere ..." (337); "The sky, seen through the advanced guard, appeared like a mezzotinto engraving, but the main body was impervious to sight" (341); "... before leaving the mountains, there was a very extraordinary view; red, purple, green, and quite with quite white sedimentary rocks, alternating with black lavas (...) of every shade of colour, from dark brown to the brightest lilac. It was the first view I ever saw, which really resembled (...) the inside of the earth" (345); "... it was impossible not to stop for a few minutes to admire, again and again, the colour of the heavens, and the brilliant transparency of the atmosphere" (347).

La polisemia de significados a partir de los sentidos del mismo sujeto, en el caso de la mirada, es una reconstrucción sesgada de la primera persona y se cimenta en la autoridad que se le otorga al supuesto testigo ocular. ¿Cuál sería el privilegio de estar en el lugar de los hechos? ¿Qué valor, si la tuviera, darle a la primicia? Esta técnica le permite a Darwin refutar a ciertas autoridades haciendo uso de una ubicación favorecida, corroborada por experiencias adicionales que hacen imposible contradecirlo. La visión, uno de los sentidos más ligados a la narrativa testimonial, bien puede ser uno de los mecanismos de comprobación y observación de mayor importancia en el siglo XIX; los postulados positivistas de Comte seguidores del método científico y de los procesos experimentales se aplican a la biología, fundada recientemente en su acepción moderna.[19] La distancia que se recrea, al construir el *ego*, entre el testigo y el lector, permite mayor libertad de disertación en el primero con el fin de seducir y educar al segundo; era éste uno de los objetivos de la literatura de viajes. El modo como *The Voyage* prepara y determina la recepción del *Origin* es tan evidente como reiterado[20] en cuanto a la variación retórica que es proclive a ensalzar al narrador en cada página, ora por variadas situaciones de peligro, ora por otras de descubrimiento, asombro o reflexión, siempre vinculadas a resaltar la valía de lo presencial y crear vínculos afectivos.

El uso de estas técnicas en un texto célebre tiene consecuencias similares a aquellas que relataron las Galápagos antes de la llegada del Beagle pero con un efecto de diseminación superior. Esta re-creación textual e imaginaria del territorio insular se da a un nivel universal dada la popularidad que su autor llegó a conseguir y el peso del creacionismo, además del pensamiento ilustrado que separa a los autores coloniales de Darwin, y el cambio en la dominación geopolítica de España a Inglaterra. Dicha regeneración debería tener un componente agregado en lo concerniente a la identidad local que habitaba en el lugar al momento que Darwin hubo de llegar, pero no lo tiene, porque el *ego* niega, de por sí, al interlocutor local, escondiéndolo detrás de la función del pronombre. Surge el problema del *topos* de la "isla desierta" porque la exactitud del postulado darwiniano cuaja perfectamente con aquel que define el imaginario del archipiélago hasta su visita, recordemos la premisa de Deleuze en lo tocante a la creación de la isla: Darwin plantea que en las Galápagos se puede, por fin, explicar la primera aparición de seres humanos.[21] La fuerza de la selección natural en el ideal de las islas no solo se relaciona con la fama y autoridad del autor,[22] sino que también tiene que ver con una re-fundación autoritaria. En ella no participa ningún estado-nación latinoamericano como sujeto y su desvinculación tiende a ser más notoria en su especificidad por cuanto ya existe, si bien recientemente fundada, la república ecuatoriana.

Lo que más contribuye a enfatizar la re-fundación por parte del autor, entendido como "traductor" (Pagden 51), y la estructura del *Voyage* a favor de la fluidez en sus ediciones subsiguientes, es la transformación de las percepciones sensoriales. Confiesa el propio Darwin: "I will extract those parts of my journal which refer to the same districts, without always attending to the order in which we visited them" (55); y en una carta a John Henslow: "I am now hard at work cramming up learning to ornament my journal" (citado en Tallmadge 331). La reorganización de la escritura del orden del viaje, por un lado, y la figura ornamental, en teoría opuesta al purismo estilístico del positivismo, por otro, muestran una visión

Capítulo tres

premeditada de las metodologías que se usan para materializar el espacio que da cuenta del funcionamiento de las relaciones creacionistas con el lector. Esta articulación se hace con un andamiaje particular que preludia la práctica que antecederá a la teoría que más tarde se enunciará en *The Origin of Species*. Si en el libro de viajes prima la inefabilidad sensorial, en el texto científico prima la noción de totalidad, la cual intenta explicar paso por paso la deducción que se desprende de la observación experimental. Dicha observación, elementalmente, depende del lugar entendido como una suspensión en el tiempo y en el espacio, suspensión que se ejemplifica también con la mansedumbre de los animales.

El tema de la docilidad animal contrasta con aquel de la aventura que se mostrara en *The Voyage* al describir otros lugares, muchos de ellos peligrosos, plagados de nubes de langostas (341) o de encuentros con pumas (130–48). A otro nivel, sin embargo, refleja metafóricamente la mansedumbre que el estado ecuatoriano presentara para resistirse a la representación imperialista de la evolución; específicamente por la poca acción a la que el narrador alude para gobernar al archipiélago desde el continente. Dicho de otro modo, las señas de identidad locales—estatales y nacionales— son tan endebles como lo son los animales a pesar de que el terreno es naturalmente agreste. Esta subordinación impostada por parte del Ecuador que el libro de Darwin muestra, persigue la desacreditación del aparato discursivo local y su potestad, desacreditación que se suma a la apropiación cartográfica a los paralelos imperiales. Escribe el autor: "… [the iguanas] try to look fierce: but in reality they are not at all so" (400); o: "I will conclude my description of the natural history of these islands, by giving an account of the extreme tameness of the birds (…) All of them often approached sufficiently near to be killed with a switch, and sometimes, as I myself tried, with a cap or hat. A gun is here almost superfluous; for with the muzzle I pushed a hawk off the branch of a tree" (410).

Esta sumisión instrumental también permite leer el capítulo como una ambientación del escenario, una suerte de puesta en escena que se debe a un espacio artificial en el que se puede concebir el edén científico.[23] Si bien la apacibilidad animal es, en realidad, una característica inherente a estas islas, es más importante para el creacionismo lo que este fenómeno le permite deducir. El reinicio insular, conceptual, se teje a partir de una

La fluidez de la selección natural

matriz religiosa para desmerecerla y para plantear una nueva, de simiente científica. Quizás la única forma de proyectar un concepto tan arriesgado tenga que ver con abrir los significados desde todos los frentes posibles, explicitando el hecho de que la tradición judeo-cristiana excluye otras posibilidades de concepción del origen sin argumentos convincentes al ponerse a prueba bajo la lente científica. Para lograr este objetivo, es útil entender como Darwin pretende construir su autoridad más como contenido, en la diégesis, que como medio. Conoce los problemas de cara a la verosimilitud, específicamente dentro del género de los textos de viaje, no se diga con respecto a la natural resistencia con la que se tomaría el evolucionismo una vez postulado. Esta concientización al reforzar o al refutar fuentes, citando no solo a eruditos de la comunidad intelectual, sino también a testigos que le acompañaran en el viaje, lo posiciona inmediatamente dentro de la tradición y el diálogo científico, complementarios ambos de la experiencia y conocimiento de la empresa exploratoria.[24]

Darwin se inserta dentro de esta tradición al usar bibliografía referencial y mezclarla con la experiencia de campo, en una relación paradójica que hace imposible borrar sus huellas después de la expedición.[25] Las islas son vistas como desiertas en los textos, pero ya no lo son en la realidad porque los escritos atraen cada vez a más científicos, expediciones de viaje y turismo de élite, mientras que el Estado intenta colonizarlas con presos. El gobierno ecuatoriano realiza intentos por ocupar el territorio en aras de la producción agrícola, enviando empresarios y dándoles total potestad sobre el lugar, mano de obra gratuita proporcionada por los reos, y facilidades legales para asegurar el éxito de sus operaciones. No sorprende el hecho de que, en numerosas ocasiones, el estado ecuatoriano, a finales del siglo XIX e inicios del XX, por apuros económicos y por la poca productividad del lugar, quiso vender, alquilar o negociar las islas a cambio de ayudas o prebendas económicas a países acreedores o políticamente importantes como Francia, Inglaterra y Estados Unidos (Luna Tobar 103–30).

Pero antes de la popularización global de las islas la visita de un escritor estadounidense intenta relatarlas desde una cosmovisión distinta. Apoyándose en leyendas del lugar así como en percepciones dependientes de la interpretación de la naturaleza y la filosofía constitutiva de su país de origen, esta narración logra contrarrestar parcialmente la visión del laboratorio así como

Capítulo tres

la de la maravilla y el jardín edénico. La parodia que escribe Herman Melville pone en duda la episteme del individuo, pero no deja de manifestarse en ella un interés político en el cual las Galápagos sirven de pretexto para postular su ideología. Si bien la popularidad de *Las Encantadas* ... es menor a la del texto de Darwin, su lectura contribuye a avivar la impresión maniquea concerniente a las islas así como a mitificar el lugar usando una matriz alterna.

Capítulo cuatro

La relación entre el Transcendentalismo y las Galápagos
The Encantadas, or Enchanted Isles de Herman Melville

Herman Melville realizó un viaje a las Galápagos en 1841 y publicó, en 1856, una colección de cuentos titulada *The Encantadas, or Enchanted Isles* Esta publicación se hizo bajo el seudónimo Salvator R. Tarnmoor[1] y varios relatos tocantes al tema vieron luz en *Putnam's Monthly Magazine*, a partir de 1854. Posteriormente, debido a una recepción crítica favorable (Beecher 88),[2] sus narraciones se reeditaron para aparecer juntas en *Piazza Tales*. Es común encontrar estos relatos como parte de antologías junto con "Benito Cereno" o "Bartleby el escribidor," así como resulta frecuente leer que la canonicidad del autor se establece a partir de su novela más célebre, específicamente durante la reinterpretación que se hiciera de ella en el siglo XX. Tomando esta reinserción como punto de partida, es de particular importancia observar una perspectiva distinta de cara a sus obras breves, concretamente en cuanto a la postura filosófica norteamericana del siglo diecinueve y su poética constitutiva, la cual Harold Bloom lee como una antítesis al pensamiento transcendentalista.[3]

Esta tensión se hace evidente por el escepticismo con el que Melville leyera la obra de Emerson en cuanto a la especificidad del paisaje[4] y el modo como reconstruyera su significado.[5] Una sustancia principal de su poética, según esta lectura, vendría a ser el concepto del espacio[6] vis à vis su cuestionamiento, a través de la apropiación, para postular un rechazo al transcendentalismo que va condicionando la construcción narrativa de las Galápagos. Las islas le permiten proyectar un imaginario anti-imperial y anti-biológico, a través de su polisemia cartográfica y espacial desde América Latina.[7] Esta empresa del escritor estadounidense permite interpretar las consecuencias del texto en cuanto al ideal norteamericano del archipiélago, porque si es que Melville intenta socavar "the American system of expansionism and abuse

Capítulo cuatro

of executive power" (Lawson 49), o desplazar el énfasis hacia una postura combativa por medio de una narrativa de las islas, ¿cuáles serían sus efectos enunciativos y cómo se vería afectado su imaginario a posteriori? ¿De qué modo se apropia el autor del contexto histórico-político ecuatoriano y cómo se puede releer la parodia en el ámbito nacionalista y en el extranjero? ¿Cómo afecta la recreación distópica de las islas el desarrollo de una "realidad" latinoamericana?

Una de las interpretaciones comunes tocantes a las Galápagos de este autor tiene que ver con una reiteración constante de la perversidad de la atmósfera insular:

> ... Melville stresses his view that this world was created evil, and that it has remained basically unchanged from the moment it "exploded into sight" (...) The central theme which binds the cycle together and connects it with other Piazza tales is the effect of evil on life. Here is Melville's Inferno, ringed like Dante's into various circles of damnation. (...) Melville emphasizes that this "hell" is a real place [the Galapagos], within the framework of time and space. (Newbery 50)

Se ha vuelto usual rastrear las fuentes que inspiraran sus relatos, a la vez que se muestra en ellas un retorno a una percepción maniquea entre la isla como infierno o como paraíso, siendo sustancial utilizar un eje valorativo de moralidad. Esta vez, al contrario de Darwin que propusiera implícitamente, y a conveniencia, que el archipiélago se definiera con respecto a un origen, Melville recrea un espacio percibido como una culminación definida por lo infernal, cuya descripción de fracaso es evidente.[8] La inserción desdeñosa de estos cuentos de viaje en la tradición narrativa de las islas reproduce, transformada, una suerte de representación monstruosa más deudora de la retórica colonial que de la romántica, o que de aquella de orden científico, y se resiste a acoplarse a la matriz naturalista propuesta por Darwin. Las islas se leen como una distopía[9] en la que se habla de una "maldición" particular a ellas, sustentada por un nivel mimético falaz, que le permite a un crítico plantear que las islas son realmente como Melville las presenta (Albrecht 465).[10] Fuera de cierta ingenuidad inherente que se desprende de esta aseveración, resulta revelador entender cómo se configura el archipiélago hacia fuera desde una contradicción que es fuente de un exotismo mal entendido. Sin un conocimiento contextual del entorno como punto de partida es imposible pedir continuidad a partir de él;[11] y algunas de las reseñas del libro de Melville que aparecieron al momento de su publicación tocan el tema, aunque se enfocan en una línea estética específica:

> "A more vivid picture of the fire-and-barren cursed Gallipagos [sic] we have never read" wrote the reviewer for the New York Atlas (...) Thomas Powell of the New York News described "The Encantadas" as a series of beautifully written sketches "exerting an indefinable but irresistible sway over the imagination." These sketches could be "read and dwelt upon again and again, like [the most] gorgeous poem," wrote Powell, adding that Melville's "magnificent description of scenery, sea and cloud-land" possessed "the glowing richness [and] exquisite coloring" that distinguished the poetry of Tennyson. (citado en Beecher 88–95)

Concomitantes con la interpretación tradicional entre ruptura humana y natural, las reseñas favorables se postulan sin reparos pero no mencionan la ambigüedad ni los pasajes que no aluden a la distopía sino a un lugar encantador, dependiente del conocimiento natural y moral del receptor. El paisaje, en Melville, está diferenciado a partir de las relaciones entre el detalle de la percepción fenomenológica y la distancia entre las islas que componen el archipiélago, así como a partir de las disparidades que se encuentran supeditadas a cada una de ellas y a la variación que hubo de encontrar al visitarlas. Es como si las islas mismas le exigieran una explicación que estuviera más allá de sí mismas, como lo estaba la postulación filosófica y política que Melville pretendía rechazar.

Como el panorama de cada isla es diferente, así como lo son su flora y fauna a pesar de su proximidad, surge un error de lectura al asumir que el archipiélago es homogéneo, de una sola entidad geográfica o espacialmente uniforme. La tradición narrativa no captura estas diferencias por la imposibilidad mimética, pero tampoco lo hace porque los viajeros que las visitaran no fueron capaces de ir a cada una de ellas. Las disparidades se deben en parte a la forma como las superficies de formación antigua han desarrollado un microclima tropical, porque la actividad volcánica de las islas viejas se encuentra prácticamente extinta.[12] La geografía es dispar dentro de cada isla y va creando una variable que se ve aumentada por el tiempo de la experiencia que los autores que escribieron sobre ellas intentaron retratar. Es decir, con la engañosa

Capítulo cuatro

duración de la estadía y del extrañamiento del viajero, algo importante en la medida en la que resulta crucial entender que ninguna exploración hasta aquella fecha fuera de estancia prolongada, sino que todas fueran someras, incapaces a priori de pintar un cuadro un poco más integral, algo imposible y que solamente se intentará a partir de finales del diecinueve.[13]

La proyección temporal que hace Melville se manifiesta en una anticipación constante, de espera por el despliegue de un futuro incierto, aunque en ese futuro solo se revele el acervo cultural del emisor del discurso. Las narraciones de viaje galapaguenses son el ejemplo casi perfecto para entender las relaciones entre la interpretación cosmopolita que dice más del enunciador que del espacio que visita. Esta variable habrá de cambiar en el siglo XX cuando se empiece a componer obras a partir de la vivencia prolongada en el archipiélago, donde el referente ya no se apoya tanto en el pasar transitorio e intenta esquivar textos anteriores. En *Las Encantadas,* según los cambios en el paisaje, las alteraciones antropológicas con respecto al entorno son poco significativas y en ellas se ve un desplazamiento desde el ser humano hacia la atmósfera que lo moviliza, pero al mismo tiempo su relación se ve complejizada al ser el lugar el que muta y no sus habitantes. Melville asimila estos cambios al desestabilizar la representación de la naturaleza matizada por el pensamiento transcendentalista, y los expone explicitando la variabilidad del paisaje y deteniendo el tiempo, cuestionando así algunos de los conceptos del *Manifest Destiny*.[14] Este texto contradice el ensayo "Naturaleza" de Emerson, publicado en 1836, por la forma como socava la idea de saber mirar la belleza natural derivada del platonismo, en la cual se supone que la estética del paisaje está en función de una conexión espiritual con el ser humano; específicamente de cara a la perspectiva y a la luz como mediadores de la experiencia según el filósofo norteamericano.

Melville enfatiza la importancia de las perspectivas y con ellas la de la interpretación y la probabilidad de que se perciban las islas de modo indeterminado, precisamente lo contrario a lo propuesto por Emerson al escribir, por ejemplo: "the landscape which they compose, is round and symmetrical" (4). Melville plantea: "In view of the description given, may one be gay upon the Encantadas? Yes: that is, find one gayety, and he will be gay. And, indeed, sackcloth and ashes as they are, the isles are not perhaps

El Transcendentalismo y las Galápagos

unmitigated gloom. (...) even the tortoise, dark and melancholy as it is upon the back, still possesses a bright side (...) Enjoy the bright, keep it turned up perpetually if you can, but be honest, and don't deny the black" ("The Encantadas" 139).

El primer vistazo es la mera superficie, carente de esencia pero definible bajo una luz original, mientras que la verdadera esencia que sí subyace, cuando más se reflexiona y se mira, deja entrever propiedades dóciles. Bajo esta tonalidad la representación melvilleana regenera una idea neoplatónica y no aristotélica, senda por la cual circulaban los seguidores de Humboldt, Darwin principalmente, y con los cuales el autor de *Moby-Dick* estableció un diálogo confrontado. El énfasis, por otro lado, no está en el paisaje o los animales mismos, sino en la forma de comprenderlos, en la relación que se pudiera derivar de ellos en cuanto a una escala moral, y en el modo de sacar conclusiones supuestamente precisas pero deducidas de algo impreciso, o inventadas con relación a algo indefinible (Specq 151); estas deducciones de desestabilización son aquellas hechas por los autores canónicos de literatura de viaje y exploración. De cara a la tensión entre el naturalista británico y el escritor norteamericano se ha escrito que: "Franklin has suggested that Melville is attacking Darwin in this sketch by showing himself to be the more careful observer. He finds more varieties of birds and discerns more order on the rock than the naturalist does. Melville seems also to parody Darwin when he carefully describes the penguins on the lowest part of the island" (Albrecht 469).

Sería incierto pretender mostrar que uno observa con mayor cuidado que otro, pero el comentario es conveniente por cuanto ilustra que la fuerza de expresión en el autor de *Las Encantadas* está en otra esfera, no en el origen entendido como la explicación transcendental ni tampoco en la que trata de hacerlo por medio de la biología. Debido a su incapacidad por proponer una respuesta alterna al creacionismo, o al transcendentalismo, plantea otras inquietudes y hace hincapié en la interpretación individual y en la percepción del narrador y del lector. Así lo corrobora la epígrafe del segundo cuento, perteneciente al poema de Edmund Spenser "The Fairy Queen" (1758) que, refiriéndose a la tortuga, señala: "Fear naught, then said the palmer, well avized, / For these same monsters are not these indeed, / But are into these fearful shapes disguized"[15] (138). La tortuga, descrita de modo monstruoso, actúa como un significante para esconder

Capítulo cuatro

el significado desconocido de cierta verdad, que no se deriva ni de la experiencia ni de la razón necesariamente, sino de algo que no se siente ni comprende pero que, paradójicamente, se puede mostrar. No se debe olvidar que el título del relato es "Two sides to a tortoise," una suerte de explicitud en cuanto a la teoría de la recepción. La recepción estaría ligada a la mirada del viajero-escritor y a la intensidad de la luz; señala Richard Fogle: "The most perfect human perspective cannot attain to full unity of vision. Some islands remain invisible, and there is always the infinitely fading horizon" (51). El manejo de las técnicas de la múltiple puesta en escena resulta engañoso de cara a la percepción del fenómeno, especialmente al abrir un haz de potenciales efectos que para el autor son inexplicables en su transcendencia.

Con respecto a la mirada, en el primer cuento, comenta el narrador:

> Nay, such is the vividness of my memory, or the magic of my fancy, that I know not whether I am not the occasional victim of optical delusion concerning the Gallipagos. For, often in scenes of social merriment, and especially at revels held by candlelight in old-fashioned mansions, so that shadows are thrown into the further recesses of an angular and spacious room, making them put on a look of haunted undergrowth of lonely woods, I have drawn the attention of my comrades by my fixed gaze and sudden change of air, as I have seemed to see, slowly emerging from those imagined solitudes, and heavily crawling along the floor, the ghost of a gigantic tortoise.
> (Melville, "The Encantadas" 138)

La mirada aparece atada a los cambios constantes de las herramientas pictóricas que se repiten en otros cuentos y que nunca dejan claro el paisaje, en permanente inestabilidad. Ya el hecho de que ambos autores propongan una lectura experiencial, la una absoluta y la otra incompleta, basada en la vista, permite entender cómo la naturaleza se presenta inacabada, fuera de la matriz religiosa o científica. Si en el caso de Darwin se da importancia a los sentidos y a la forma cómo éstos internalizan la percepción, el autor de *Moby-Dick* se centra en su imposibilidad al transmitir un resultante indefinible, apartado del método positivista, y que la contemplación no puede sujetar en su alteridad:

El Transcendentalismo y las Galápagos

> I gaze far up, and behold a snow-white angelic thing, with one long lance-like feather thrust out behind. It is the bright inspiring chanticleer of ocean, the beauteous bird, from its bestirring whistle of musical invocation (…); … beholding some tatterdemalion outlaw, staff in hand, descending its steep rocks toward you, conveys a very queer emotion to a lover of the picturesque (…); Its aspect was heightened, and yet softened, by the strange double twilight of the hour. (…); The twilight was just enough to reveal every striking point, without tearing away the dim investiture of wonder (…); Its birdlime gleams in the golden rays like the whitewash of a tall lighthouse (…); The blacker that cloud by day, the more may you look for light by night. (Melville, "The Encantadas" 141–51)

Puesto que el aspecto cromático tiende a cambiar, un aspecto relativizado por el que mira, también lo hace el lugar, y por ende la descripción que pasa de la perdición del mundo destinado a caer en el abismo, a su opuesto, un lugar valioso y útil para los navegantes. El beneficio que pudieran brindar las islas se lee así:

> But not only was the place a harbor of safety, and a bower of ease, but for utility in other things it was most admirable. Barrington Isle is, in many respects, singularly adapted to careening, refitting, refreshing, and other seamen's purposes. Not only has it good water, and good anchorage, well sheltered from all winds by the high land of Albemarle, but it is the least unproductive isle of the group. Tortoises good for food, trees good for fuel, and long grass good for bedding, abound here, and there are pretty natural walks, and several landscapes to be seen. Indeed, though in its locality belonging to the Enchanted group, Barrington Isle is so unlike most of its neighbors that it would hardly seem of kin to them. (Melville, "The Encantadas" 154)

Esta noción cambiante depende de la utilidad matizada por la coyuntura del explorador que busca dar información ventajosa para otros viajeros futuros. El elemento de orden práctico en la descripción que se acaba de transcribir es un vivo ejemplo de cómo la literatura de viaje transforma el espacio para exhibir cualquier potencial provecho que se pudiera obtener del lugar, y Melville no viene a ser excepcional en este sentido. Una bahía, por ejemplo, no es una bahía sino un puerto comercial,[16] y las tortugas no se presentan como animal exótico necesariamente, sino como alimento de fácil cacería. El poder de la mirada, en

Capítulo cuatro

tanto gnoseología, y la forma de capturar el paisaje a través de ella, conlleva la suposición de una manera ilusoria de detener el tiempo. Esta idea se plantea de modo similar a como la imagen dialéctica propone la suspensión del enunciado para desarrollar y explicitar la idea de la experiencia surrealista, por dar un ejemplo. Si bien algunos atribuyen características similares a la retórica darwiniana,[17] la forma insistente con la cual Melville se enfoca en el estancamiento del tiempo es distinta porque la del británico es dependiente directa del proceso evolutivo y la del norteamericano tiene que ver con la incertidumbre.[18] En ella la presencia del ser humano es irreconciliable con la de la naturaleza, de por sí insondable.[19] Por la estructura natural de los cuentos, el detenimiento del tiempo y del paisaje no están explicitados: "… our initial question in approaching Melville's work—which we will here begin to do in the light of Darwin—will be what is at stake in attempts to represent or write a world in which nothing is stable, but always on the go, moving, changing, or becoming different" (Jonik 181–82); y en la narración se presentan asimétricos. El enfoque es una cuestión de énfasis vis à vis la inmovilización, que es artificial y posible por medio del lenguaje, el cual propende al fracaso y se manifiesta antitéticamente por medio de las elipsis.

Al mismo tiempo se refuta esta variabilidad de la percepción, un ejercicio lúdico de contradicción que potencia en síntesis dialéctica la ambigüedad de la recepción. Por ejemplo, en el primer relato: "But the special curse, as one may call it, of the Encantadas, that which exalts them in desolation above Idumea and the Pole, is that to them change never comes; neither the change of seasons nor of sorrows" (Melville, "The Encantadas" 135); más adelante: "However wavering their place may seem by reason of the currents, they themselves, at least to one upon the shore, appear invariably the same: fixed, cast, glued into the very body of cadaverous death (…) The great feeling inspired by these creatures was that of age: dateless, indefinite endurance" (137–40); y culmina diciendo: "… for the most part an archipelago of aridities, without inhabitant, history, or hope of either in all time to come" (151). Más abajo, en el relato de la chola, escribe: "Hunilla now sought to settle precisely in her mind, to an hour, how long it was since the ship had sailed, and then, with the same precision, how long a space remained to pass. But this proved impossible.

What present day or month it was she could not say. Time was her labyrinth, in which Hunilla was entirely lost" (165).

Esta aparente estasis contradice la variación entre el mundo espantoso y pintoresco que presentara en otros capítulos, porque si las islas no cambiaran sería imposible percibir el aspecto cromático que el narrador relata con insistencia. Este componente paródico en detrimento del discurso hegemónico del transcendentalismo y aquel incipiente de la biología, reafirma aquella ilusión óptica y le permite enfatizar la ambigüedad al lector, no solo con respecto a la impresión del paisaje como mero espectador, sino también como un ente que participa de él:

If now you desire the population of Albemarle, I will give you, in round numbers, the statistics, according to the most reliable estimates made upon the spot:	
Men	none
Anteaters	unknown
Man-haters	unknown
Lizards	500,000
Snakes	500,000
Spiders	10,000,000
Salamanders	unknown
Devils	do.
Making a clean total of	11,000,000

(Melville, "The Encantadas" 149)

Melville desvirtúa la especulación científica que Darwin se arriesgara a postular utilizando el vacío que le es propio al vehículo de transmisión visto, propiamente, como la herramienta más eficaz para dar un significado tanto sintético como analítico a la proposición evolutiva; intenta así deconstruir la matriz positivista. Es aquí donde su reproducción funciona porque la observación del narrador no puede ser más insustancial, así como su escritura más deudora de la ficción[20] que de la poética de la literatura de viaje o de la narración exploratorio-científica, como se entendieran en el siglo XIX. El engaño de la mirada es tan evidente como aquel que postula el lenguaje, tanto como las descripciones a las que solo con una luz adecuada, o con su ausencia, se puede acceder y que ondulan con respecto al observador. La recepción del observador-narrador se reproduce con agujeros hechos adrede, datos falaces y vacilantes, moviéndose y presentándose sin sustento.

Si en el texto del Beagle los ojos del espectador-narrador sirven para dar veracidad a la narración, los del narrador de Melville se usan para anular la figura del testimonio ocular creando una ilusión particular al momento de objetivar la experiencia. La recolección de datos y las constantes contradicciones en la representación pictórica se debilitan desde su fuente: no resulta casual el uso del seudónimo con el que publica los cuentos, hecho que desequilibra la credibilidad autoral. De modo similar, el apoyo bibliográfico, específicamente aquel que se cita en pies de página o en el texto mismo, solía ser una de las unidades vertebrales de construcción de autoridad a partir de la filosofía positivista, y es inmanente a la literatura de viajes paradigmática. Esta autoridad se fracciona y pone en duda las fuentes y la experiencia del trabajo de campo.

La autoridad narrativa no está dada a priori sino que se va construyendo a partir de una serie de tejidos escriturales que viajeros como Humboldt y Darwin conocían y usaban a la perfección, y que Melville rebate tensionándolos y burlándose de ellos. Esta tensión se crea oponiéndose a una narración conforme con textos de viaje, al racionalizar las elipsis y los vacíos contrapuestos a la escritura exploratoria que pretende, pedagógicamente, explicarlo todo para llenar la lectura tanto de curiosidades exóticas como de datos resultantes de experimentos, con sus causas y efectos. Las elipsis concuerdan con la dificultad de deducir la empresa evolutiva y entenderla en su integridad, al ser algo ominoso que se busca pero que no se puede hallar, sea cual sea el esfuerzo, mucho menos explicarse o entrar en harmonía con él. En el primer cuento, las Galápagos se definen ubicadas en medio de un "empty ocean" ("The Encantadas" 134); vaciedad que concuerda con la elipsis al final del mismo relato al que cierran cinco asteriscos seguidos de la palabra *Memento,* con respecto a los "horripilantes" recuerdos que el narrador tiene de su visita al archipiélago (138); sin mencionar el cuadro "explicativo" citado arriba y la inefabilidad del narrador en el cuento de la chola abandonada.[21]

El Transcendentalismo y las Galápagos

Este relato permite entrever las relaciones en su especificidad contextual porque después de narrar cómo Hunilla hubo de quedarse sola en una de las islas, cuenta el narrador: "And now follows—," sin que nada siga, lo que hace pensar en el poco control narrativo frente al entorno que tiene el autor. Al inicio del párrafo se lee: "Against my own purposes a pause descends upon me here. One knows not whether nature doth not impose some secrecy upon him who has been privy to certain things" ("The Encantadas" 165). Repite un párrafo más abajo: "When Hunilla—" sin que haya descripción alguna después de la raya, sino un espacio en blanco, enfatizado por un salto abrupto. Del mismo modo, cuando el capitán del barco, en el mismo relato, interroga a la chola acerca de los días de naufragio que iba marcando con el pasar del tiempo, Hunilla le responde con incógnitas. El diálogo es el siguiente:

> "There were more days," said our captain; "Many, many more; why did you not go on and notch them, too, Hunilla?"
> "*Señor*, ask me not."
> "And meantime, did no other vessel pass the isle?"
> "Nay, *señor*; —but—"
> "*You do not speak*; but *what*, Hunilla?"
> "Ask me not, *señor*."
> "You saw ships pass, far away; you waved to them; they passed on— was that it, Hunilla?"
> "*Señor*, be it as you say."
> Braced against her woe, Hunilla would not, durst not, trust the weakness of her tongue. Then when our captain asked whether any whaleboats had—But no, I will not file this thing complete for scoffing souls to quote, and call it firm proof upon their side. The half shall here remain untold. Those two unnamed events which befell Hunilla on this isle, let them abide between her and her God. In nature, as in law, it may be libelous to speak some truths.
>
> ("The Encantadas" 167)

Estos silencios en el diálogo son significativos porque no ocultan su imposición, es decir la manipulación retórica y la facilidad para enfatizarla, nunca tan evidente como pretendiera presentarla la narrativa naturalista y la transcendentalista. Los silencios muestran también la poca capacidad para entender el entorno natural, sea por medio de la razón o la experiencia; insiste en una falla

Capítulo cuatro

epistemológica a la que el narrador no puede acceder. Al resaltar la inefabilidad del personaje, y la del narrador, interrumpiendo los diálogos para intentar explicar la afasia lingüística, el autor expone dentro y desde el lenguaje lo poco factible, y difícil, que es razonar sobre el espíritu natural.[22] Este método es eficiente porque utiliza la inefabilidad, una técnica retórica propia al género, pero además sugiere que la imposibilidad de contar también surge por un evento traumático, intenso, que se ha llegado a incorporar en el personaje, primero, y en el narrador, después. En el mismo cuento entra en juego lo que Mary Louise Pratt llamaría "zona de contacto" (8),[23] creando un vacío agregado dado el desfase de transcripción entre lo que Hunilla supuestamente dice y lo que el narrador cuenta, mediando la traducción del español al inglés que realiza el capitán.[24] Se reaviva el debate de pertenencia lingüística que enuncia los límites del conocimiento como aquellos impuestos por el lenguaje, pero también reaparece el problema de la traducción, o interpretación bilingüe, con relación a los dos idiomas que definieran a las islas desde su descubrimiento.[25]

La vaciedad del lenguaje y su traducción son mecanismos para reafirmar el fenómeno de la esencia natural que va a contrapelo de la episteme tradicional del individuo en cuanto a las capas narrativas que lo interpelan. Lo que se lee viene a ser la traducción de una lengua extraña, que en realidad no lo es, y de experiencias que no se dicen o no se mencionan. La traducción del capitán pudiera ser "completa"—algo a priori improbable—pero la transcripción del narrador no lo es, porque al imponer las elipsis en la diégesis, los diálogos imposibles de los personajes y el seudónimo del autor, entra en juego la resistencia al significado por su parte narratológica. El silencio emula y reafirma aquel vacío entre el conocimiento de la naturaleza y el espíritu del hombre proclive a crear un discurso "en negativo," que sale en pérdida antes de iniciarse y que por esta reducción se vuelve meramente potencial, pero nunca real. Es difícil no vincular el conflicto entre el inglés y el español y su traducción con el título bilingüe del libro y con los nombres de las islas en los que se confrontan ambas lenguas, si bien los guiños aluden a varias reproducciones del drama shakesperiano *The Tempest*.[26]

La discrepancia de nomenclatura se altera automáticamente porque el inglés no predomina solamente en el orden geográfico y conceptual, sino que también lo hace en la ficción y es el idioma de pertenencia y circulación en cuanto al consumo de literatura de viaje. Es el que prevalece como herramienta definitoria del lugar durante este siglo, a pesar de que el territorio ya era parte del Ecuador legalmente y la nomenclatura en español ya estuviera establecida. El mismo relato ejemplifica el mutismo local versus la afluencia verbal extranjera, porque el personaje hispanohablante, Hunilla, no es capaz de expresarse mientras que los personajes de habla inglesa sí lo son.

El relato de este personaje tiene, además, un tinte local por la determinación histórica del personaje y su origen, y porque el autor compone el cuento a partir de su condición de habitante del lugar, consciente de la recepción del texto a partir del condicionamiento espacial. A pesar de que no se encuentra referencia histórica alguna con respecto a su veracidad, es excepcional ver como el relato intenta representar las islas desde una matriz "nacional." Melville no tiene una idea concreta de lo que implicaba vivir allí en el siglo XIX y su simpatía por Hunilla no es genuina; de ahí que su narración no deje de recordar a "todos aquellos que hacen de los otros un uso puramente alegórico, que es dictado, no por la identidad de estos otros y por el conocimiento que se puede tener de ellos, sino por un proyecto ideológico autónomo concebido fuera de todo contacto con ese pueblo llamado a servir exclusivamente de ejemplo e ilustración" (Todorov 385). Melville usa modelos arquetípicos—el náufrago, el capitán, el salvaje—no porque le interese componer con exactitud desprejuiciada sus rasgos propios, sino porque se le hacen indispensables para criticar la ideología dominante de los Estados Unidos y su base de violencia expansiva.

No debe olvidarse el debate constante en aquel país, del cual este autor era partícipe, sobre la imposición del presidente James Polk (1795–1849) para apropiarse de Tejas en 1845, y ganar la guerra contra México en 1848 para también adueñarse de California, Nevada, Utah, Colorado y Wyoming (Lawson 45). Melville jerarquiza el conflicto tocante al espacio frente a la organización imperial de su país en el siglo XIX. Si la ausencia de fronteras y el modelo del *open land* vienen a ser una característica esencial para entender la política estadounidense en el diecinueve, el océano pacífico vendría a operar como un espacio liminar en el cual el autor de *Las Encantadas* quiere imponer una frontera natural, superpuesta a aquella de orden legal, o por lo menos abierta a cierta duplicidad de significado que permita negociarlo con

Capítulo cuatro

respecto a sus variaciones. No debería sorprender que la recepción tradicional de Melville en el siglo pasado se rigiera por una tensión política (Ziegler 56).

A partir de la lectura histórica que hace David Olson de la novela melvilleana más conocida, se puede traer a colación un concepto de americanidad que se extienda y sobrepase aquel acuñado para Norteamérica únicamente (52). El propio Olson manifestó que la exploración forzada del espacio, continental y marítimo, era un componente crucial de la historia de los Estados Unidos, dando a entender que *Moby-Dick* bien puede ser uno de los textos fundacionales que lo refleje (Ziegler 55). Melville trasciende el concepto patriótico y postula una visión en la cual Latinoamérica es parte integral, como entelequia, de una visión política estadounidense, desplazando el énfasis de la expansión hacia la libertad.[27] El espacio dúctil sirve para enfatizar la perspectiva regional en el cuento de Hunilla donde se evidencia un cambio estructural que alterna las impresiones del extranjero, en sus primeros relatos, con leyendas históricas y personajes locales en los últimos, y viene a ser *rara avis* por cuanto es difícil precisar la dicotomía entre unos y otros. La chola carece de libertad en la isla pero, a la vez, no se convierte en un personaje bárbaro ni irracional; aunque el narrador la censure nos dice claramente que Hunilla es católica, que habla y puede comunicarse con la tripulación del Acushnet, que razona de modo similar al capitán; muestra sensibilidades demasiado humanas para retratarla como a un salvaje.

Este episodio crea un cambio en el libro, como señala Jonathan Beecher: "… two central features of the work are its division into five paired sketches and the overall movement of the work from images of a cursed and blasted nature to accounts of the doomed communities established on the islands by the human beings washed up on their shores" (88–95). No es útil revisar la estructura detalladamente porque los cuentos se concibieron para publicarse en revistas, sin intención de libro aparente, sino más bien para circular aislada y periódicamente.[28] Sin embargo, no le falta razón al advertir el cambio, cuyos giros surgen a partir del cuarto y quinto cuentos donde las variaciones empiezan a dejar de lado el espacio e intentan centrarse en la historia y leyendas de las islas. Se puede intuir la derrota del visitante que no ocurre necesariamente por el entorno en sí, sino por su falla epistemológica. ¿Cómo no cotejar, y cuestionar, la disparidad estructural de *Las Encantadas*

El Transcendentalismo y las Galápagos

con el pragmatismo que el propio Deleuze supo percibir en la obra?:

> ... first of all an affirmation of a world in process, an archipelago. Not even a puzzle, whose pieces fitted together would constitute a whole, but rather a wall of loose uncemented stones, where every element has a value in itself but also in relation to others: isolated and floating islands, islands and straits, immobile points and sinuous lines—for Truth always has jagged edges. (*Essays Critical* 86)

La imagen del rompecabezas planteada por Deleuze es útil para entender el modo como se construye el paisaje a partir de cada uno de los cuentos, que operan como piezas de una figura mayor opuesta a aquella propuesta por Darwin que es, supuestamente, total. La individualización conceptual de los relatos se coteja con la individualización espacial de las islas, a pesar de pertenecer al mismo archipiélago, y se refleja en la diversidad de autores que Melville cita al enfatizar la tradición literaria galapaguense. Por otro lado, al hablar del paisaje, Emerson argumenta que éste solo se puede experimentar como un todo, como un cuadro que al experimentarse es capaz de integrar todas sus partes (3). Si bien en la segunda parte del libro los cuentos relatan, primeramente, lo que otros exploradores, corsarios y piratas hubieron de escribir sobre las Galápagos con anterioridad, después se narra sobre aquellos personajes históricos que no fueron necesariamente visitantes de países imperiales. Al cambiar el punto de vista desde un lente exterior (viajeros de habla inglesa como Colnett, Cowley, Porter) a uno interior con la chola Hunilla y el rey de los perros (actores locales como Villamil u Olmedo), el texto de Melville toca un punto álgido, relacionado con la asimilación poética del lugar a partir de las correspondencias nacionales e internacionales.[29] ¿Cómo incorpora el relato de los perros, por ejemplo, el tumulto político del recién fundado Ecuador que por extensión se manifiesta en las Galápagos, lugar en el cual Melville presenta una república absurda?[30]

El relato titulado "Charles's Isle and the Dog-King"[31] es un ejemplo de dos facetas en cuanto a la definición del imaginario de las islas, desde dentro y fuera, en lo tocante a la narrativa fundacional. Si bien Fogle encomia a Melville porque recrea las islas con mucha imaginación (34), no resulta difícil establecer un eje conector entre la historiografía y el esquema medular del cuento, cuyo personaje principal está basado en José de Villamil[32] (1788–1865). Villamil fue uno de los criollos más influyentes en el Ecuador de aquel entonces, quien tuvo la idea de apropiarse del archipiélago[33] en nombre del país y explotar guano que, según él mismo, abundaba en el territorio, aunque más tarde se comprobaría que esto fuera un engaño para obtener ayuda gubernamental en su proyecto personal de colonización (Destruge 5–11, Luna Tobar 99–101).

La figura de Villamil es ambigua no solo en la ficción, sino también en la narrativa histórica, por sus intenciones de establecerse en el archipiélago para beneficio individual o para aquel que tuviera la clase dominante de la que dependía y formaba parte. Villamil[34] también ejemplifica la conducta de una corriente minoritaria pero dominante que se encontraba ávida por obtener beneficios comerciales ya libres del virreinato, y porque pertenecía a una élite criolla escindida de la nueva realidad ecuatoriana por demás dispar en cuanto a educación, cultura y origen, compuesta de una gran población indígena y mestiza, poco cohesionada en cuanto a la recién fundada república. No es arriesgado sugerir que Melville intenta minar su figura por la condición oligárquica del criollo, cuya importancia radica en el hecho de que, supuestamente, representaba los intereses del Ecuador y contrarrestaba aquellos ansiados por potencias extranjeras. Su habilidad para convencer al primer presidente Flores y unir esfuerzos junto con Olmedo, entonces prefecto del Guayas, se formó el doce de febrero de 1832 cuando el país tomó posesión de las islas y las bautizó como Archipiélago del Ecuador, nombre que nunca llegó a establecerse para designar el lugar.

La primera expedición nacional hacia el territorio insular convocada por él tenía la misión de viajar: "... para que reconozca las islas Galápagos y tome posesión de ellas en nombre del Gobierno del Ecuador, haga los primeros cimientos en las poblaciones, establezca el orden civil, levante la bandera nacional, le proclame al Gobierno del Ecuador en aquel feraz territorio que por la primera vez nace a la luz de la sociedad" (citado en L. F. Borja 264). Este testimonio ilustra una ambición por desarrollar una empresa civilizada en un territorio específico, discurso entusiasta común en la época pero inexistente tanto en la realidad del Ecuador continental como en la del archipiélago, porque ni

El Transcendentalismo y las Galápagos

la civilidad ni la fecundidad deseadas en uno y otro lugar estaban presentes. El autor de *Moby-Dick* conoce esta ilusión patriótica y la retrata creando un opuesto a aquella del discurso oficial.

El primer informe que hizo Villamil sobre las Galápagos cuenta:[35]

> Temperatura deliciosa 60 a 65° Fahrenheit. Agua abundante y buena. Tierra fértil, pues produce la de las dos zonas. Puede mantenerse una población de 12.000 habitantes. Actualmente hoy 48 parcelas cultivadas de terreno y 51 cabañas. Supónese que habrá una población de 400 personas. Hay un camino de 3.000 mts. de largo y 10 de ancho y se proyecta extenderlo a 400 mts. Hay un manantial de agua que da 80 galones por hora y el agua puede ser conducida por cañería de bambú; pero en 1833 el Presidente Flores ordenó que los criminales fueran deportados a las Galápagos y desde entonces la colonia se transformó en un sitio peligroso. (Pérez Pimentel, *Diccionario biográfico*)

Los únicos textos concernientes a las Galápagos que Villamil escribió tienen que ver, por un lado, con la apropiación de las islas y por otro con las condiciones del entorno para instaurar un comercio próspero con fines de exportación. No menciona ningún beneficio que se pudiera conseguir por medio de la pesca, abundante recurso inexplotado hasta aquel entonces de no ser por los balleneros extranjeros. El ímpetu ecuatoriano que se evidencia en la empresa colonizadora de las Galápagos, viciado por una búsqueda de modernidad, es opuesto a la tesitura que Melville defiende, no se diga a la que postula Darwin, y reaviva el desfase representativo entre el escritor nacional y el extranjero. La crítica de Villamil debería interpretarse contra las corrientes civilizadoras y su ideología dominante; y el fracaso del rey de los perros en el relato en relación a administrar el capital humano y el territorio como el verdadero fracaso de la empresa de Villamil.

En el cuento, el narrador advierte: "The history of the king of Charles's Island furnishes another illustration of the difficulty of colonizing barren islands with unprincipled pilgrims" (158).[36] El término *pilgrim*, cargado de referencias obvias, remite al colonizador que Melville desea criticar: "… deflating any heroism pretension—the explorers or tourists, no matter" (Specq 152); burlándose de la ambición por expandirse del *Destino Manifiesto* popularizado en los Estados Unidos.[37] La historia que se narra en

Capítulo cuatro

el cuento de Melville con respecto a Villamil enfatiza su afán de militar criollo que accede a recibir las islas como parte de pago por sus servicios:

> ... the Creole—I forget his name—volunteered to take his pay in lands. So they told him he might have his pick of the Enchanted Isles, which were then, as they still remain, the nominal appanage of Peru. The soldier straightway embarks thither, explores the group, returns to Callao, and says he will take a deed of Charles's Isle. Moreover, this deed must stipulate that thenceforth Charles's Isle is not only the sole property of the Creole, but is forever free of Peru, even as Peru of Spain. To be short, this adventurer procures himself to be made in effect Supreme Lord of the Island, one of the princes of the powers of the earth. ("The Encantadas" 156)

En este pasaje vuelve cierta complejidad territorial de cara a la cuestionada soberanía del archipiélago entre el Perú y el Ecuador,[38] y se reflexiona, por otro, sobre los procesos independentista y colonizador en relación a la expansión estadounidense. La reacción de Melville ante éstos últimos es de censura porque la empresa emancipadora americana intentaría emular las civilizaciones europea y norteamericana en aras de la ansiada modernidad, dominadoras en aquel horizonte de la matriz civilizatoria. El escepticismo de Melville en cuanto al postulado del *Manifest Destiny* se hace evidente así como su forma de rechazar el que fuera propuesto por las narraciones darwinianas.[39] El pasaje correspondiente a Villamil también muestra uno de los principales fenómenos que definirían a las islas desde su descubrimiento, que es un valor siempre mutante. Recordemos los supuestos diamantes que mencionaba Berlanga, el "descubridor" de las islas, así como las riquezas que pregonaba Sarmiento de Gamboa, los picos de los pinzones de Darwin, hasta llegar al guano propuesto por Villamil. Melville, consciente a lo mejor del endeudamiento monetario y militar de las repúblicas latinoamericanas debido a la emancipación, toca un punto sustancial que tiene que ver con el territorio como un bien cedente del patrimonio, que sirve como garantía hipotecaria, y no como territorio soberano constitutivo de la nación.[40] Son tantas las ocasiones en las cuales el gobierno del Ecuador intentó vender, alquilar, usar como garantía de préstamos, o trocar las islas, que es inútil enumerarlas.[41] Esto ocurrió desde la época de Flores hasta inicios del siglo XX, y nunca llegó a concretarse de forma definitiva aunque la ocupación estadounidense sí ocurrió durante la Segunda Guerra Mundial.[42]

La venta o arriendo del territorio insular se vuelve por casi cien años uno de los puntos críticos de apreciación del lugar puesto que se cree, en el Ecuador, que no tiene otra valía significativa. Esta percepción cambia durante la primera mitad del siglo XX dadas las consecuencias de las intervenciones estadounidenses. La primera por la construcción del canal de Panamá y la otra por la Segunda Guerra Mundial; cambios geopolíticos que desde fuera emulan la narrativa extranjera de apropiación publicada hasta aquel entonces, e imponen su imaginario desde el global hegemónico. Pero este relato también es ejemplar porque mimetiza con alguna fidelidad la historiografía política ecuatoriana y la de su satélite insular. El tumulto post-independencia, aquello que Melville describe como "la única ley es estar sin leyes," es una alegoría del Ecuador de la época que "… al finalizar el siglo XIX se contarían 11 constituciones, 29 presidentes, dictadores y encargados del poder, 4 guerras civiles, infinidad de cuartelazos y pronunciamientos militares, varios intentos de secesión, etc. La República gamonal o la situación oligárquica sin hegemonía, parece constituir la única explicación coherente …" (M. Chiriboga, "Las fuerzas" 306).

Es factible que cuando Melville viajó por Sudamérica pudiera presenciar parte de este caos, incluso tuvo que presentarse ante un juez ecuatoriano para quejarse por el trato del capitán del Acushnet que lo llevó a las Galápagos.[43] Los disturbios y la violencia del diecinueve cuajan con la decisión de mandar presos a las islas, una movida astuta desde el punto de vista diplomático por más deplorable que suene, porque garantizaba la ocupación del territorio por ciudadanos del país, lo cual evitaba cualquier tipo de incursión colonizadora por parte de otras naciones que pusiera en duda la soberanía del Ecuador. Pero colonizar las islas con criminales dio pie a una determinada violencia fundacional, no como una fracción social, sino como una norma vista en una serie de altercados causados por la explotación de estos individuos en aras de la utilidad del negocio y del mal llamado progreso en provecho de empresarios como Villamil. Villamil era representante de una burguesía incipiente cuyas principales intervenciones se regían por la importación de modelos eurocéntricos de significación cultural

Capítulo cuatro

y política. Este capital humano gratuito se torna en una forma legal de esclavitud[44] que es imposible de mantener o de controlar a largo plazo, si bien funcionó por mucho tiempo durante el siglo XIX sin resistencia verdadera por parte de la sociedad ecuatoriana. Este fenómeno se verá retratado en los pocos textos escritos por ecuatorianos sobre el archipiélago en el diecinueve, de tesitura romántica inicialmente pero en formato de crónica sangrienta y morbosa a posteriori, evidenciando la distancia que media entre lo que asumen Darwin y Melville sobre las Galápagos, y lo que al Ecuador le interesa del lugar. Si el primero reafirma una idea central para entender parte del pensamiento moderno, el país que las administra quiere deshacerse de ellas y apoyar a cualquier empresario que quiera aventurarse a explotarlas, es decir a transformarlas utilizando un modelo capitalista.

Los prejuicios del texto de Melville reafirman ciertos arquetipos en su oposición a la filosofía de Emerson y el cuento que mejor los ejemplifica es "Hood's Isle and the Hermit Oberlus." En él se toma prestada la historiografía local, y el personaje está basado en el marino irlandés Patrick "fatherless Oberlus" Watkins, como lo narrara ya David Porter.[45] Este náufrago representa al "monstruo, al esclavo grotesco y a la crueldad" que mencionara Specq (171),[46] y es un personaje que ha vivido en las islas por tanto tiempo que su aspecto ha mutado, así como su conducta, dando a entender que las consecuencias de una estancia prolongada en el lugar tienden a asimilarse antropocéntricamente. Si es que la verdad última está dada por una deidad y la naturaleza es su reflexión en el mundo natural, como planteaba Emerson, un ecosistema "inerte y monstruoso" como se entendiera en el siglo diecinueve a las Galápagos, no solamente evidencia una desfiguración de Dios, sino también una creación truncada a partir de su reflejo. La relativización religiosa que Darwin deconstruye con los argumentos positivistas, Melville rebate a través de la reelaboración de las estructuras narrativas canónicas bajo un sistema de apropiación y regeneración de significado material.

La descripción del náufrago se encuentra tan semejante en la narración de Porter que puede interpretarse, en Melville, como una parodia de multiplicación; escribió el primero: "The appearance of this man, from the accounts I have received of him, was the most dreadful that can be imagined; ragged clothes, scarce sufficient to cover his nakedness, and covered with vermin; his red hair and beard matted, his skin much burnt, from constant exposure to the sun, and so wild and savage in his manner and appearance, that he struck every one with horror" (Porter 37).

Para cotejarlo con lo que escribió Melville:

> His appearance, from all accounts, was that of the victim of some malignant sorceress; he seemed to have drunk of Circe's cup; beastlike; rags insufficient to hide his nakedness; his befreckled skin blistered by continual exposure to the sun; nose flat; countenance contorted, heavy, earthy; hair and beard unshorn, profuse, and of fiery red. He struck strangers much as if he were a volcanic creature thrown up by the same convulsion which exploded into sight the isle. All bepatched and coiled asleep in his lonely lava den among the mountains, he looked, they say, as a heaped drift of withered leaves, torn from autumn trees (…) more like a savage's war sickle than a civilized hoe handle. ("The Encantadas" 177)

Dos tradiciones tan similares, al superponerse, reafirman el *topos* del salvaje invertido pero también permiten ver hasta qué punto el espacio influencia al colonizador, hasta mimetizarlo. Antes de este cuento se encuentra aquel de la chola, creando una contraposición para causar la ruptura estructural resignificando los límites narrativos fijados por la tradición anglosajona. La presencia incómoda del extranjero, que de plano no puede entender o adaptarse al entorno local sino por medio de la asimilación natural, emula aquella que defiende la expansión imperialista. Esto ocurre porque la dificultad no estaría en invadir el espacio, sino en sobrevivir dentro de él, a la vez que una dificultad mayor estaría en comprender como este territorio puede tanto afirmar, así como refutar, una postulación teórico-científica occidental al ser un no-lugar que se puede usar para comprobar o no la ideología del que las visita, hasta transformarlo. El tema del náufrago era, desde el siglo XVIII, ya manido, y se había convertido en un tópico de la literatura de viajes, empezando por Robinson Crusoe. No cuesta creer entonces que hubiera un náufrago ecuatoriano, Camilo Casanova, quien fuera desterrado hacia el lugar en 1901 por tres años y medio. El caso del náufrago criollo no se relaciona de manera directa con aquel que recrearan Defoe, Porter y Melville, pero sí es útil para repensar textos locales y las consecuencias de la violencia textual foránea al momento de valorar el lugar. Un

Capítulo cuatro

texto prácticamente desconocido que se publicó un año antes que *Las Encantadas*, escrito en español, reflexiona sobre este tema y la incipiente identidad ecuatoriana utilizando las Galápagos como pretexto.

Capítulo cinco

Los piratas en Galápagos y la formación del estado-nación
El pirata del Guayas de Manuel Bilbao

Manuel Bilbao nació en Chile en 1827 y murió en Argentina casi setenta años más tarde, país en el que viviera por un tiempo, así como viviera en el Perú por algunos años y en el Ecuador, exiliado, por seis meses. Bilbao conjuga la figura del intelectual u hombre público del siglo XIX latinoamericano habiendo sido, además de abogado, escritor, diplomático y traductor. Aunque sus obras más conocidas sean historiográficas[1] su relativa fama surge por haber escrito, en 1852, la "primera" novela chilena y por fundar la literatura de ficción galapaguense en español con la publicación, en Guayaquil y en Lima de *El pirata del Guayas* (1855)[2] (Quiroz 9).[3] Esta novela se puede leer como una *ficción fundacional* dado que muestra "the inextricability of politics from fiction in the history of nation-building" (Sommer 5–6).

Este concepto es útil pero resulta insuficiente por cuanto no captura la importancia, dentro de la marginalidad, de las Galápagos, si bien permite explicar un afán por retratar al país de modo comprensivo en su proyección futura después de la independencia. Carlos Burgos Jara escribe: "se relaciona básicamente con las novelas decimonónicas que promueven modelos cohesivos de nación, justamente en el momento postcolonial en que estos modelos se hacían necesarios ante el caos y las fracturaciones internas que vivían los nacientes Estados hispanoamericanos" (*Entensión* 73). Aunque el género fundacional ecuatoriano no sea la novela sino la crónica periodística, como muestra el mismo Burgos Jara (*Entensión* 67–75), *El pirata del Guayas* antecede en casi una década a *La Emancipada* (1863), texto que este crítico posiciona como pionero en detrimento del que postula Sommer, *Cumandá o un drama entre salvajes* que se publicó en 1879 (237–40).[4] No es de importancia, por otro lado, la anticipación de un texto a otro en cuanto a su significación dado que ningún origen

Capítulo cinco

es ratificación de validez, así como tampoco aporta una discusión tocante a su género.

Algo válido para destacar dentro de los textos de poética constitutiva latinoamericana, a pesar de que se los menciona poco, es que en ellos se encuentran también libros sobre piratas. Esto resulta ejemplar si se toma en cuenta que casi ningún texto compuesto durante el XIX se encontraba al margen de una agenda literaria en aras de fomentar, al menos en teoría, la construcción del estado-nación:

> At the time when national identities were being delineated and national projects were emerging in Spanish America, piracy ceased to be viewed exclusively as an ignoble act performed by foreigners; it also became a form of heroism. This shift in the fictional portrayal of the pirate reflects the absence of a hegemonic discourse capable of defining the nations' identity and of controlling the official imaginings that help secure a collective national consciousness. (Gerassi-Navarro 72)

El pirata del Guayas[5] tiene los componentes epítomes de la ficción fundacional[6] propensa a una lectura alegórica en la cual se evidencia un análisis del estado político y formativo del Ecuador, que no tiene cohesión alguna:

> It is the erotic rhetoric that organizes patriotic novels (…) The classic examples in Latin America are almost inevitably stories of star-crossed lovers who represent particular regions, races, parties, economic interests, and the like. Their passion for conjugal and sexual union spills over to a sentimental readership in a move that hopes to win partisan minds along with hearts. (Sommer 2–5)

El pirata, figura de alta subjetividad emocional, permite entender la imposibilidad de la ficción fundacional a la vez que desmaterializa, por medio de la violencia, cualquier fraternidad posible en cuanto al proyecto civilizatorio institucional moderno que el país quería adoptar en aquella época. Bilbao escribe al comienzo de su obra "Los hechos que han originado este trabajo son tomados del proceso criminal que existe en la escribanía de Guayaquil. El que dudase puede ocurrir a ese archivo. Los nombres de los bandidos son otros de los que aquí se ponen" (18). Este apartamiento explícito entre la escritura de ficción y la crónica suscita una prefiguración de algo que vendrá a apoyarse más en la historia política y su coyuntura que en cualquier exégesis dependiente del texto. La realidad ecuatoriana de mediados del siglo diecinueve, de por sí agitada pero también apegada a la matriz colonial—Nick Mills escribe: "… el Ecuador republicano e independiente de 1845 se distinguía solo superficialmente del Ecuador colonial de 1780" (162)—es semejante a aquella que aparece en la obra.[7] Que Bilbao se permita citar sus fuentes en una manifiesta estrategia de autenticidad revela una ansiada preocupación no solo por la recepción de su texto, sino también por su composición en tanto texto fundante. Una lectura transparente sugiere que esta ansiedad ocurre por lo inverosímil del relato mismo, pero es más productivo requerirle al autor una postulación categórica en cuanto a la filosofía moral. Es decir, así como al pirata Briones no le importan las consecuencias de sus actos porque cree en la justicia de propia mano, el condicionamiento por parte del autor a leer su libro como algo verdadero distorsiona el imaginario de las Galápagos, y del Ecuador, desde el punto de vista teleológico.

De modo similar a como la ética filosófica plantea tangencialmente el problema de la anonimia, Bilbao es consciente de cómo sus potenciales lectores le darán más importancia a lo posible, lo conocido, aquello que es *real*, que llega a tener mayor fuerza práctica que aquello que no lo es; de ahí que la crónica periodística se considere el formato posible para narrar algo ficticio pero pragmático en su aplicación. Diseminar la historia solo es importante en la medida en la que se la pueda utilizar en el país, y en la región, de cara al conocimiento específico de las relaciones de poder criollo y terrateniente. Estas relaciones abarcan la época postindependencia, la falibilidad del sistema judicial y penitenciario, la tensión geopolítica, la manifestación del capital cultural y sus posibilidades de resistencia a la jerarquía criolla de élite recientemente configurada.

Esta especificidad narrativa no es resultante de un modelo a seguir en cuanto al concepto fundacional, algo que no llega a precisarse en detalle en el diecinueve, porque el estado-nación indeterminado necesitaba de una producción cultural y marginal desprovista de la particularidad independentista. Esto parecía poco plausible e indefinible en ese horizonte, pero había dado paso ya a una serie de conflictos causados, entre otros, por la dicotómica y por demás reduccionista división entre liberales y conservadores;

Capítulo cinco

específicamente: "Lo que debió ser uno, cada vez más grande, más unificado, más totalizado,—la Gran Colombia—se dividió en varias parcialidades menores. Sin delimitaciones geográficas precisas que habrían de convertirse en los límites nacionales del futuro" (Carrión ix). *El pirata del Guayas* captura este desvío así como algunos de los debates esenciales de institución republicana tales como las alianzas caudillistas y dictatoriales, o la búsqueda de un modelo político moderno, fuera este europeo o estadounidense. Pero también permite mostrar una diferenciación de los pocos habitantes de las Galápagos y los ecuatorianos continentales con respecto a la separación entre una conducta trastornada, como la del pirata, personaje principal, y otra supuestamente razonada, como las autoridades a las que somete y boicotea.

El enloquecimiento del personaje se puede leer como una división entre dos estadios de la euforia antes y después de la reclusión y el castigo, lo que permite mostrar cierta lógica de irracionalidad específica de cara al siglo diecinueve latinoamericano. La novela se enfrenta a la marginalidad reproduciendo crónicas de prensa sobre un preso que escapó de las Galápagos, secuestró embarcaciones y mató a sus tripulaciones para llegar a Guayaquil como héroe,[8] cotejando la figura del reo y la del corsario con la del país antes y después de su emancipación. Este paralelismo refleja una lucha idealista que es difícil de ganar por la fuerza, aunque sea ésta la única vía posible, a pesar de que, al mismo tiempo, sea factible mostrar una violencia sinsentido que solo se puede racionalizar mediante la matriz política. ¿Se refiere a una razón en la que gobierna la lógica de lo irracional, como sugiere Foucault?,[9] ¿o a una en la cual el supuesto preso, una vez enloquecido, razona de mejor modo que la institución que lo recluye?

Comenta el narrador:

> Entre estos hombres iban personas meritorias, que extraviadas por un odio personal a los mandatarios del Ecuador, creían lícito abrirse puertas de la patria con el cañón de la conquista. Hombres de bien, que desesperados por la proscripción, juzgaban como el único recurso de arribar al seno de sus familias idolatradas, aquel medio condenado por los códigos de la civilización. (…) Era el azote de la humanidad que salía de un desierto, para conquistar la fuerza del puñal, el poder. (Bilbao 13–14)

Bajo la lente del derecho natural la violencia es algo habitual o normal, casi común, siempre y cuando el fin que se busca se normativice como algo justo. Pero la novela intenta desviarse de este razonamiento al problematizar su construcción histórica utilizando el concepto de violencia como un constructo, precisamente, historiográfico. La discusión se desplaza desde la supuesta naturalidad de la violencia hacia la reevaluación de los argumentos que garanticen la legitimación de los objetivos que se buscan a través de ella. La tendencia a pensar, verdaderamente, que la violencia no puede ser un fin en sí mismo sino un medio para alcanzar un objetivo mayor, en este caso romántico. ¿Cuál sería la validez de este objetivo último, teleológicamente hablando, en la constitución del estado-nación latinoamericano? ¿Cómo llegar a ubicarlo e intentar definirlo de cara a la construcción de las Galápagos y sus imaginarios local y mundial? Algunas observaciones similares a las citadas arriba van en manifiesta contradicción con el molde, desgastado, de civilización y barbarie, y desestabilizan la producción de significado emanada desde el estado y desde sus instituciones de modo más evidente a como se desestabilizara aquella significación mercantil propuesta por Villamil.

Las reflexiones sobre el exilio—tema que preocupa a Bilbao de modo evidente—, o sobre la reforma penal, pero más que nada sobre la pena de muerte, que viene a ser, esta última, la peor violencia ejecutada de forma legal contra el individuo, tampoco están separadas de la matriz del derecho natural o de su cuestionamiento de legitimación. Además de una discusión, a ratos ambigua, sobre la violencia, el incesto y el adulterio, todas nacidas de una supuesta determinación histórica del sujeto deudor de la colonia, el narrador critica:

> ... al espíritu conservador que por tantos años ha detenido el desarrollo moral y material en estos países, con detrimento de las ideas republicanas (...) al extremo de poner en duda el porvenir independiente y libre a que la revolución americana nos condujo (...) El código criminal estatuía esas reglas de barbarie y a la vez otras muchas que aún imperan como un monumento de la degradación humana ... por ese espíritu servil que encadena la carrera de la civilización a la ciega obediencia y a la conservación ridícula de cuanto se nos legó con la conquista (...). (Bilbao 17–18)

Si bien la postura ideológica del autor no se oculta, la matriz mimética que condiciona la lectura del libro desde el comienzo se ve contradicha, dando paso a una suerte de ruptura del orden

Capítulo cinco

narrativo y constitutivo al verse bajo el prisma de la ficción fundacional. La diégesis oscila, deteniéndose a ratos, en juicios de valor según una lógica viciada a favor del establecimiento de una constitución del país en la que las Galápagos funcionan como detonante, y la figura del pirata sirve como un modelo, siempre insuficiente, que presupone la existencia del propio proceso fundacional latinoamericano como algo sentido en la experiencia más que razonado en la lógica. Es decir, se presenta como una imposibilidad que retrata una lucha entre opuestos románticos liberales versus otros de orden más moderado. Así el valor simbólico del pirata se reivindica a partir de un mítico lugar común siempre polémico, porque no era la primera vez que Guayaquil se veía amenazada por filibusteros de cuyos saqueos en el siglo XVII, aún bajo la protección del virreinato, todavía se tenía memoria.

La escritura sobre las islas propuesta por Bilbao se ve matizada por una verosimilitud impostada en cuanto a la historiografía; por una división entre el margen y la norma legal; por un hálito de narrativa romántica no difícil de imaginar por el contexto; por la convulsión política del Ecuador decimonónico; y por el modo como se la presenta lo más alejada posible de la modernidad, tan anhelada por los próceres fundantes:

> En este sitio árido y melancólico, apartado de toda comunicación con el resto del mundo; donde las lluvias caen con la fuerza del granizo, los vientos soplan con la violencia del huracán; donde de día el calor despliega su fuerza abrumadora y de noche el aire esparce un frío penetrante, donde el alimento es escaso, dificultoso y miserable y donde no se oye otro ruido que el estallido de las olas y el bramar de los huracanes; en este desierto poblado de insectos y de miseria se encontraba el lugar que las autoridades habían destinado para la purificación de los criminales del Ecuador. (20)

Después de esta descripción se narra la manera como Bruno, el personaje principal trasunto del Briones real, y siete reos más habitan en las islas esperando "injustamente" el transcurso de sus sentencias. A la imagen del pirata la antecede aquella del recluso atormentado, y si el reo sirve para construir un discurso en el que prima el encierro bajo un dominio legislativo de coerción y explotación, metáfora del orden peninsular, el pirata encarna su antítesis libertaria. El pirata muestra una ausencia de fronteras de cara a la libertad anhelada desde la colonia y retoma con fidelidad el entusiasmo por la empresa de autonomía que se había formado a inicios del XIX, al margen de las leyes monárquicas para imponer las propias a posteriori, aunque éstas fueran al comienzo más idealistas que verdaderamente aplicables. Bilbao intenta defender una razón argumentada en detrimento de una belicosidad que pueda entenderse a pesar de no tener otra opción para su legitimidad más que la historia colonial: "The pirate's freedom to choose their way of life was possible only through violence. Writers discussing their future national projects may have felt an affinity with piracy primarily because Spanish Americans had been able to build their independent nations only through the use of violence" (Gerassi-Navarro 7).

Rodrigo Lazo plantea que Bruno convence a sus compañeros con el uso apropiado de la retórica más que con el de la fuerza (231); la libertad supuestamente absoluta, justificada por medio de la fuerza, y que al final del relato fracasa, se contrapone a aquella que intenta emular el pensamiento de una sociedad liberal progresista que el narrador favorece. Surge una contradicción en cuanto a la percepción histórica y real del lugar vis à vis los intereses de la nación recién por formarse representada por los colonos continentales. Dado que la posesión del archipiélago, según la expedición financiada por el Estado y comandada por el gobernador Villamil, era establecer cierto orden civil, no deja de llamar la atención que mientras esto se proponía se empezara por ocupar las islas con presos.[10] Villamil cuenta que en Galápagos vivía con "soldados de cuerpos insurreccionados de la República (…) y otros tal vez de peor condición" (citado en L. F. Borja, 265). Él mismo reclamó, con éxito, que se le otorgaran los títulos de propiedad de terrenos en las Galápagos, lo cual obligó a que se redactaran informes situacionales de la empresa colonizadora desde que ésta hubiera de iniciarse al tomar posesión de ellas.

Un informe, escrito por el General Hernández, las describe:

> Los pobladores (…) desmontaron y sembraron más de dos cuadras de tierra que a mi salida ofrecía a la vista las primeras muestras de producción: (…) la Floreana es una bellísima isla que puede tener como setenta millas en contorno y cuyo suelo particularmente desde una milla de las orillas del mar para el interior en su extremo feraz: allí hemos encontrado diversas plantas de los climas templados, cuyos frutos estaban a su mayor perfección: la papa entre otras es tan buena como la

Capítulo cinco

> que se produce en los departamentos del interior. (…) la abundancia de agua, un excelente temperamento, la abundancia de peces, la inmensa cantidad de tortugas de mar y tierra que se encuentra a cada paso (…) es muy frecuentada por los buques empleados en la pesca de la ballena, (…) el año pasado más de setenta buques llegaron a su puesto (…) si la isla produjese los víveres que necesitan todos los buques vendrían allá en lugar de ir a otros puertos. (…) En el lugar a donde se va a fundar la población que ha sido nombrada por los pobladores Asilo de Paz se levantó un altar debajo de un techo rústico y por la primera vez fue celebrado el servicio divino. (citado en L. F. Borja 266)

La diferencia entre lo que narra Bilbao y lo que escribe Hernández empieza por formar una narrativa confrontada en la cual contrasta la violencia de la piratería con el Asilo de Paz, hoy destino turístico. Hay que recordar cómo el primero describe un "sitio árido y melancólico" donde los vientos soplan "con la violencia del huracán," el alimento es "escaso, dificultoso y miserable," y el paisaje es "un desierto poblado de insectos y de miseria." La imagen de las islas que las autoridades estatales y la empresa colonizadora privada intentan promulgar defiende una valía agrícola y comercial progresista; es decir un conato de la tan anhelada civilización o modernidad institucional, irreal no solo en el país sino más que nada en las islas. Se sabe que las dificultades de asentamiento en las Galápagos eran enormes dada la carencia de infraestructura y de mano de obra, el apartamiento geográfico y la falta de transporte marítimo, infrecuente entre el continente y el archipiélago.[11] Es precisamente la mano de obra uno de los factores clave para las autoridades y la empresa villamiliana, pues ambas estaban convencidas de que la obtendrían sin costo. A partir de ella nace la idea de la colonia penal con absoluta conciencia de las posibilidades de producción, y circulación provenientes de la comercialización del guano.

Al año de su llegada, Villamil escribe un informe, en 1833, en el cual explica que:

> Los primeros pobladores están ya en estado de mantener continua ocupación (…) se han realizado mis esperanzas hasta hoy y tal es el prospecto que prevén, que creo si el gobierno les permitiese su ingreso al Ecuador, muy pocos o ninguno aprovecharía de la gracia, la razón está muy a la vista, todos

tienen plantaciones que después de cubrir sus necesidades les deja un sobrante mensual y en dinero sonante (…) Apenas podría creer que estas son las mismas personas que ahora un año saqué la mayor parte de las cárceles del Estado. (citado en Latorre, *El hombre* 416-19)

Tal y como se lee en este informe al prefecto de Guayaquil los presos estaban satisfechos e incluso felices por trabajar allí por el incentivo económico y por estar encaminados hacia una supuesta reforma. Esta articulación del conflicto que se oculta en una lucha por la ganancia de capital, con el negocio del guano, transforma cierto código de apreciación del paisaje persiguiendo una senda estructurada por el paraíso transformado: no importa el origen desde el punto de vista teológico y filosófico de las islas, sino aquel en el cual se pueda prometer una refundación de la prosperidad, por un lado, pero moral, por otro, más importante por la constitución nacional del estado reciente. Si la experiencia galapaguense siempre fue organizada a partir del vacío local, abandono de autoridades e intervenciones extranjeras, ahora pretende sistematizarse a partir del orden y la superación modernos, sin importar ninguna otra matriz de significación que no sea la empresarial o la política. Aunque se intenta eliminar la variedad de otros posibles significados, el esfuerzo resulta insuficiente por el simple hecho de que el empirismo comercial no explica ningún conflicto de hegemonía cultural en un espacio tan problemático, sino que sirve de vehículo para articular otros conflictos que explican la tensión insular en la actualidad.

En párrafos aledaños, sin embargo, Villamil comenta sobre un problema de disciplina y menciona que vive alejado de los presos, en el valle, desde la ejecución de Miguel Pérez. Este individuo ejemplifica un caso en el cual se reitera la problematización de la violencia en la fundación del estado-nación. Pérez fue condenado a muerte por orden gubernamental y fue Villamil quien debía llevar a cabo su ejecución. El hecho de que lo hiciera contextualiza la homogeneidad, o continuidad, con el orden virreinal y la dicotomía evidente entre la normatividad y el borde social que la permite definirse como un modo de percibir la falta de la ansiada modernidad. No es casual que la pena de muerte sea uno de los ejes centrales de la novela y que, necesariamente, se relacione con la comunidad de presidiarios galapaguenses que la colonizaran

Capítulo cinco

a la fuerza. ¿Cuál es el costo social al intentar fundar una empresa por medio de la violencia desdeñando el capital humano fuera de cualquier legalidad?

En oposición al discurso oficial *El pirata del Guayas* va construyendo una atmósfera pesimista de cara a las políticas que debían alterarse después de la emancipación virreinal y que no cambiaron realmente, y que chocan con, por da un ejemplo, el informe de Hernández en el que se resalta, falazmente, el abundante tráfico comercial entre las Galápagos y el continente. Escribe Larrea: "… el aislamiento del grupo insular alejado de las ordinarias vías marítimas del Pacífico, privado de medios de comunicación con las ciudades del Continente, mantenía a los pocos habitantes de las remotas islas fuera de la protección de las leyes y lejos de la acción defensiva de verdaderas autoridades" (148). La ubicación privilegiada que utilizaran los piratas británicos para boicotear a la Corona española no volverá a tener importancia sino hasta el siglo XX, dado un azar geopolítico no inmanente a las islas o al Ecuador, relacionado con la cercanía al Canal de Panamá. Este es uno de los obstáculos para intentar llegar a una percepción del archipiélago ecuatoriano despojada de prejuicios, si bien esto resulta imposible a priori, y es que las islas se definen como sitios estratégicos de cara a referencias externas más que como espacios por sí mismos.

Este fenómeno crea un significante de espacio abierto al cual se le puede otorgar cualquier significado que desestime, a veces para bien, la jerarquía nacional o la potestad estatal. Al tratarlas como un referente políticamente simple y no como un sitio propio por modelar una constitución, las islas se reconstruyeron localmente como un espacio anti-moderno lleno de antisociales. Paradójicamente, las Galápagos vienen a ser un espacio crucial para la modernidad occidental desde la empresa darwiniana, un modelo que permite reafirmar el impulso razonado hacia la matriz epistemológica en el pensamiento moderno. Dicha esencia, postulada por el evolucionismo y sus consecuencias en la episteme de Occidente, transforma al lugar en una especie de *oikos* inagotable, un espacio al que es imperativo volver repetidamente porque es, al menos en teoría, un ejemplo del primer lugar, o del primer hogar, de origen total y transcendental. Es decir, un punto que explica el salto teórico hacia una ontología razonada; en el ámbito local, sin embargo, su representación se plantea a partir de la violencia y el abandono. Este fenómeno depende, en parte, del modo como la isla-presidio es un territorio ilegible que funciona como un pretexto interpretativo, y permite evidenciar una tensión de sobreimposición entre lo civilizado y lo bárbaro porque los pobladores de la isla provienen del continente. Si bien se intenta crear una prisión alejada para proteger a la sociedad ecuatoriana, en ese lugar, al mismo tiempo, se encuentra una memoria traumática de la monstruosidad que dado su aislamiento no se mimetiza con la sociedad (Edmond y Smith, *Islands in History* 16).

El pirata del Guayas es un opuesto total de los informes oficiales sobre cómo se vive en las Galápagos, especialmente en lo referente al grupo de presidiarios:

> El código criminal estatuía esas reglas de barbarie (…) que imperan como un monumento de la degradación humana a causa de una indolencia reprochable, por un olvido siniestro de los gobiernos, por falta de luces para inquirir las reformas sociales (…) Tenían la creencia de considerar al criminal no como a un ser desgraciado, sino como a un enemigo monstruoso que dejaba de ser hombre para siempre. (Bilbao 15–16)

Los presos conformaban la mayoría de habitantes y eran vistos por las autoridades como mano de obra gratuita, como entes trastornados, o simplemente como parte del paisaje. Si como plantea Rod Edmond, "these places of custody and banishment became identified with the bodies they enclosed" ("Abject Bodies" 145), la identidad ilegal vendría a ser el primer imaginario local de cara a la definición de las Galápagos en el Ecuador, y el aislamiento punitivo como un espectáculo que más tarde se convertirá en mercantil. La fundación de las islas frente a una estructura social de ilegalidad intensifica algunas contradicciones, entre ellas el conflicto entre el inglés y el español, o aquel entre lo antropocéntrico y la biota. El análisis de Bilbao viene a ser reductivo, es decir a partir de la individualidad de los reos y sus relaciones con el sistema social que los interpela, intentando aplicar cierto concepto de las identidades a través de la anécdota histórica como partes que forman el todo nacional, que es elusivo y complejo por un lado pero, por otro, específico en sus falencias.

No debería sorprender que "… las islas están viviendo un intenso y veloz proceso de formación de un 'sentimiento de diferencia' y de una 'conciencia de comunidad.' Ambos procesos

Capítulo cinco

son el principio de una identidad arraigada" (Ospina 10). Sin arriesgarse a articular cuales serían las relaciones en este proceso de formación esta cita no sirve para concebir la especificidad de las diferencias de clase que los galapaguenses sienten al relacionarse con los ecuatorianos continentales. A partir de las significaciones identitarias el ciudadano galapaguense se ve diversificado del ciudadano continental por un mejor nivel socioeconómico, pero hay una conceptualización anterior que se manifiesta a partir de la representación del espacio, aquella que se creara a partir de la narrativa que pretendió reconstruir las islas ya sea desde la fábula creacionista, ya sea desde la metrópoli, ya sea desde el mito fundacional dentro del Ecuador mismo.

El fluir de presidiarios hacia las islas, en el diecinueve, pretende cortar sus nexos (anti)sociales con el continente, impostando seguridad, pero a la vez creando un efecto contrario sostenido por un movimiento de resistencia a aquel que procurara definirlas como un satélite aislado políticamente del país. Los presos vinculan de una u otra forma al archipiélago con el país por su procedencia mientras que, al mismo tiempo, los textos extranjeros lo dividen teóricamente. El informe de Hernández ya citado no menciona a la comunidad de reos y Villamil se refiere a éstos contradictoriamente y con cierto recelo. Es un ejemplo de como este criollo latifundista crea un imaginario entendido, en inglés, como *seagirt*—algo "rodeado por el mar"—, un concepto fijo en el cual el territorio insular se define por lo que lo rodea y no por lo que puede brindar de sí (Gillis 19–31). No es curioso que para Villamil, así como para los funcionarios oficiales, el progreso, concebido del mismo modo como se lo concibiera en América Latina, fuera el criterio principal para representar el lugar.

Al inventar una identidad insular deudora de la institución penal que pretende excluir a la población marginal del país, la ficción criolla procura desviar el debate constitutivo hacia una especificidad cosmopolita. Sobre este tema es de particular interés observar la oda que José Joaquín de Olmedo (1780–1847) compuso para Villamil a modo de agradecimiento por haber rebautizado a la isla James con su nombre. El autor de "La victoria de Junín" escribió: "Ces îles fortunées qu'un esprit agissant / Naguères a données à l'Écuador naissant, / Verront fleurir bientôt, dans leurs flancs étonnés, / Le riz et l'ananas, et les épis dorés"[12] (88). La intervención del poeta nacional, quien fuera amigo de

Bolívar y primer vicepresidente del Ecuador, apadrina la colonización insular desde el perfil intelectual, enfatizando, como siempre, los criterios ideales de desarrollo comercial y agrario.[13] Es elocuente que el poema esté escrito en francés, componente del imaginario cosmopolita para entender los elementos y la interrelación simbólica de la cultura francófona en su subjetividad jerárquica de cara a la carencia de cosmopolitismo. Similar a la idea de imitación de la metrópoli, en el doceavo verso de la oda, Olmedo escribió: "Hommes, plantes, troupeaux, arts, plaisirs, mœurs / et lois" (88).

El poema es más engañoso que aquella narrativa emanada desde el discurso oficial porque contrasta con la representación que hace Bilbao de las Galápagos y revela una consideración inusual para con el territorio insular por parte de una de las figuras más importantes e influyentes del Ecuador. El interés de Olmedo es de doble faz; por un lado ejemplificar el modelo francés como la única vía cosmopolita y por otro responder a una vanidad propia, instaurada por la práctica onomástica que fuera una constante desde el descubrimiento de las Galápagos. El tema bautismal que históricamente refleja el vaivén imperial y cierta debilidad de la nación ecuatoriana para defender la soberanía conceptual y cartográfica, se reaviva y pretende ser central al proyecto de creación del estado-nación del siglo XIX. Con este afán intenta, aunque fracasa, rehabilitar la extensión estatal y predominio de la república utilizando las islas como modelo, aunque los nuevos nombres que Villamil utilizó nunca se pudieron establecer.[14]

Apadrinar el progreso cosmopolita como lo hace Olmedo se convierte en algo tan predecible como romántico, pero carente de análisis, a posteriori, de un cambio esencial de la matriz virreinal en cuanto a la constitución y al sistema productivo. Al revisar el informe de Hernández y leerlo bajo el argumento del capital humano, por ejemplo, no debe llamar la atención que se esperara que los presos trabajaran gratis para los latifundistas. Durante el siglo XIX todavía operaba el sistema de terratenientes y los factores de producción se podían comparar con aquellos que funcionaran en el virreinato, del mismo modo como la estructura social se veía aún dividida en castas implícitas, como plantea Flor María Rodríguez-Arenas: "… una minoría de propietarios terratenientes regionales controló la forma en que se elegía el gobierno, a la vez que dominaba completamente la vida social consagrando

Capítulo cinco

la existencia de las desigualdades de raza y clase, mantenía la esclavitud y el tributo" (x).

En las islas se quiso implementar el sistema clásico productivo derivado de las haciendas continentales y por este motivo se entiende cómo la figura del preso-pirata es resistente al discurso oficial y a ciertas narraciones extranjeras, a menos que los emisores del discurso hegemónico se pudieran servir de ella (Latorre, *Manuel J. Cobos* 78). Pero esta figura no es incómoda para la incipiente crónica latinoamericana que iba constituyéndose casi a la par de las naciones, como plantean Burgos Jara y Sommer. Existe una fascinación romántica por las narraciones de aventuras que permite emular las pugnas de la época post-independencia como ningún otro género. La conversión del reo oprimido en pirata libertario muestra un movimiento que va alterando no solo la estasis que causara el aislamiento geográfico de las islas y del Ecuador, con respecto a Latinoamérica y a Occidente, sino también aquel de orden político. Este movimiento, en la novela, proporciona varias claves para una interpretación sobre la consecución de la independencia y la formación estatal y republicana.[15]

El movimiento es uno de los criterios principales en cuanto a la definición de la nación ecuatoriana de cara al antes o al después de la independencia, contradice frontalmente el estancamiento que se definiría en las narrativas de náufragos y en aquellas que enfatizan el paisaje y la biota. Con respecto a estas últimas el ejemplo epítome sería *The Voyage of the Beagle* y con respecto a las primeras el cuento de Melville tocante al náufrago irlandés. Los relatos de náufragos no están despojados de la episteme neoimperial y tanto el preso como el pirata, como los representa Bilbao, socavan la noción de isla desierta que se fijaba con insistencia en el imaginario galapaguense de entonces, desde Berlanga y Sarmiento de Gamboa, pasando por Dampier y Cowley. Escribe Beer: "A pristine island, an unpopulated land, a desert island: all these are part of the myth of possession and solitude figured by Robinson Crusoe. 'Desert': not sand, but without others. Who are the others?" (*"Island Bounds"* 33).

Bilbao escoge la figura del filibustero porque le permite insertar el discurso de la potestad nacional y porque, convenientemente, el barco del que los presos logran apoderarse para escapar de la cárcel insular "tenía la bandera de los Estados Unidos de Norteamérica" (50). Al narrar este movimiento, Bilbao refuta por descarte la percepción impuesta de *isla desierta* que los textos en inglés pretendieran afirmar: "The decision to call an island uninhabited is always a cultural choice. It marks out what forms of life are felt as kin by the dominant speaker; it sweeps aside all other classes of life (…) The assumption that islands are either inhabited or uninhabited, as if according to some aboriginal fiat, has itself come under scrutiny by bio-geographers in recent years" (Beer, "Island Bounds" 40–41). Aunque el "aborigen" no aplica a las Galápagos dada la carencia de indígenas sirve para trazar un paralelo en el cual los presidiarios pasan a ser invisibles para el discurso dominante, sea éste ecuatoriano o no, escrito en inglés o en español. Dicho de otro modo, en esta novela la subjetividad presencial del Otro, reafirmada a través del tópico del pirata y del preso, pasa a ser medular para confrontar a las narraciones provenientes del razonamiento occidental. Bilbao define a los presos de modo particular, ya que frente a la autoridad estadounidense éstos eran "reos políticos" pero frente a la ecuatoriana retoman la figura del náufrago.[16] Mientras algunos textos canónicos se centran en narrar cómo el náufrago conquista el paisaje y transforma al lugar en un espacio habitable moldeado a su ontología, este texto se centra en narrar el escape y la violencia, confrontándose con su modo de vida estático para convertirlo en pirata. Si la figura del náufrago presenta una buena oportunidad para que los escritores extranjeros postulen sus intereses, aquella que recrea Bilbao con el preso que se convierte en pirata, se da para contrarrestarla y a la vez manifestar los suyos.

En esta transformación entre uno y otro estadio de los personajes históricos el océano opera como espacio de negociación de identidad donde se da la transformación, en la novela, de presos/náufragos convertidos en piratas, desprovistos de raciocinio epigonal de la norma pero nunca carentes de lógica constitutiva. Esta lógica está apoyada en una violencia necesaria acorde con el contexto, plantea Michel Foucault: "Water and navigation certainly play this role. Confined on the ship, from which there is no escape, the madman is delivered to the river with its thousand arms, the sea with its thousand roads, to that great uncertainty external to everything" (9). La barbarie se define por una carencia de lógica que se muestra en la insensatez del aislamiento forzado y la pena de muerte. Insensatez porque las empresas piráticas no tuvieron oportunidades de éxito al momento de tomar control del

Capítulo cinco

país en el siglo diecinueve.[17] Los intentos de golpe de estado y el modo como se desarticulaban poderes de uno a otro bando para instalar gobiernos concertados por las élites pudientes, venían desde dentro de éstos y se fraguaban con alianzas estratégicas más poderosas y efectivas que las románticas que fingidamente los filibusteros emprendieron. Escribe Gerassi-Navarro: "The pirate—with his provocative images of both terror and freedom—came to embody the difficulties many nations experienced in their quest for national formation" (4).

Este es otro de los motivos por los cuales se intenta dar mayor verosimilitud al relato, con el fin de recrear imaginariamente una tensión política que tenía orígenes en esferas oligárquicas más poderosas, conscientes de la historia de Guayaquil y sus anteriores encuentros con corsarios. La obra tuvo bastante acogida al momento de publicarse, lo que explica su reedición a inicios del siglo XX.[18] La popularidad que se atribuye a *El pirata* muestra una de las formas de representación popular de las Galápagos en el imaginario ecuatoriano, acaso la primera de ellas que se difundiera ante la nación con buen tiraje. Esta representación no es dependiente de la sensación imperialista que se exhibe en las relaciones angloparlantes anteriores y posteriores. Asimismo, la narración de Bilbao no es ajena a la autoridad gubernamental, y tampoco se desentiende de la potestad del Ecuador sobre el archipiélago y sus escasos habitantes porque no está exenta de una reflexión crítica tocante al sistema judicial.

En vista de que el autor es un intelectual polifacético, célebre en círculos sudamericanos selectos y proviene de una clase criolla con curiosidad política representativa de las "reputadas familias santiaguinas," es lógico que en su novela se hable de temas inherentes al debate constitutivo de Latinoamérica (Quiroz 18). Este fenómeno inicia una senda de matices locales y próximos a la realidad social en cuanto al modo de mirar las islas desde dentro versus aquel que se instituiría desde fuera. Pero el texto de Bilbao no está desposeído de la imagen medular espectacular[19] que recrea algo inverosímil, con el agravante de que su obra se esparce por Latinoamérica como no lo hicieran las narraciones anglosajonas. Su discurso regenera el paternalismo reinante del siglo XIX del ajado debate entre civilización y barbarie, y paradójicamente lo que no logran del todo, ni de modo tan explícito, Melville o Darwin, Bilbao consigue con facilidad al mostrar "la barbarie" in situ. Los personajes parecen diseñados para ello; por ejemplo: Ángela espera un hijo de Bruno, quien es su medio hermano, característica endogámica frecuente entre las poblaciones aisladas consideradas salvajes. A momentos este fenómeno resurge en las narraciones de Occidente como uno de los componentes de la barbarie junto con, por dar un ejemplo, el canibalismo.

La ruptura familiar es significativa porque la consolidación de un núcleo doméstico en el entorno melodramático es uno de los principales factores que se repite en la narración fundacional. Esta barbarie según el autor chileno sería una condición aprendida e instaurada por un mal manejo social, legal y estatal de las autoridades, y no provendría de una práctica consuetudinaria cultural de tal o cual grupo antropológico inherente a ella: "Un desgraciado a quien ustedes han sacrificado, repuso Bruno, ustedes los del gobierno que me arrebataron a mi Ángela; que me abrieron los ojos acompañándome con los criminales de la cárcel; que me hicieron perder la vergüenza arrastrando una cadena por las calles; ¡que me infamaron azotándome! Yo era un hombre honrado, que solo pensaba en trabajar" (Bilbao 71). Cuando se lo condena a muerte, exclama: "La *justicia* de los hombres me ha perdido haciéndome bandido de honrado que era" (115, cursiva en el original).

Bilbao sugiere que el bárbaro existe como producto del sistema, especialmente el desarrollado en torno a la matriz colonial: "… ese espíritu servil que encadena la carrera de la civilización a la ciega obediencia y a la conservación ridícula de cuanto se nos legó con la conquista, que llamamos *status quo*" (16). Los editores que reimprimieron su obra son, además, conscientes del comienzo de la revolución liberal ecuatoriana que inició con la presidencia de Eloy Alfaro (1895), seguida por el gobierno de Leonidas Plaza quien, a pesar de ser más conservador que su antecesor, desde 1901 "llevó a cabo las reformas liberales más radicales" (Ayala Mora 35). *El Telégrafo*, el periódico que reeditó la novela, fue un diario influyente que pretendía suscitar un cambio legal a sabiendas de la constitución afín a la ideología liberal que habría de redactarse en 1906, la denominada *Carta Magna*, en el segundo mandato de Alfaro que duró hasta 1911.

Este texto sirve para apadrinar una constitución liberal y es cómodo para los liberales incluso cincuenta años después de su publicación inicial. Las rediciones responden al exotismo pero más

Capítulo cinco

que nada a la ambición política liberal que buscaba la aprobación popular y burguesa de la famosa *Carta*. Bilbao es conocedor de la fundación de la nación en la cual se hace notoria la marcada diferencia de clases donde las Galápagos, como presidio, representan el último escalafón en oposición a la metrópolis. La imagen del salvaje, así como la del reo y la del pirata, despierta interés y morbo en la sociedad ecuatoriana y latinoamericana y reaviva la idea de la isla-presidio como lugar romántico. Los textos históricos anteriores relatan cómo bucaneros y filibusteros, ingleses o estadounidenses en su mayoría, desde su descubrimiento en el siglo XVI, usaban el archipiélago como guarida por los alimentos, por la ubicación y también por la carencia de control del país y su falta de habitantes (Sylva Charvet, "Las Islas Galápagos" 253–303). Esto influye en el futuro de la región y en el modo cómo la ola de visitantes y estudios de biología, filosofía y teología que causara Darwin en la comunidad internacional se la definiera. En el extranjero es o bien un destino turístico o bien un laboratorio que atrae por la curiosidad que despiertan su flora y fauna; pero en el Ecuador la atracción florece por otros motivos hasta mediados del siglo XX, dependientes por lo general de sucesos violentos: "… the compelling appeal of the penal colony as a tourist site" (McMahon, "Gilded Cage" 196).

La violencia con la que principiara la representación galapaguense en el Ecuador desató un entusiasmo casi enfermo en la población que era muy dispar a la exaltación oficial que pretendía labrar fortunas comerciales buscando las simientes de la modernidad, por un lado, o usar las Galápagos como ficha de canje o alquiler para asegurarse otros beneficios políticos mundiales, por otro. Una vez más se desplaza el modo de valorarlas según la agenda y la autoridad del escritor y del discurso dominante, quien al final del texto manifiesta que "la indignación pública pedía un castigo ejemplar para monstruos de que no se tenía idea" (Bilbao 114). No es casual que esta novela se reimprimiera a inicios del siglo XX junto con otras crónicas sangrientas que intentaron capturar aquel "error fundamental de la política colonizadora [que] fue la de llevar a las islas no sólo a desterrados a quienes se acusaba de revolucionarios, sino a criminales comunes, a escorias y desechos de la sociedad" (Larrea 148). Por lo general, en la bibliografía sobre el tema, no se cuestiona la isla como presidio sino al tipo de reos que debieron ocuparla, lo que permite entrever hasta qué punto la ansiedad por alcanzar un arquetipo de civilidad influyó en el imaginario de las Galápagos y como se articuló como una localidad destinada a la reclusión.

Este fenómeno llega a instaurarse con absoluta comodidad en la historia y la sociedad ecuatorianas, carente de un aparato crítico que lo cuestione. Las otras dos crónicas rojas que el periódico *El Telégrafo* publicó junto con *El pirata* en 1904[20] reafirman esta condición, crónicas que servirán para narrar las Galápagos en el siglo XX dentro del Ecuador. Estas aparecerán tanto en el libro de Naveda, *Galápagos a la vista*, como en el de Idrovo, *Galápagos, huellas en el paraíso*, pasando por los textos de historiografía de Latorre o aquellos de ficción histórica como el de Donoso Game o el de Yáñez Cossío.[21] Las obras ecuatorianas que representan al archipiélago incluyen, en mayor o menor medida, los crímenes y el terror de finales del siglo XIX, y no el capítulo del *Voyage of the Beagle*.

La historia de Manuel Cobos—quien estableció allí la hacienda "El progreso" explotando y esclavizando a sus empleados—ha tenido mayor repercusión e interés para escritores e historiadores ecuatorianos que la del pirata Briones, acaso por la poca difusión de la novela, sin ninguna redición desde 1904 hasta la actualidad. Los asesinatos del tal Cobos, y de otras autoridades a manos de sus empleados y peones, fueron un referente casi obligado dentro del país para establecer la imagen conveniente para el discurso oficial y la idea de un sitio incontrolable. Así se intentó justificar la negligencia administrativa para intentar venderlas o alquilarlas, incluso se llegó a sugerir convertirlas en un protectorado francés. Una idea del lugar que perduró por casi medio siglo mucho más atractiva que la aburrida teoría del científico inglés, por ejemplo: "Las colonias, o grupos de colonos, eran una especie de micro estado en el cual reinaba un tirano del cual, de vez en vez, se sublevaban los trabajadores y asesinaban" (Sylva Charvet, "Colonialismo" 718).

Dentro de esta coyuntura, el libro de Bolívar Naveda fue el proyecto más ambicioso por parte de un ecuatoriano de cara a la definición del archipiélago frente a estas sublevaciones románticas, la biota, las leyendas, las leyes, la historia y la geografía, entre otras cosas. El texto de Hugo Idrovo, por otro lado, es ejemplar en cuanto a la percepción que se tiene de las islas en la actualidad,

Capítulo cinco

especialmente desde su globalización y apertura al turismo. En ambas obras se vislumbra una noción definitoria relacionada con dos aspectos. El primero es el espectáculo público-mercantil, maravilloso y exótico que preludiaran Darwin, Berlanga, Sarmiento de Gamboa y Melville con fuerza distinta, así como Bilbao en el entorno naciente de la república. El segundo es un intento de búsqueda de la identidad ecuatoriana durante la postmodernidad y la migración continental de ecuatorianos hacia el archipiélago.

Capítulo seis

La construcción de la identidad galapaguense y ecuatoriana
Galápagos a la vista de Bolívar Naveda

En 1949 el Congreso del Ecuador declaró a la obra *Galápagos a la vista* de Bolívar Naveda un texto de importancia nacional porque "revela datos que han sido hasta ahora desconocidos respecto de las Islas Galápagos y por el interés científico que encierra" (5). El cabildo quiteño la declaró ganadora del Premio Tobar por "el valor científico y el aporte de beneficio para el país" (9); lo que impulsó una redición en 1952 por la Casa de la Cultura. También recibió crítica favorable por parte de Benjamín Carrión,[1] Isaac Barrera[2] y el historiador Abel Romeo Castillo.[3] La obra de Naveda evidencia un renovado interés por el archipiélago ecuatoriano en el siglo XX debido a acontecimientos de coyuntura local y extranjera. El autor lo escribió durante la crisis de identidad causada por la pérdida diplomática y militar del país frente al Perú, después de la guerra de la década del 40. Esta crisis se propuso construir una identidad renovada a como diera lugar, creando ficciones historiográficas con el afán de unir a la nación.[4] Por este motivo su representación de las islas posee una "comunidad de geografía y de paisaje como sustento de la identidad" (Carvajal 250).

La fisura identitaria y su reconstrucción vienen a ser el principal filtro de cantidad de textos escritos durante la década del 50 en el Ecuador, y aquellos autores que se interesaron por retratar la provincia insular ecuatoriana no son una excepción, incentivados por la atracción de extranjeros hacia el lugar. Un acontecimiento de importancia fue el establecimiento de una colonia extranjera que intentó instalarse en las Galápagos, fenómeno relacionado con el auge del turismo de élite a partir de las expediciones que llegaron después de Darwin. Hubo una réplica, a esta última, de expediciones científicas regidas por Hooker, Wallace, Grisebach, Wolf y Wagner, entre otros (Larrea 177). Más tarde vinieron

Capítulo seis

otras, tripulaciones periodísticas en su mayoría, siendo la más importante la de William Beebe por presentar, ilusoriamente, una verdadera posibilidad de viajar hacia el lugar y colonizarlo. Este movimiento de turismo elitista hacia el archipiélago emula aquel que impusieran los textos antes y después de la postulación de la tesis evolucionista, y tiene especial fuerza en lectores extranjeros que buscan un asilo escindido de la modernidad a comienzos del siglo XX. De modo opuesto, los ecuatorianos prefieren no ir hacia allá porque el lugar no presta ninguna de las comodidades modernas y donde no se halla ningún tipo de indicio para progresar sino un atraso, como lo evidencia la violencia de los presos contra los terratenientes. El citado Beebe visitó el archipiélago en 1923 y escribió quizás uno de los libros más atractivos y difundidos del territorio en el siglo XX, titulado *Galapagos, World's End*. En este texto las islas aparecen como un paraíso donde las tierras son cultivables y pueden alimentar a cien mil personas, entre otras aseveraciones hiperbólicas. Esto incentivó la fundación de "La sociedad de colonizadores de Galápagos" iniciada por un grupo de noruegos, la cual fracasara por las dificultades de asentamiento. La popularidad de las islas también se acentuó por la visita de periodistas nacionales y extranjeros,[5] no se diga por un programa radial estadounidense que narraba la ficticia historia de un náufrago de Galápagos que se transmitió por más de una década en los Estados Unidos (Worden 33).

José Ortega y Gasset interpretó el libro de Beebe como una creación mítica propia a la literatura de viaje y luego pasó a describir al archipiélago como un "rebaño de islas negras, perdidas en el Océano, bloques de lava bruna que terminan en una encía de cráteres" (529). Esta pintura tal vez reafirme la condición efectista con la que se intenta representar al archipiélago a partir del centenario de la visita de Darwin, alrededor de 1935, cuya noticia apareció en diversas revistas estadounidenses y en el *New York Times*:[6]

> A hundred years ago tomorrow Charles Darwin first landed from the warship Beagle on Chatham Islands in the Galapagos Archipelago, which lies some 500-odd miles west of America under the Equator. "By far the most important event in my life," he wrote in his pocketbook, the one which "has determined my whole career." It was an event also important in

La identidad galapaguense y ecuatoriana

the history of human thinking—so important that philosophers and scientists everywhere are celebrating it. For it was in the Galapagos that Darwin saw the great truth of evolution unfolded. (Kaempffert, citado en Worden 45)

Las Galápagos tenían fama antes de la postulación de la selección natural dada la hegemonía de los textos de viaje prevalente en el siglo XIX, y el tópico repetido deudor de la autoridad colonial inglesa.[7] La revista *Harper's* publicó un reportaje que mencionaba la posibilidad de cazar toros (ver figura 5):

Figura 5: Nótese como el paisaje no tiene ningún referente endémico de las islas; esta escena podría llevarse a cabo en cualquier lugar del mundo. Además de ballenas y tortugas, hay evidencia de la cacería de chivos salvajes financiada por el estado para erradicarlos ya a finales del siglo XX, aunque la cacería de toros también fuera una posibilidad *Harper's* 24.

Fuera de los constructos que capitalizaran su significado por el centenario de la expedición de Darwin, al principal criterio de visibilidad e importancia en cuanto a la noción galapaguense fundamental, se suman conceptos imaginarios de variada inclinación. Además de la cuestión geopolítica ahora viene a ser posible la cacería de toros, las aventuras de náufragos, presos y piratas, y la experiencia de observar biota irrepetible en un entorno paradisíaco. El agravante es que parece factible y cómodo ir a visitarlas y quedarse en ellas, aún cuando se sabe que no cuentan con infraestructura. Un elemento adicional que

Capítulo seis

vigoriza la importancia del territorio corresponde a su favorecida ubicación próxima al Canal de Panamá, así como una constante preocupación por la soberanía dada la expansión norteamericana y una amenaza de invasión peruana.[8] Luna Tobar escribe: "… se aproximaba la fecha de la apertura del Canal de Panamá y que afectaba directamente a la islas Galápagos, lo que exigía más que nunca el tomar medidas para hacer efectiva nuestra presencia en las islas, pues para entonces, la colonización parecía ser la única forma de mostrar dominio en el archipiélago" (130).

Si en un momento la obsesión por colonizar las islas y poblarlas con familias ecuatorianas se tornó urgente, específicamente en 1901, luego de algunos años el discurso sobre las Galápagos se transformó en algo netamente mercantil, por medio de intentos repetidos por arrendarlas o venderlas.[9] El oficialismo no valoró las islas por los criterios de modernidad que se desprendieran de su importancia científica o filosófica, sino por la cantidad de capital inmediato que pudieran generar. Es más evidente la contradicción constante sobre su valía porque por un lado son "estériles y costosas de mantener," pero por otro resultan ser "de las más importantes del mundo" (Alfaro 33–34, Luna Tobar 412). Esta discordancia está relacionada con la vaciedad de significado del significante insular y con lo poco que se conocía de él, además del imaginario foráneo que se había creado por la tesis evolucionista y subsiguientes expediciones, que dan a entender que la valía está en visitarlas y no en explotarlas, pero que no se llegan a entender del todo en el país.

El desfase por apreciar el lugar entre extranjeros y locales crea una corriente cada vez más abundante de información y de atracción que obliga a que algunos periodistas ecuatorianos se dirijan allí para comprobar, refutar o exponer las percepciones procedentes de fuera y aquellas originadas desde dentro. Este fenómeno desemboca en la publicación, en Ecuador, de una serie de crónicas tanto en periódicos como en revistas, así como la aparición de una serie de libros de viaje semejantes en formato y contenido. No sorprende la forma cómo se fue estableciendo un imaginario antes de la visita de los autores, en especial en lo concerniente a la visión del paraíso que invita a reconocerse y rehacerse en las islas, aunque consciente de una valía geopolítica más que biológica. Pero el renovado atractivo por las Galápagos ocurre por la Segunda Guerra Mundial y por la supuesta posibilidad de que el

La identidad galapaguense y ecuatoriana

Canal fuera destruido por un ataque japonés; dada esta situación se comienza a investigar a las colonias extranjeras que habitaban en el archipiélago con sospecha, especialmente por el arribo de una "baronesa" austriaca acusada de espía.[10]

El interés por las islas es regenerativo y mutante, atizado por la ocupación norteamericana desde 1941 a 1946 para la defensa del paso marítimo panameño, y siempre proclive al romanticismo, al misterio y a la posibilidad de fabular. Si bien fue Nicolás Martínez uno de los pioneros en publicar un texto de viaje ecuatoriano sobre el archipiélago, con *Impresiones de un viaje a Galápagos* en 1934, los principales y más completos son *Galápagos: mito y realidad* en 1948 de Rafael Borja; *Galápagos, las últimas Islas Encantadas* en 1947 de Paulette de Rendón; *Galápagos: el hombre, la tierra y el paisaje* en 1948 de Gerardo Chiriboga; *Galápagos: tragedia y esperanza* en 1954 de Aurelio Aillón; y el de Ernesto Campos Plaza, *Por las Galápagos* en 1953. No es casual que estos títulos fueran publicados al terminarse la guerra mundial y después de la desocupación de la base norteamericana pero, por su ambición representativa, estos textos no son más que un pequeño jardín frente a la catedral que construyera Bolívar Naveda.

Las reseñas del libro mencionan la "totalidad" de contenido y la erudición, la investigación científica y de archivo, y el trabajo de campo. Si bien este autor no fue el primero en habitar en Galápagos por un periodo de tiempo considerable—dos años según él mismo—su permanencia es importante porque cambia el modo de escribirlas y conocerlas estilado hasta aquel entonces, dado que análisis anteriores provenían de vistazos relativamente rápidos.[11] Escribe Ribadeneira sobre el libro de Naveda: "Debo felicitar por el gran esfuerzo tanto en la observación directa, como en la recolección de datos" (571); y Arias: "No es un viajero circunstancial que anota en su diario el deslumbramiento o la novedad de las visiones, solamente. Naveda estuvo en el Archipiélago por largo tiempo. Observó ..." (565).

No deja de ser la ambición por abarcar la mayor cantidad de temas la característica más peculiar del libro. En él se puede encontrar desde poemas modernistas hasta fotografías de la poca infraestructura construida hasta aquel entonces, pasando por leyes o reglamentos vigentes, mapas realizados en relación al continente americano o al australiano, y leyendas de cada una de las islas seguidas de sus descripciones científicas. Naveda se arriesga e

Capítulo seis

incluye hipótesis sobre el origen volcánico del archipiélago, la flora y la fauna de cada una con su clasificación taxonómica, el clima, tablas estadísticas sobre la población de ganado e incluso sobre los perros salvajes que las habitan, incluida la cantidad de buques que las visitan al año, el número de familias con la cantidad de tierra que posee cada una y sus modos de supervivencia.

La supuesta universalidad epistemológica que trae a colación Naveda es transcendental para cuestionar las fronteras descriptivas de las islas, y muestra como no son suficientes las narrativas de viaje o de exploración, así como tampoco lo son aquellas tocantes a las aventuras de piratas o presos, o los repetitivos estudios correspondientes a la tesis de la selección natural. Si el pirata del Guayas no tenía fronteras para navegar, el narrador de Naveda tampoco se ve constreñido por ellas al escribir. El discurso científico tradicional se intersecta con uno en el cual se introducen narrativas sociales, políticas e institucionales que gravitan alrededor del nacionalismo, traspasando los discursos anteriores y desestabilizando la matriz fundacional. El autor califica su libro de producción "literaria verdadera,"[12] tal vez sin ironía pero consciente de una lectura en la cual sea propicio este tropo para entenderlo, especialmente después de señalar que su principal objetivo es reflexionar sobre los animales y las riquezas naturales (Naveda 17). El choque entre la representación concerniente a las ciencias y la imagen tocante a las ficciones que intentaron narrar el archipiélago es evidente de modo dialéctico; este conflicto muestra la violencia textual que se impusiera desde fuera e intenta contrarrestarla subvirtiéndola y proponiendo una poética propia, que arranca bajo un concepto de integridad o suma de todas las anteriores y la inclusión sorpresiva de otros criterios tales como el marco legal y la pertenencia nacional. Las referencias directas o indirectas dentro del texto mismo, a distintos autores, al ser tantas operan como una pieza que complementa la vivencia del autor, como una suerte de práctica, en oposición a la aproximación teórica.

Naveda es consciente de que uno de los criterios importantes para valorar las islas en el exterior se relaciona con el exotismo o con el cientifismo, y por este motivo el primer capítulo arranca con la posición geográfica, la situación continental, la formación del archipiélago, análisis topográficos, geológicos, etcétera, para terminar con un breve análisis del clima. Ninguna de estas

La identidad galapaguense y ecuatoriana

características permite develar la calidad "literaria" del libro, pero sí mostrar rasgos del paisaje y geografía del archipiélago como ocurría en los textos fundacionales y aquellos compuestos en inglés. Aparece una variación con respecto a las representaciones galapaguenses habituales porque Naveda inicia, con eficacia, a labrar una figura basada en las islas por sí mismas, ya no como un *satélite* adherido al Ecuador o como un espacio separado de él. Entiéndase esta independencia narrativa como un componente dialéctico entre ella y su nexo nacional, desde dentro del país, con sus habitantes, costumbres, leyes e historia, no como una imagen referencial dependiente del continente. La diferencia con respecto a las narrativas foráneas que se habían escrito, cuyo impacto borrara la potestad del Ecuador sobre las islas, resulta significativa. Escribe: "Es mi objeto relacionado más con el afán patriótico que con el interés personal" (Naveda 17).

El criterio nacionalista del autor se transparenta, acaso exagerado por un ímpetu "invasor" tanto conceptual, tocante a los textos escritos desde el siglo XVI, y aquel real, relativo a la guerra con el Perú y a la pérdida del territorio ecuatoriano después de su conclusión. Esto obligará a la formación de un nacionalismo ferviente, el cual se ve exacerbado ante la expansión de los Estados Unidos en el continente americano. Si bien la relación biográfica de un autor con su texto no arroja luces transcendentales en cuanto a su interpretación, la aproximación patriótica viene a ser un dispositivo importante al momento de representar las islas por algunos motivos. Primeramente, aunque anacrónico, por el concepto de la ficción como creadora de identidad que propone Sommer y el rol en el proyecto de conformación de la nación. En segundo lugar porque la evidencia textual sugiere que Naveda utiliza numerosas técnicas narrativas para oponer resistencia a la fuerza textual y política foráneas, donde la exaltación desmesurada de lo nacional y lo patriótico, en detrimento de lo extranjero, viene a ser una pieza bien estructurada, reiterativa, que de tanto martillar llega a fisurar la retórica extranjera para mostrar los intereses que oculta. Y en tercer lugar porque la migración hacia las Galápagos y la residencia legal o ilegal en ellas se define hasta hoy en día por una suerte de condición individual de nacionalidad.

Naveda intenta crear una cohesión sistemática de los componentes narrativos y del territorio, escribiendo, por ejemplo, sobre el paisaje en jerga científica pero sobre sus habitantes en lenguaje

Capítulo seis

poético. Las ambivalencias del lenguaje y sus saltos muestran una pugna contextual de orden histórico-social que gravita en torno a la época en la cual se proponía "acabar con la colonización del lenguaje modernista, usando para ello como arma el lenguaje de la realidad" (Cevallos 157).[13] En el segundo capítulo—"Fisionomía de las islas"—las define a todas usando la misma organización: una descripción especializada de la biota y del entorno a la que le sigue alguna leyenda concerniente a la colonia de habitantes, usando un lenguaje estéticamente sensible. Es decir que la rivalidad y parcialidad entre los dos lenguajes propone un espacio narrativo, una suerte de heteroglosia, en el cual la seducción del viaje se mezcla tanto con el proyecto nacional como con la etnografía, la biología, el realismo social y otros temas. Este énfasis en los habitantes de Galápagos y la iniciación de un folclor tradicional del archipiélago constituye una exploración singular, inexplotada hasta entonces por los escritores extranjeros, y desatendida por la gran mayoría de autores locales que enfatizaban más el espacio que sus habitantes. El estudio de las creencias de la gente que lo habita fue, hasta la publicación navediana, un elemento de poca importancia en cuanto a la incorporación de una identidad galapaguense relacionada con el Ecuador, si bien a partir de fines del siglo pasado y a comienzos del presente dichos análisis se han vuelto comunes.[14]

La valía científica tiene mayor peso en el extranjero y Naveda inicia por mostrarla minuciosamente pero sorprende, de pronto, al incluir algún poema o reflexión personal, lo que tiende a desvirtuar cualquier intento de objetividad o de rigor investigativo a pesar de que éstos se tornen probados por su proclividad a citar fuentes verificables. Describe el mar con estos versos: "¡Oh, dulces lejanías; horizontes en brumas; / de las olas, de tonos cambiantes, las espumas ...!" (Naveda 53). El capítulo donde está esta descripción arranca con una fisionomía teórica no carente de detalles geográficos: "[San Cristóbal] tiene 24 millas de largo por 8 de ancho; los picos de la extremidad sudoeste alcanzan una altura de 759 metros" (48); de pronto hace una pausa y escribe: "La playa, siempre risueña, está poblada por pescadores (...) su personalidad es clara, no admite confusiones ni para la misma efusión" (53).

Esta escritura oscilante entre las ciencias naturales y la descripción literaria puede leerse como una tomadura de pelo, pero se convierte en el leitmotiv de la obra donde el autor va inclinándose

La identidad galapaguense y ecuatoriana

cada vez más por la segunda en perjuicio de la primera. Las anécdotas que relata tienen un sabor a cuadro de costumbres que proviene del realismo social, mezcladas con historias seductoras, no carentes de humor o de drama, las cuales se van hilando conforme va reconstruyendo el imaginario ya no biológico sino folclórico. El autor intenta re-crear la isla como una "ficción de los orígenes [que] produce la ficción de una herencia y de una filiación" (Carvajal 215). Al utilizar un nivel mimético popular y de tinte local, pero exótico a la vez, propone una suerte de aproximación sociológica que muestra la migración y roce entre colonos ecuatorianos y extranjeros. Al final del primer capítulo cuenta, por ejemplo, que encontró a un habitante de Estonia definido como "un Crusoe de Galápagos" que interactúa los domingos con una "dama vieja, acostumbrada a dominar con un arte incomparable los corazones de los marinos" (Naveda 60); explica que la mujer era una prostituta de Guayaquil y que fue deportada hacia el archipiélago y terminó involucrada con el asesino de un representante político de las islas (61).

Estos componentes retóricos se crean por lo menos de dos modos, el primero en su afán por mostrar armonía con lo natural, la cual se manifiesta en la narración poética y la de las leyendas. El segundo está relacionado con la posibilidad de que los colonos puedan "progresar" en las islas, entiéndase económicamente, sea por medio de la pesca, la agricultura, o el turismo naciente. Las dos variantes se presentan y se complementan por una constante desaprobación del manejo estatal, debido a la dejadez gubernamental, falta de infraestructura, transporte, o servicios básicos, problemas contrastados con las ventajas que posee la región y su potencialidad si es que fueran a superarse. Escribe en su conclusión: "… todo lo expuesto sirve para demostrar concretamente los verdaderos valores del archipiélago de Colón que, por razones de una fatal indolencia o menosprecio, no ha alcanzado un nivel de progreso ni de propia evolución a través de muchas centurias" (Naveda 532).

Estos "verdaderos valores" que menciona Naveda dan a entender que anteriormente habría solo valores fabricados por los cuales se midiera la importancia del espacio. Desde los *diamantes* en las playas y el oro y las riquezas de los relatos coloniales, hasta el laboratorio evolucionista, los tesoros y los náufragos de las narraciones decimonónicas. Se puede ver que la tesitura principal de Darwin

Capítulo seis

tiene poco peso cuando se la contrasta con una necesidad social, siendo la primera conceptual y poco aplicable en el entorno del país que las administra y la segunda urgente, casi un deber, en especial para llegar a conformar un proceso hacia lo moderno. No solo la postulación científica tendría poco peso sino también cualquier tradición narrativa que no incluyera la denuncia social con un *engagément* evidente para relatarlas. Si Naveda intenta incluir "todo" lo referente a las Galápagos en su libro es con el fin de volver a fundar un imaginario y así poder desvirtuar el anterior. Intenta persuadir a sus lectores de que hay la posibilidad de encontrarse y rehacerse en ellas, desde el punto de vista identitario, así como de progreso para el Ecuador, siempre y cuando el estado y los habitantes aporten con "civismo y amor a la patria."

Uno de los criterios para evaluar el abandono estatal del archipiélago está ligado a la pertenencia, civil o legal, de la nacionalidad ecuatoriana en cuanto a la residencia de colonos en las islas: "… nacen niños en Galápagos que no son inscritos en los Registros, por desidia, por olvido o simplemente porque no hay libros de Registro Civil; niños que existen con existencia natural, pero no tienen vida civil, ni patria, ni derechos ciudadanos" (G. Chiriboga, *Galápagos* 31). La identidad, la pertenencia, era una preocupación válida durante la época de un modo específico, aunque hoy en día también lo sea dentro de un contexto diferente.[15] La nacionalidad/residencia sigue siendo un criterio al momento de definir la situación de las islas, en especial con respecto a la colonización y a la legalidad de explotación y trabajo. Naveda acaso muestra una base en contraposición a lo extranjero que pretende distanciar de su postulado; algo que Theodor Adorno llamaría "hundirse en el provincianismo de la patria chica" (*Notas* 96). La identidad se torna por demás elusiva desde cualquier enfoque, y en el siglo XXI el poder insular controla estrictamente la residencia y procedencia de los visitantes no solo extranjeros sino también ecuatorianos. Este criterio se introdujo a inicios del siglo XX por una serie de intentos fallidos de colonización de entre los cuales cabe resaltar la migración de noruegos, alrededor de treinta familias que formaron "La sociedad de colonizadores" antes mencionada.[16]

Es de especial interés notar como una incursión extranjera conllevara mayor entusiasmo que cualquier empresa nacional de colonización; antes de la iniciativa noruega hubo varios intentos y proyectos ecuatorianos de establecimiento, no se diga aquellos instaurados en el XIX por los hacendados Cobos, Gil y Valdizán, entre otros. La idea de que los noruegos desearan instalarse en el lugar también indica una de las perspectivas que, desde fuera, se habían hilvanado contrapuestas con el imaginario local que menospreciaba a las islas al funcionar como presidio. No es la cualidad de *isla desierta* que afecta al imaginario ecuatoriano per se, sino aquella en la cual se las define como un sitio violento y poco acogedor; casi un opuesto a aquel que los colonizadores noruegos, estadounidenses o alemanes poseyeran al llegar. El imaginario foráneo, desde este enfoque, elimina el factor antropocéntrico y perpetúa el concepto paradisíaco asociado a aquel de la isla deshabitada. Esta diferencia en el nivel interpretativo se relaciona también con la poca o nula presencia del estado ecuatoriano en el lugar, salvo por la institución correccional, siendo este factor un componente fundamental para la tesis de Naveda. Si por un lado la colonia noruega pretende encontrar un paraíso deshabitado, por otro, los ecuatorianos proyectan la impresión de la ausencia burocrática, ejecutiva y judicial; ausencia que se hace patente por la presencia ominosa de la colonia penal y sus sangrientas historias. La isla está, según este imaginario nacional, desprovista de servicios básicos, protección y de ninguna posibilidad de supervivencia; por ello el autor advierte continuamente que la vida galapaguense sin el apoyo del gobierno puede ser dura en extremo.

Una de las consecuencias inmediatas de las quejas de abandono, que tanto colonos como periodistas difundían, fue la notoria contradicción de que: "... el estado incentivó la masiva colonización por un lado (no regularizó y mandó gente cada vez que pudo) y restringió la compra de terrenos por parte de extranjeros por otro—con el fin de proteger el patrimonio territorial (...) Se intentaba convertir cada isla en propiedad exclusiva de una persona o familia, total terratenientes, lo cual fracasó rotundamente" (Sylva Charvet, "Colonialismo" 719–20). El fracaso de la colonización por parte de ecuatorianos continentales tal vez explique el hecho de que se volviera a declarar a las Galápagos como recinto carcelario en el siglo XX donde, según el mismo Naveda, los reos "cumplían su condena desnudos y hambrientos" (398).

El envío indiscriminado de criminales a las islas volvió a reinsertar, momentáneamente, una división antropológica entre

Capítulo seis

el continente y el archipiélago, escisión espacial que Naveda cuestiona al mencionar que "el colono de Galápagos no es un criminal ni un leproso" (417). [17] La noción del criminal junto con la del leproso, de génesis bíblica, se puede interpretar como una ansiedad común al momento de definir la condición insular porque es un espacio que se presta de mejor forma para la cuarentena. Al hablar de la lepra, escribe Edmond: "the disease was persistently racialised and sexualised" (*Islands in History* 16). Las historias que Naveda relata representan la vida de seres al margen de la norma social ecuatoriana, fuera de un estado "natural" o de las "buenas costumbres."[18] La segregación estatal de seres no conformes a él se torna en material narrativo para el autor quien, especularmente, cuestiona y usa el concepto de los penados como entes "abyectos" para desvirtuarlo. De igual modo lo entendiera Kristeva, quien define lo abyecto como lo que las naciones se ven obligadas a expulsar para poder mantener un orden mental y social (citado en Edmond, "Abject Bodies" 135). La política de exiliar a seres abyectos se relaciona con la jurisdicción política y la soberanía nacional condicionadas por las fricciones diplomáticas fallidas con el Perú, y las consecuencias del conflicto bélico con ese mismo país mientras Naveda escribiera su libro, sin dejar de lado, la ominosa presencia de los Estados Unidos y el apadrinamiento de la doctrina Monroe por parte de Theodore Roosevelt.

No se puntualiza a los penados como entes matizados por un concepto criminal que imparte el caos, sino como una muestra de la sociedad, desprovista de la violencia explícita que retratara Bilbao. Esta violencia, en Naveda, resulta seductora a sabiendas de que existían todavía dificultades de asentamiento. La muestra social que vive en las islas se asemeja a la sociedad ecuatoriana pero no es del todo igual, y por ello desde mediados del siglo XX se puede ver el inicio de la formación de una conciencia de identidad insular compuesta por la migración de ecuatorianos y de extranjeros; una construcción en constante flujo, siendo la tercera provincia de mayor crecimiento poblacional del país.[19] El autor se arriesga a definir a los colonos de Galápagos como personas con "herencia divina e inalienables derechos" (Naveda 417), aludiendo, anacrónicamente pero de modo eficaz, a una especie de *Destino Manifiesto* criollo. Antes de esta cita cuestiona el ímpetu expansivo estadounidense y el hecho de que al desocupar la base que los soldados norteamericanos ocuparan en las islas, destruyeran la infraestructura que podría haber servido a los galapaguenses.[20]

Naveda inserta la conexión universal entre el entorno y sus habitantes propia al Transcendentalismo pero subvertida al contexto ecuatoriano con el objetivo final de deshacerse de un influjo "invasor" e implantar otro de orden patriótico. Así su texto no está desprovisto de un intento por maravillar: "... el archipiélago de Colón ha sabido encarnar en todo instante y a través de los tiempos las supremas inquietudes de sus moradores (...) ofreciéndoles el triple espectáculo del pasado, del presente y del porvenir" (Naveda 155). Vuelve a reiterarse, además del espectáculo, un concepto temporal como criterio de evaluación y escritura, el cual recuerda tanto a las empresas narrativas de la selección natural como a aquellas que escribiera Melville. La absorción de la teoría del científico inglés se resignifica a partir del "prestigio" y no a partir del "descubrimiento" en sí, porque desplaza la importancia del *origen* que se instalara en el siglo XIX y que siguiera definiendo a las Galápagos durante el siglo pasado.[21] Al dar mayor importancia a la popularidad, o a una cierta reputación de poseer un territorio singular, y no al concepto mismo, Naveda está revaluando la posibilidad de apropiarse de la narrativa darwiniana. El autor es consciente de la violencia textual extranjera y soslaya la narrativa foránea para postular la suya. El orgullo que describe vis à vis la teoría de la selección natural, en la cual las Galápagos ocupan un lugar crucial, entabla un razonamiento crítico medular para un imaginario que no hacía más que crecer desde inicios del siglo XX. Esta pretensión creada coge fuerza y los colonos residentes, incluso de hoy en día, se identifican con ella, como comenta Ospina: "Esos insulares doblemente aislados en los pequeños espacios conocidos de las islas pobladas han adoptado una imagen paradisíaca de las islas influenciada por las imágenes turísticas y por la sensación de orgullo nacional que ellas evocan al ser un patrimonio de importancia mundial" (83–84).

No sorprende que Darwin esté relegado al quinto capítulo donde aparecen pocos detalles sobre su tesis evolucionista, que no se explica del todo y cuando se lo hace se usa lenguaje poético, lleno de percepciones solipsistas y juicios de valor: "... necesitamos conservar la especie ontológica, fecundar los huevos de la nueva ideación, y luego morir, pero con el espectáculo del cielo estrellado sobre nuestras cabezas y el sentimiento del deber en el fondo del

Capítulo seis

corazón" (Naveda 232). Naveda apadrina la noción espectacular nacional pero critica aquella que seguía creciendo a medida que se iba popularizando dentro de una narrativa global, y esta última se enfatiza más que textos como el *Voyage of the Beagle*. Se menciona o interpreta una relación política más que una teoría; esta relación tiene que ver con la valoración de lo propio y sugiere la paradoja de cómo un extranjero supo estimar las islas ecuatorianas hace más de cien años y los ecuatorianos no pueden hacerlo hasta ahora, resaltando el concepto de "hacer país."

La importancia de refilón que otorga a la visita de Darwin alude a la publicación del *Origin of the Species* y a una narración escueta de la visita del Beagle, en la cual no se destaca el hecho de que el científico utilizara las teorías, por dar un ejemplo, de Malthus, y que cambiara las ediciones de sus otros textos para acomodar la publicación del *Origin* ...; no se diga el hecho de que la nave inglesa fuera un *survey ship*.[22] Se evidencia un cambio en cuanto a la recepción por parte de los intelectuales ecuatorianos sobre el viaje del Beagle y las observaciones escritas a posteriori; los textos citados anteriormente de Martínez, de Rendón, G. Chiriboga y Aillón, entre otros, propagaban cierto acatamiento y consideración especiales con Darwin, e intentaban combinar la presunción patriótica a la admiración que sintieran por él y a lo que el Ecuador le debía, dejando de lado cuestionamientos críticos sobre su expedición. Esta ceguera proclive a la ostentación de poseer un territorio único obligaba a transformar cualquier percepción de las islas con el fin de resaltar, a veces exclusivamente, los componentes beneficiosos, incluso si éstos fueran indeseables como la instauración de la colonia penal o las empresas seudo-esclavistas de los hacendados decimonónicos. *Galápagos a la vista* ignora la valoración extranjera, sea de quien sea, para enfocarse en la nacional.

De potencial lectura paródica, las islas que describe tienen la posibilidad de reformar a los presos y en ellas es posible hallar tesoros, sirenas, piratas, en pleno siglo XX. Su tono novelesco, así como su prosa modernista,[23] sirven para exaltar la cuestión chovinista, separándose con intención de la veta perteneciente a la historia natural decimonónica constituida por autoridades anteriores. Es consciente del contexto local durante el gobierno de Galo Plaza, quien "realizó un esfuerzo de modernización del aparato del Estado y de readecuación de la economía ecuatoriana a las condiciones de la nueva presencia imperialista que se consolidaba" (Ayala Mora 39). La presencia imperialista que menciona el historiador está relacionada con la hostilidad y la desazón hacia el Perú y con la ocupación de la isla Baltra por parte de los Estados Unidos, además de con el corolario de la doctrina Monroe que Roosevelt apoyara hasta inicios de la década del treinta con respecto a Latinoamérica, si bien en 1933 ya se hablaría de la política del Buen Vecino y el Panamericanismo. No obstante, un revelador informe estadounidense del distrito naval en Panamá, en 1942, redactado por un tal comandante Foster, habla de la "adquisición permanente de todo el archipiélago de Galápagos o al menos un área más amplia para las bases del Ejército y la Marina. Esta adquisición puede hacerse por compra o por arriendo a largo plazo (como en Guantánamo)" (citado en Latorre, *El hombre* 328).

La mención de Guantánamo funciona como una bandera roja en la discusión e inmediatamente trastorna el imaginario insular local. Este detonante crea temor y vuelve a mostrarse una fragilidad evidente sobre cualquier invasión posterior; la isla como un espacio a la deriva, desprovisto de una entidad soberana que la defienda de la apropiación por parte de otras naciones. Dentro de este contexto, era esencial que el gobierno mantuviera una población creciente en el lugar y dado que no poseía los recursos marinos ni militares resulta lógico ver como se inclinó por atraer civiles y mandar más presos. Por este motivo, el autor intenta persuadir al lector no solo de que en las Galápagos se puede vivir mejor, sino que asentarse allí sería un deber nacional. Alude al crecimiento económico que durante los años cincuenta impulsó al Ecuador—basado básicamente en la agricultura, tema reiterativo en su narrativa—y que prometía cierta estabilidad para la población que se aventurase a vivir en el archipiélago. Debía intentar convencer a los lectores sobre los potenciales beneficios de la colonización sobre los que él mismo tenía ciertas dudas porque varios intentos anteriores habían fracasado. El capítulo posterior al de Darwin está dedicado a la industrialización y afirma que las islas se ofrecen generosas a las perspectivas de mejora nacional. A continuación da un listado de factibilidad de la pesca y la fauna con capacidad para producir réditos, luego incluye fotografías de los animales y termina, paradójicamente, mencionando las distintas reuniones cumbres realizadas con el fin de preservar los recursos del territorio.

Capítulo seis

Sobre la preservación, la "presencia imperial" vuelve a ser relevante porque se difundía por el interés en la dominación geopolítica cuyo representante principal, disfrazado en comitivas diplomáticas, solía ser el gobierno estadounidense en el siglo XX, así como lo fuera el británico durante el XIX. Por otro lado, empezó el acercamiento foráneo dispuesto a imponer políticas ambientalistas que no tomaban en cuenta la realidad social del país anfitrión y que se iniciaron en el Ecuador por la presencia de ecuatorianos y extranjeros que explotaban los recursos naturales sin prever sus consecuencias a mediano y largo plazo. La inversión ocurrió en el sector turístico, de gran beneficio económico que convenientemente pasó a autodenominarse ecológico. Este desfase se impone desde el mercado, situando al estado en segundo plano, y también se encuentra presente en el siglo XXI, y es un referente obligado en cuanto al criterio de desarrollo económico que acrecienta la migración nacional hacia la provincia.

Las principales inversiones de capital para la explotación del mal llamado ecoturismo provienen de fuera, así como los turistas que mayores recursos exigen y que tienen mayor poder adquisitivo, por lo cual los réditos que se generan en las islas tienden a salir de ellas. Los habitantes locales, de origen ecuatoriano, sean continentales o insulares, poseen pocas empresas de envergadura, la mayoría de ellos trabaja para el gobierno o tiene un vínculo indirecto con él (Latorre, *El hombre* 387). Estos dependen de los extranjeros y de sus empresas como empleados y no como inversionistas; escribe Latorre: "Fue el comienzo de la era del turismo internacional [1973] que con los años iba a dominar" (386).

Galápagos a la vista preludia cierta tensión ecológica a partir de la década del cincuenta con la segunda edición, pues en ella se habla de declarar a las Galápagos parque nacional, en 1958.[24] Se habían realizado cumbres internacionales anteriormente—1924, 1931, 1937, 1947—con el fin de evaluar el ecosistema y su fragilidad, ambos exacerbados por la supuesta falta de control local y por la carencia de recursos del país para protegerlas. Aparece un ejemplo de uno de los desacuerdos sobre lo que la comunidad internacional percibía y lo que la ecuatoriana deseaba lograr. Por este motivo, el autor enumera, artículo por artículo, la ley especial de pesca vigente, recalcando que toda licencia la otorga el gobierno. A dicha ley le sigue el reglamento sobre la visita de yates de turismo y un breve recuento de la Misión Cultural del

La identidad galapaguense y ecuatoriana

Ecuador que intentó llevar maestros de escuela hacia las islas en 1938, bajo el lema "ahí está flameando el pendón nacional, ahí está el civismo" (Naveda 338). Hay proclividad a resaltar un proceso de cambio fundacional cuyas iniciativas desde el archipiélago van tomando fuerza a medida que las que vienen de fuera intentan crecer y apropiarse del espacio.

Por primera vez hay una resistencia insular desde dentro, y si bien la técnica del patriotismo hiperbólico tiene poco sustento, aquella que incluye el marco legal posee mayor fuerza porque redefine las fronteras legislativas oficiales y aquellas de orden narrativo que hasta entonces describieran a las Galápagos. Pero también porque se muestra la forma como la inherente contradicción entre las leyes naturales y aquellas que pertenecen a las sociedades chocan, en especial las que se encuentran regidas por el capitalismo y que se empezarían a manifestar después de la publicación de *Galápagos a la vista* (Grenier 56). Esta resistencia se torna evidente dado el repertorio de diversos elementos diegéticos: adicionalmente a las leyendas y poemas, consulta y cita algún registro oficial, sea éste de leyes del derecho marítimo, de la historiografía o de la historia natural, además de las fuentes primarias y de trabajo de campo. El octavo capítulo titulado "Galápagos en la Segunda Guerra Mundial" tampoco está exento de una crítica dirigida al neocolonialismo, donde Naveda hace referencia a otras islas tales como Cuba, Puerto Rico, las Islas Vírgenes, Haití y República Dominicana con respecto a la amenaza estadounidense.

Esta conexión entre islas mayores y las Galápagos, no desprovista de fuerza ilustrativa, permite develar uno de los puntos centrales que le interesa defender y el contexto de las condiciones de producción del libro. Se sugiere que la cuestión de autoridad en lo que concierne a una constitución isleña, siendo el mar Caribe uno de los mejores ejemplos, es por demás endeble y no tiene protección real, aun cuando estos territorios estuvieran habitados y constituidos como repúblicas. Los espacios insulares operan como significantes sin potestad a los cuales es factible otorgar un significado solo a través de la extensión del poder neocolonial. A través de esta conexión se puede observar que la fragilidad de la isla y la facilidad de ocupación no ocurren únicamente en el ámbito discursivo y retórico, sino también en el político y material, definido en el espacio geográfico y físico, más importante para las ansias políticas imperiales por su poca posibilidad de defensa.

Capítulo seis

El autor es consciente de que resulta imposible narrar dicho espacio del modo tradicional y propone un repertorio de registros alternativos que funcionan para cuestionar la insularidad de la narración, como se la entendiera hasta entonces. ¿Cómo narrar las islas solamente utilizando el componente científico?, ¿cómo hacerlo únicamente mediante del elemento literario? El criterio de evaluación del texto navediano de la totalidad viene a ser un razonamiento insensato y está destinado al fracaso. Más relevante es el modo como preludia el porvenir del territorio y como se refleja un cambio, y el inicio de la era global se ve matizado en ella, que hasta el siglo veintiuno compone el imaginario de las islas. Para contrarrestar y definir un curso de acción, se permite citar una serie de resoluciones hechas por el presidente, el congreso, la comunidad galapaguense, e incluso el Plan General de la Cooperativa Agrícola Industrial Ecuatoriana, en detalle.

El uso del código civil, o del penal para distanciarse de la política de destierro de los reos, o de la Cooperativa Agrícola, o de las leyes de pesca y turismo, entre otros, viene a constituir un elemento textual medular de resistencia hacia la globalización del territorio, y opera como el marco de un cuadro que impide su deterioro y resalta el contenido de la pintura, en este caso un paisaje local que el mismo autor se ha propuesto volver a pintar. Esto ocurre por la reorganización y complementación de las fronteras narrativas, y porque muestra las iniciativas elaboradas y estudiadas que sí se estaban tomando con respecto a la constitución e instauración de esta provincia como un ingrediente necesario para el país, en aras de una formación de identidad que incluyera al territorio en cuestión. El libro evidencia que la organización política y los gobiernos sí llevaron a cabo manejos administrativos importantes a pesar de la falta de recursos, y que los estaban realizando cuando él vivía allí, aunque no deja de repetir que carecieron de constancia y no fueron exitosos por distintos motivos.

Esto cobra otro viso interpretativo al momento de contrarrestar los intereses internacionales que pedían intervenir en las islas y que sustentaban, como principal punto de argumentación, la incapacidad del Ecuador para un manejo adecuado del lugar. Esta torpeza administrativa, según estos grupos de interés, operaba en el ámbito geopolítico y en el orden ambiental, y esta última cuestión vino a ser el nuevo método de entrada para establecer políticas que afectaran al lugar desde fuera. Sin duda, lo sigue siendo hasta ahora concomitantemente con el ecoturismo y los intereses económicos que ambas entidades hubieron de establecer con mayor fuerza. Vuelve la imagen manida del Ecuador indefenso, casi tanto como las especies en vías de extinción que antes poblaran las islas y que ahora solo se encuentran en pocas de ellas. El ingreso de turistas no hace más que crecer y junto con él se va creando una red enorme de intercambios y consecuencias que afectan tanto al imaginario conceptual de las Galápagos como a su territorio, a sus habitantes y al Ecuador continental, mientas que el sentimiento de "isla" empieza a perderse. A partir de la segunda mitad del siglo XX, específicamente durante las décadas de los sesenta y setenta, el archipiélago empezó a transformarse en una fuente de explotación turística y se valoró por los réditos que esta actividad habría de traer más que por la investigación científica, o por su ubicación geopolítica.[25]

El intento por refundar la narrativa galapaguense, una empresa casi perdida de antemano, sí cambia el curso de las representaciones nacionales en una medida pero tiene poco efecto en aquellas que son extranjeras. La re-composición identitaria propuesta por Naveda se convierte en una composición *real*, cuya heterogeneidad narrativa se parece a una étnica y social de los habitantes que pueblan este espacio. La prosperidad, sin embargo, no está desprovista de consecuencias y una de las principales se muestra por un salto de la representación que se resiste a verse atada a la globalización hacia una en la cual la recibe con los brazos abiertos; este es el caso del texto que se analiza a continuación, compuesto por Hugo Idrovo en 2005.

Capítulo siete

La fuerza del mercado y la perspectiva ecocrítica
Galápagos: huellas en el paraiso de Hugo Idrovo

La relación mercantil afecta la imagen insular a partir de finales del siglo XX e inicios del XXI, la cual se desata con violencia por el turismo y aparece en textos que apadrinan este sector bajo la consigna ecológica. Dichos textos operan por medio del lenguaje del mercado tejiendo una nueva relación que define a las Galápagos en la actualidad y que explica, desde múltiples perspectivas, su creciente flujo migratorio y actividad comercial. Este concepto las transforma y adhiere a ellas la importancia basada en lo que se puede observar y experimentar al visitarlas por un periodo de tiempo determinado siempre y cuando se base en una transacción comercial. Este criterio no abarca encuentros transculturales en cuanto a la idiosincrasia ecuatoriana y la foránea, y tampoco de cara a lo que Beer ("Island Bounds" 34) y Manes (15–29) consideran parentescos universales entre seres humanos y animales. ¿Qué ocurre cuando el *punctum* se desplaza desde una colectividad específica hacia el entorno que la permite sustentarse? Dice Manes:

> ... for animistic cultures, those that see the natural world as inspirited, not just people, but also animals, plants, and even "inert" entities such as stones and rivers are perceived as being articulate and at times intelligible subjects, able to communicate (...) in addition to human language, there is also the language of birds, the wind, earthworms, wolves, and waterfalls—a world of autonomous speakers whose intents one ignores at one's peril. (15)

En el siglo XXI la matriz valorativa se problematiza al mantener un flujo turístico que requiere de mayor utilización de recursos de la que el ecosistema pueda aguantar. Vuelve el espectáculo que se mencionara desde el descubrimiento potenciado por textos de enunciación distinta, si bien ahora esta idea estaría vinculada con la imagen postmoderna de la vitrina que perfecciona la reproducción de las islas para la venta de sus experiencias. A través de esta reproducción el comercio turístico disemina mundialmente las peculiaridades del archipiélago[1] y sus vías de circulación piden un registro que se acomode a la venta de la insularidad, similarmente a como Adorno planteara la cesión de la cultura a la matriz económica al referirse al lenguaje de la mercancía[2] (*Prismas* 13–14).

Galápagos: huellas en el paraíso, de Hugo Idrovo, muestra el cambio ambiental "provocado por mercancías"[3] y una de las consecuencias de la violencia textual y el modo como el significante insular da cabida a la mercantilización del espacio. El autor, promotor cultural y dirigente político, cantante de cierta fama y residente en las islas por varios años, ha publicado libros históricos sobre esta provincia además de dirigido un documental sobre la ocupación de la isla Baltra por parte de las tropas estadounidenses. Su actividad incesante así como su autopromoción condicionan la recepción de sus textos elaborados por un lenguaje vacío, de mercado. Pareciera que "el autor debe transformarse en instrumento, incluso convertirse en cosa, si no quiere sucumbir a la maldición del anacronismo en medio de un mundo reificado" (T. Adorno, *Notas* 118). Las representaciones galapaguenses del escritor guayaquileño responden a una condición en la cual su contexto y modos de difusión dejan de constreñirse a un lugar específico para posicionarse en uno de orden global. Se ve incentivado por la potencialidad de las Galápagos en cuanto a destino turístico especial: "… the island is also a paradoxical and contested space, one that represents a condensation of the tension between land and water, centre and margin, and, relative to a national perspective, between reflective insularity and an externalising globalization" (McMahon, "Encapsulated" 21).

La literatura de ventas, siempre aspirante a convertirse en global, proviene de un núcleo definido por el espectáculo debordiano que tan propiamente engloba el imaginario actual, cosechando los frutos de aquel sembrado en el siglo XIX por Darwin y sus seguidores: "Aujourd'hui laboratoire exceptionnel pour les naturalistes, les Galápagos sont confrontées aux convoitises d'un tourisme international avide de spectaculaire" (Grenier 9). La condición de aislamiento tocante a una conducta pasiva y acrítica del Ecuador vis à vis la oferta de servicios no solo corresponde a la identidad a la cual le es inherente cierto aislamiento. De allí que surja un interés particular en relación a cómo se presenta en la literatura galapaguense contemporánea dicha condición, ya no definida en torno al espectador pasivo sino también al turista, que vendría a ser un espectador activo, consumidor de experiencias, sujeto que opera también como un formador de identidad.[4] Los libros que definen a esta literatura, sin duda ejemplificada en el texto de Idrovo, se publican en ediciones de lujo y son financiados por instituciones internacionales cuyos intereses son identificables con relativa facilidad. Por ejemplo: *Huellas en el paraíso* se editó en formato quarto, tiene papel fotográfico, es de tapa dura y se vende tanto en español como en inglés. El producto final es una sinécdoque del espacio que representa, es decir una muestra que compendia la supuesta totalidad de lo que ésta promete al visitante y al consumidor. Si la isla es una *joya* para el aparato colonizador, como señala McMahon ("Encapsulated" 24), los libros de colección vienen a ser el catálogo que la ofrece a sus clientes dándola a conocer y a la vez presentando diferentes alternativas para llegar a ella. Una de estas alternativas se compone con respecto al idioma de presencia dominante pues *Huellas* reafirma el asentamiento y difusión—componente ahora más importante que nunca—de las narrativas bilingües que se introdujeron durante el siglo XVII y que ahora son una de las piezas fundamentales para materializar la expresión mercantil global.

Este tipo de textos transparenta una valoración de la provincia y no se restringe a un vehículo de transmisión específico, sino a uno en el cual la expresión visual reorganiza los atractivos de las islas, especialmente desatando la tensión entre palabra e imagen con un fin comercial. Esta es una característica propia al lenguaje mercantil y una de las vías idóneas por medio de las cuales la espectacularidad se posiciona, revelando a la vez una tendencia a la superficialidad entendida y valorada por el retorno que otorga la visita circunstancial, sin reflexionar sobre su impacto en el medio ambiente y en la identidad social que se va construyendo en el mismo lugar. Las consecuencias del turismo se manifiestan en el ecosistema, obvio, pero afectan al entorno social ecuatoriano también, fenómeno que se muestra en la ola migratoria hacia el archipiélago y los roces entre residentes y visitantes. Esta afluencia no ha parado de crecer y ha condicionado la insularidad hasta diferenciarla de la nacional más allá del componente de clase y del económico. Los

Capítulo siete

habitantes galapaguenses se identifican con un distanciamiento de exclusividad territorial frente a los continentales, desarrollando cierto orgullo "cosmopolita" por el territorio aislado más que por la nación. A las islas llegan visitantes de todo el mundo, distintas culturas, idiomas e instituciones, así como la constante atención de los medios virtuales y prensa escrita.[5]

Esto no quiere decir que dentro de las islas no existan marcadas diferencias entre sus habitantes y sus relaciones de pertenencia, pero sí que las Galápagos pasan de ser un territorio marginal en el siglo decimonono a conformar un centro, global-turístico, fuera del Ecuador, que atrae tanto a extranjeros—visitantes e investigadores pero también inversionistas—como a ecuatorianos de una diversidad de provincias. No obstante, los ecuatorianos no solamente se ven cebados por la favorable situación financiera, sino también por la imagen seductora del lugar que tal vez siempre han deseado conocer a pesar de la dificultad debida a los costos de viaje y alojamiento.[6]

Este centro de significados potenciales se restituye pero es esencialmente imaginario, edificado por medio de narrativas que no dejan de ser construcciones viciadas por el marketing y el mito del origen, distorsionado en cuanto a como lo concibiera Darwin. Este es uno de los motivos por los cuales se crea una identidad diferenciada por la construcción textual, proclive a favorecer las leyes del mercado y no a contribuir con el establecimiento de una identidad nacional identificable, asumiendo que exista, cualquiera que sea. El territorio se vuelve incómodo para el propio país dada la inestabilidad del imaginario y sus influencias, y por lo que se puede verificar en él en cuanto a la existencia de múltiples colectividades que no necesariamente sienten empatía con la nación. No es casual que *Huellas* intente establecer una dialéctica histórica entre el Ecuador continental y las islas, con el fin de anexarlas apaciblemente a la idea nacional. El autor tal vez no sea consciente de que la filiación supone un capital más comercial que identitario; su libro es un recuento de una historia muy sencilla de las Galápagos, desprovista de cualquier problemática social en torno al presidio, o global en torno a la apropiación universal del espacio por otros países desde el capítulo de Berlanga hasta el último, llamado "El dominio del presente." En el prefacio, el autor simplifica la interpretación del estado actual de las islas por medio del ajado concepto del infierno-paraíso;[7] lo cual sirve para

La fuerza del mercado

entender cómo es posible reducir el problema entre los locales en dos posturas que no toman en cuenta el aparato colonial, la fundación del estado-nación, el imaginario identitario, la maquinaria de la mercadotecnia y todo el aparato crítico que éstos deberían desatar, sin mencionar el capital cultural o su inserción en la literatura mundial.

En este libro se da a entender que existe una ilusión de independencia económica frente al país y al mundo que los habitantes del archipiélago dan por sentada. Debido a ella, se crea una trayectoria retórico-mercantil, y ambiental, que proviene de ciertos grupos de interés con el concepto universal tocante a *la isla* establecido a priori. *Huellas* ignora el aparato de actores heterogéneo, desde la sociedad civil hasta grupos considerados minoritarios, pasando por administraciones municipales, provinciales y nacionales:

> Countries of Latin America now account for nearly 15 percent of global coverage of protected areas. Governance of environmental conservation has included civil society groups, ranging from nongovernmental organizations (…), indigenous groups and federations, communities, and political networks (…), as well as state agencies from municipal to national levels, international organizations, and multilateral lenders. At the same time, increased scientific, technological, and legal capacities have been designed to support the protected areas and thereby promote environmental conservation. (Zimmerer 83)

Al olvidar a estos actores, Idrovo apoya la noción capitalista que abarca todos los potenciales discursos sobre las Galápagos. La isla se aprisiona en sí misma dentro de una relación en la cual cualquier diferencia, si la hubiera, se define por la dimensión de los réditos: un criterio tan potente que desdibuja o desenfoca cualquier otro. Debido a que el archipiélago es pequeño, y a la condensación de su significado, hay un mayor intercambio entre los distintos grupos de "la noción capitalista" que mencionan Hurrell y Kingsbury (citados en Grenier 15-16), lo cual propende a generar una urgencia de discusiones o narrativas sobre el futuro del lugar, su imagen en el extranjero y una identidad vinculada al capital social.[8] La pequeñez del espacio permite que la discusión no desborde hacia la generalidad y hacia la inacción total, de modo que "may become a necessary and immovable point along the line of vision within the organising perspective and ideology of globalised relations" (McMahon, "Encapsulated" 23). La isla, como tal, viene a ser uno de los núcleos generadores de la cuestión ecocrítica de globalización que se va gestando continuamente a partir de la narrativa que la compone y aquella que le permite auto-generarse. Esta generación desencadena una peculiaridad dado que en la supuesta marginalidad de la insularidad vendrían a darse los elementos coyunturales precisos para la creación de discusiones sustanciales de un pensamiento ecológico y mercantil integral, a pesar de que estas discusiones tiendan a evitarse por los actores que se benefician del *statu quo*.

McMahon plantea una relación de tamaño simbólico en cuanto a la isla y a lo que representa con respecto a otros lugares de mayor envergadura: "the particular way the island miniature lays claim to comprehending this enormousness is elucidated by Leibniz's formulation of the *monad*" ("Gilded Cage" 192). Es llamativo porque Grenier sugiere, por otro lado, que las Galápagos son un espacio abierto (en francés: "espace ouvert"), dada la accesibilidad diferencial entre los países interesados en las islas y el Ecuador: "inégale maitrise des moyens de transport qu'ont les acteurs qu'il intéresse" (62). Esto causa, según él, que cualquier esfuerzo estatal se debilite al estar tan separado, geográficamente, del continente.[9] Esto no ocurre solo por el transporte subsidiado, por dar un ejemplo—resulta tal vez más fácil ir a las Galápagos para un extranjero que para un ecuatoriano que viva en el continente, a pesar de que los precios son menores para este último por una tarifa diferenciada—, sino también por el poder de las empresas que crean, o *abren*, el espacio para otras que están por venir por simple ley de mercado libre.

Si bien es verdad que la dificultad de acceso tuvo consecuencias con respecto a la administración del archipiélago, en especial a inicios del siglo XX, que es la época a la que alude Grenier, se debe notar que la presencia estatal en el lugar va de la mano con la dificultad de asentamiento. Esta postura otorga mayor importancia a los visitantes que a las islas por sí mismas y sus colonos residentes, dando la ilusión de que sin medios de transporte turísticos con el continente las Galápagos no podrían funcionar. Este énfasis en el espacio abierto jerarquiza arbitrariamente al componente insular, pero aquel que equipara a la isla con la mónada sugiere conexiones mayores que se aproximan a una definición postmoderna del imaginario del archipiélago. En su acepción básica, a decir de Leibniz, viene a ser cada "sustancia indivisible," pero diferente, que crea el universo. Este concepto funciona a nivel teórico pero parece poco adecuado para comprender la realidad social ecuatoriana y el porqué del entusiasmo colectivo al notar los réditos que las Galápagos pueden dar al país. La contraposición entre el espacio abierto y la mónada no deja de ser una cuestión de redundancia de la polarización de perspectiva—que ocurre también entre los conservacionistas y aquellos que no se adhieren a su discurso—, y se puede interpretar como una consecuencia de la dicotomía infierno-paraíso que se estableciera en el discurso occidental desde el siglo XVI y que Idrovo vuelve a retomar.[10]

Este tema reaparece para aludir a un criterio de apreciación cuya vigencia se transparenta cada vez más en la actualidad. Este maniqueísmo surge desde el enfoque ecocrítico para intentar entender algo que solo admite extremos, pero que no presenta soluciones más allá del ademán retórico de arrimarse a uno u otro bando, cualquiera de ellos poseedor de nociones excluyentes, en las cuales prima la ceguera ideológica.[11] Uno de los efectos de este fenómeno es que desde la isla se presentan discusiones fértiles en cuanto a la globalización insular, sea a favor o en contra del desarrollo sustentable o la preservación a rajatabla. A partir de allí se vislumbra un posicionamiento del discurso que pretende incluir al territorio en la argumentación generada desde él mismo, y ya no desde fuera única y necesariamente. Este discurso funciona como génesis de políticas públicas y de cuestiones galapaguenses que intentan responder a las necesidades de los grupos de interés dominantes; precisamente el tema que Idrovo evita y su postulación permite entender la conformidad del grupo social al que pertenece.

Resulta transcendental reorganizar una base administrativa multifacética porque muchos de sus actores no tienen espacio en la narrativa propuesta por Idrovo. Por un lado el autor se queja de la población extranjera por obtener beneficios de lo que les pertenece a los galapaguenses, pero por otro él mismo depende de sus métodos de comercialización y vías de promoción.[12] Zimmerer escribe "In addition to nature protection per se, political and economic functions of conservation areas in these countries have ranged from legal, territorial, and business based (e.g., tourism) to serving as important discursive foundations of national sustainability efforts and as a way of thinking in popular media and increasingly in the personal subjectivities of citizens" (85).

Capítulo siete

La confrontación entre los pobladores de "dentro" y aquellos de "fuera" se siente verdaderamente en el lugar, pero enfatizar con insistencia desde el victimismo la mayor valía de los primeros desdeña indiscriminadamente a actores que sí poseen una preocupación ambiental o social verdaderas. Los grupos de interés conservacionistas suelen articularse a partir de organizaciones internacionales que, para bien y para mal, desatan una resistencia creada de estructuras transnacionales intentando combatir "the growing dominance of neoliberal policies and a new wave of globalization in the 1990s, exemplified in the World Trade Organization, led to increasing resistance by environmental justice movements in emerging nations and complex new forms of cross-scale partnership, such as the World Social Forum and the Via Campesina, sites of ongoing contestation of global development paradigms under U.S. hegemony" (Deere y Royce, citado en Schmink y Jouve-Martín 6). El origen surge nuevamente como criterio de evaluación del imaginario galapaguense, aunque esta vez responda más a una negociación y preocupación práctica sobre el devenir del archipiélago.

Edmond y Smith proponen reintegrar a *la isla* en la discusión postcolonial con el fin de compensar por la alienación a la que fuera sometida desde el inicio de las narraciones occidentales:

> Both suggest a different kind of relation between island and sea, refuting the idea of islands as isolated outcrops of meaning in an immense oceanic void. Instead, they offer a culturally specific sense of the contiguity of island and sea, of blurred margins rather than structured oppositions, and in doing so they open up ways of reintegrating islands back into history from which they have frequently been excluded. (*Islands in History* 2)

Esta noción daría a entender que el proceso global, no solo en las Galápagos, es inevitable e imposible de repeler, a la vez que propone borrar las fronteras maniqueas. Estas fronteras serían un referente del cual se sujeta un enfoque *opuesto* al inclusivo-exclusivo, tomando en cuenta más los matices del proceso que los resultados: "Islands, then, can perform as images of both separation and connection. This dialectic of boundedness and connection allows islands to be related more readily to the human psyche than other geographical configurations" (Edmond y

Smith, *Islands in History* 4). La conexión o aislamiento del imaginario no son factores "reales," sino impuestos en su gran mayoría por los textos que pretenden borrar la primera y reafirmar la segunda propuesta, o viceversa, dependiendo de una conveniencia coyuntural. Por ejemplo, los mismos habitantes galapaguenses exigen independencia estatal y descentralización para el establecimiento de políticas locales, mientras que desean aliviar sus preocupaciones utilizando grupos de interés internacionales que deben, y quieren, canalizar sus esfuerzos a través del Estado para mantener legalidad internacional y popularidad en el país.

El concepto de isla no siempre funciona como una metáfora de separación y vinculación como plantea Edmond, principalmente si se lo compara con territorios de biota especial. Dichos lugares, por ejemplo zonas selváticas del Ecuador como el Yasuní, poseen características asociativas similares: sitios importantes cuando se discute tal o cual política de conservación, pero nunca medulares en cuanto a un nexo del imaginario nacional. ¿Cómo negociar esta significación paradojal? Al visualizar este imaginario nacional y dar énfasis a la fragilidad del territorio versus una instancia en la cual se puedan crear políticas de protección, o desarrollo sustentable, se crea cierta condición de inestabilidad. Esta condición proviene de la falta de consenso entre intereses extranjeros y nacionales, y entre sujetos locales de una misma procedencia que posee objetivos distintos, precisamente por la heterogeneidad del territorio. La inestabilidad contribuye a borrar el nexo de las islas con el continente y a complicar el proceso de unión estatal y nacional, que nunca llegó a plasmarse del todo y que, dada la dificultad de organización para proponer vías alternas, es proclive a escindirlas más aún de su referente político. Se crea la ilusión de que el único eje conector entre estas diversas capas es aquel del beneficio económico. Esto explica el poco cuestionamiento del libro de Idrovo, quien es consciente del desequilibrio y propone una concertación defendida desde lo mercantil.

Esta inestabilidad, en palabras de Michael Handelsman, posee representatividad en cuanto a la época global en el Ecuador: un caso de estudio particular puesto que se trata de un país dolarizado, que se ubica en el centro del continente geográficamente pero que funciona desde la "periferia" (52). A pesar de su acierto en cuanto al posicionamiento y condiciones del país, la tesis de Handelsman no incluye a las Galápagos, uno de los espacios de mayor ejemplaridad, donde se muestran la resistencia o el apropiamiento por parte de la élite cultural de la violencia de la globalidad mediática, turística y comercial. Las islas son un componente único dentro de un Ecuador que es "altamente representativo del continente" debido a su "carácter paradigmático (…), especialmente, en lo que respecta a la cultura como un campo artístico literario fértil en reflexiones y búsquedas de una identidad nacional elusiva y truncada por varios siglos de colonialismo y colonialidad" (Handelsman 9).

Uno de los criterios para la discusión de cara a la interpretación de la globalización desde la mitad del mundo tiene que ver con el modo de reacción de los artistas ecuatorianos ante la amenaza global. Desde este enfoque, es interesante observar como Idrovo parece no tener conflicto con el mercado: *Huellas* retoma y adapta el lenguaje mercantil en un proceso de asimilación que se hace evidente con la multiplicidad de registros imagen-texto, no se diga el punto de vista acrítico y cierta vaciedad de contenido, si bien la figura del autor se muestra como una autoridad en el tema. Por dar un ejemplo, incluye una serie de ilustraciones y fotografías entre las cuales destaca, según el autor, un mapa de *Las Encantadas* "pintado" por Herman Melville (Idrovo, *Huellas* 14). En otro pie de foto, en la página treinta y cuatro, escribe: "La cacería del gigante de los mares, tal como lo vio y pintó Herman Melville en Las Encantadas" [sic]. Tanto la ilustración del mapa, como la de la cacería de la ballena, que el autor atribuye al escritor norteamericano, fueron hechas por el artista estadounidense Mallette Dean (1907–75) para una edición especial de *The Encantadas,* costeada por William Wreden en 1940. Además de aseverar que Melville las pintó el autor también asegura que *The Encantadas* fue una novela y no una colección de cuentos.

Confundir a los autores muestra no solo carencia de rigor investigativo, sino también y sobre todo, cómo la representación global se define más por el atractivo espectacular. Dicho de otro modo, más importante es el efecto, el impacto que esta enunciación errónea pueda crear que su significación, atada al lenguaje de vitrina del turismo. Se instaura una primera e unívoca lectura tanto del paisaje como de la historia y de los textos que los componen, y no se profundiza o cuestiona nada fuera de ella. El error es mayor en lo que concierne a un libro de colección, de gran tiraje y edición bilingüe, que circulará también en el extranjero y cuya edición fue financiada por el Banco Internacional del Ecuador. Este fenómeno evidencia una desarticulación de consecuencias inciertas a posteriori, particularmente si se considera la dimensión y la presencia del autor de *Moby-Dick* en el canon literario.

Tal presentación de *The Encantadas* vincula a Galápagos de forma tangencial con el autor de "Bartleby," lo cual fomenta una mirada efímera en cuanto a la interpretación del texto melvilleano en sí, para desplazar la importancia desde el texto mismo hacia la ilustración que supuestamente se desprende de él. Dicho de otro modo, se reproduce una lectura de *The Encantadas* que no es del autor, sino de un ilustrador que no se cita, y no se alude a la colección de relatos, sino a una supuesta novela que Melville escribiera sobre las islas, dando cuenta de que la autoridad del escritor es suficiente para escribir estupideces y no ser cuestionado. Estos descuidos resaltan el *efecto* del enunciado y su inmediatez, y calzan con la naturaleza del autor, pero no llegan a ser tan flexibles para permitirse el trocar las obras de un autor por las de otro.

Por dar otros dos ejemplos vale la pena mencionar que la carta de descubrimiento de Berlanga que se reproduce en *Huellas en el paraíso* no especifica su criterio de edición. Volviendo al pasaje mencionado en el primer capítulo, el autor simplemente reescribe "*pensamos* que eran piedras de diamantes" en vez del correcto "*pisamos* piedras" (Idrovo, *Huellas* 16). Así como en la página veintiséis incluye un grabado de tropas españolas matando lobos marinos e indígenas nativos, que retratan algo que nunca llegó a ocurrir en las Galápagos. Este grabado presenta una imagen, según Idrovo, mimética en cuanto a la ocupación del continente americano, pero muy alejada de la verdad en cuanto a la de las islas. Como se sabe, el asentamiento en ellas fue particular precisamente porque estaban deshabitadas, y las invasiones extranjeras ocurrieron por medio de naciones anglosajonas, bucaneros y piratas no definidas por confrontación indígena alguna, ya bien entrado el siglo XVIII. El grabado, atribuido a un autor anónimo, se encuentra en línea similar a aquellos pintados por Théodore De Bry que se prestan para introducir la visión monstruosa de América.

En vista de que el contenido es dudoso el texto se diluye en tanto componente diegético, para dar paso a entender y valorar al libro como objeto. El objeto sirve como muestra de promoción de las islas o como un "principle around which the surrounding system seems to cohere" (Derrida, citado en

Capítulo siete

McMahon, "Encapsulated" 22). Desde este punto de vista funciona como una sinécdoque pero también como una ventana por medio de la cual se otorga una breve entrada al potencial visitante, así como una fuente de creación del lugar amoldada por la retórica de ventas. La re-creación de las islas esta vez posee un concepto similar al que definiera Deleuze, pero dicha recreación, que en los textos de Sarmiento de Gamboa o de Melville fuera dependiente de la ficción y en los de Bilbao o Darwin fuera dependiente de la historia política o de las ciencias naturales, ahora emerge bajo la reificación. Una de las características de este producto viene a ser un catálogo de lo que ofrece el territorio insular a sus visitantes; es decir la historia del lugar mezclada con fotos y representaciones de paisajes y animales extraordinarios a los cuales es posible acceder. Da la impresión de que la técnica es similar a aquella utilizada por los escritores de viaje del siglo XIX en cuanto a la utilidad de las zonas descritas para viajeros e inversionistas posteriores. Esta reificación, entendida como una transformación cuyo objetivo final es la venta de la experiencia, con el fin de impulsar la prosperidad de un grupo selecto de agentes, se ofrece como un acto presencial inolvidable.[13]

La banalidad de la experiencia al leer a Idrovo crea un imaginario galapaguense moldeado por el turismo por la cantidad de entidades que se necesitan para regularlo o apadrinarlo. Lo que en un comienzo fuera una aventura exclusiva poco a poco, para ciertas élites, se ha ido transformando en una visita trivial e insignificante, y para muchos de ellos carente del aura mágica que debiera prometer.[14] La supuesta trivialidad del territorio no deja de ser otro constructo que motiva a que se acentúen los esfuerzos por promocionar las islas cada vez más, de distintos modos, con el fin de combatirlo. Las agencias turísticas intentan renovar la lista de atractivos o el modo de presenciar el archipiélago para variar y desmentir la presunta insignificancia, a tal punto que no es necesario bajarse del barco para sentir la experiencia de la tortuga. Mucho del turismo de élite de mayores recursos contrata tours que poseen barcos de gran comodidad, que no requieren que los turistas pisen los pueblos del archipiélago ni entren en contacto con los locales, algo deseable para cumplir la promesa de la isla desierta. Desde este enfoque lo presencial y la vitrina textual de *Huellas* se conjugan perfectamente para gestar el fenómeno de la visita, y va dejando de lado dos aspectos importantes de valoración inicial. El

La fuerza del mercado

primero es aquel que pertenece a la investigación científica: puesto que el interés principal está en el turismo, la mayor cantidad de recursos se destina a desarrollar esta rama de producción, dejando de lado los recursos necesarios para cualquier avance investigativo aunque haya aun un discurso que lo sustente. Un investigador que trabajó en la Fundación Darwin, entrevistado por Grenier, comenta: "On passe son temps, ici, à remplir des formulaires pour obtenir n'importe quoi, de l'essence pour le véhicule tout-terrain, du papier, de la main d'œuvre, etc. Je me suis constamment senti employé en dessous de mes capacités (…) j'ai passé 70% de mon temps à résoudre des problèmes administratifs, et le reste dans des questions de science appliquée, et je n'ai rien publié" (110–11).

Menor importancia a la investigación científica parece indicar que la noción del laboratorio va perdiendo poder frente a la regularización del mercado, y como éste mantiene una presencia constante que se manifiesta en todos los niveles, borrando imaginarios alternos. El laboratorio, que en un inicio fuera puro, poseedor de especímenes únicos, se va desvaneciendo a medida que el comercio va avanzando con fuerza desmesurada. Esto quiere decir que los estudios científicos no se presentan como un componente necesario al momento de especificar sobre las islas. Puesto que regiones de estudio similares no existen en otros países, una sobreexplotación científica también acarrea una pérdida de interés, por un lado, y una concientización sobre su impacto, por otro. Algunas fundaciones constituidas para estudiar los impactos de estudios de investigación, por lo general, recaudan mayores cantidades de dinero que las instituciones estatales en menor tiempo, evidenciando así la fuerza de la matriz clientelar en cuanto a la definición del imaginario insular. No obstante, su conexión real con la sociedad e identidad galapaguense siempre es menor que aquella que el estado fomenta, en parte porque la mayoría de sus administradores no deja de ser extranjera (Grenier 112). Lo opuesto ocurre con las entidades estatales y se va creando, como consecuencia, cierta resistencia por parte de los habitantes locales.[15] *Huellas* evita estos temas, no menciona estudio científico alguno y se limita a resumir hechos historiográficos, anécdotas populares y problemas mundanos y evidentes de la comunidad.

En estas menudencias radica su valor. Algo que captura de modo satisfactorio es cierta desazón e incertidumbre de los habitantes del lugar, así como de los sujetos que poseen intereses pedestres en él,

Capítulo siete

con detalles y ejemplos específicos de gente que el autor conoce y que da una u otra opinión sobre temas actuales. Existe una preocupación constante por el devenir y por las consecuencias del mal manejo de las islas. Desde este enfoque la imagen de la "huella" entendida como consecuencia de la pisada que el movimiento antropocéntrico, tanto extranjero como nacional, hubiera de dejar a lo largo del siglo XX. Cabe recalcar que la "elusiva y por demás indefinible" identidad nacional y galapaguense, resulta ser un concepto molestoso y de reiterada búsqueda en un sinnúmero de autores ecuatorianos: Ospina, Naveda, Latorre, y el mismo Idrovo no se cansan de citar leyendas, estadísticas o presentar reflexiones para intentar establecer un folclor acaso uniforme con el que se busca una empatía nacional, así como algún patrón societario que se pueda interpretar a conveniencia para explicar lo que ocurre en las Galápagos. Las leyendas galapaguenses, tantas y tan variadas como las de cualquier otro territorio latinoamericano, pueden leerse casi como una modificación o ramificación más de ciertos cuentos fundacionales, y poco aportan en aras de conformar un pasado común singular y monolítico, por demás inexistente.

Tal interpretación de identidades no existe desde el punto de vista tradicional, sino que está en constante movimiento. En esta característica se encuentra un valor indeterminado que produce el ver a la propia heterogeneidad como la única identidad insular.[16] Si bien el sentimiento de diferencia, acuñado por Ospina, entre locales y continentales ecuatorianos, conlleva una serie de problemas de adaptación, inclusión y exclusión, también presenta una saludable intransigencia de cara a la uniformidad impostada e ilusoria de lo que sería ser ecuatoriano. Esta uniformidad se pretende imponer vis à vis la colonización y la residencia de los habitantes en Galápagos. Uno de los fines de la homogeneización falaz, en cuanto a un pasado común entre la población que nunca ocurrió, intenta adecuar un debate unívoco para implementar políticas estatales o negociar con mayor facilidad su ejecución. El sentimiento diferenciado resalta las discrepancias de identidad y no las semejanzas y, por tanto, inquieta y desentona, cuestionando el principio mismo de los rasgos propios de la colectividad nacional.

Este debate es imprescindible para poder tomar en cuenta los agentes que en el Ecuador continental poseen poca participación en el ámbito político, pero que en las islas mantienen mayor presencia, cuestionando un discurso o postura rígidos que se hubieran de importar desde el continente hacia la provincia insular. No se trata de remplazar un discurso identitario o político unívoco por otro, sino de cuestionar la idea misma de sentimiento unificado de identidad, dando la bienvenida a la pluriculturalidad con sujetos históricamente excluidos del discurso dominante. Esto se muestra en la oposición entre grupos distinguidos de la población nacional y una más "cosmopolita" que vive en el archipiélago. De la primera dos ejemplos importantes son la comunidad indígena salasaca, de la provincia de Tungurahua, cada vez más creciente que permanece en condición irregular en el territorio, y aquella compuesta por afroecuatorianos de la provincia de Esmeraldas; ambas comunidades, en el continente, no poseen ni por asomo la representatividad de clase que ostentan en las Galápagos. Si algo tiene de interesante la mercantilización del archipiélago, por demás fértil en un ámbito aparentemente aislado, es que permite, al menos momentáneamente, la expresión por parte de las consideradas minorías históricas del Ecuador, tomando la heterogeneidad como punto de partida. Estas minorías han adquirido cierto capital cultural, adquisitivo y político para expresar sus intereses; si bien dichos intereses se pueden evaluar desde un punto de vista mercantil, enceguecedor, en cuanto a otros componentes y sus consecuencias a posteriori.

La pregunta debería desplazarse, en vez de centrarse en cuál viene a ser el sentimiento de diferencia insular, o en develar su innegable existencia, más conveniente sería preguntarse cómo esa diferencia puede deshacer el sistema binario de identidad insular contra aquel establecido por la identidad continental: lo que se suele llamar *colonos* versus *visitantes*. Las islas cuestionan el binario a cada momento y no lo corroboran, basta con ver a los individuos que las componen en las esferas centrales y marginales, sean éstas estatales o privadas. La identidad híbrida, desde el punto de vista de la cultura extranjera, por lo menos, viene a ocupar un espacio importante y a operar como una entidad con proyección hacia el cosmopolitismo del lugar. El mestizaje de identidades es saludable aunque: "… for many scholars *Creole* continues to imply people without history, located in a geopolitical space that conjures up a *tabula rasa* or the utopias associated with desert islands" (Lionnet 26, cursiva en el original). Esta cita muestra cierta perspectiva por medio de la cual el discurso dominante se construye. El problema es que la población está, o estuvo, siempre mutando y por tanto no comparte un pasado, cultura o raza comunes que se puedan definir bajo los parámetros nacionales tradicionales. Por otro lado, la referencia a la utopía que hace Lionnet es la alegoría evidente al paraíso que aparece en *Huellas*. Lo *Creole*, entendido en los estudios anglosajones como "métissage, mestizaje, hybridity" (24), sería tal vez una de las identidades diferenciadas que vendrían a representar de algún modo relativamente satisfactorio el proceso galapaguense actual, pero siempre entendido como una forma de resistencia. Una de las diferencias se relaciona con la ausencia del factor antropocéntrico hasta bien entrado el siglo XX. Desde este matiz los textos de literatura colonial y de literatura de viaje ejemplifican de un modo conceptual el mestizaje contra-puesto al sistema maniqueo de valorar el archipiélago. El texto paradigmático que viene a representar una hibridez narrativa en el siglo XX sería el de Bolívar Naveda, aunque *El pirata del Guayas* podría también tolerar tal lectura.

Si bien el libro mimetiza con alguna fidelidad cierta problematización de la comunidad local de habitantes, cuestiona débilmente o en casi nada a las empresas extranjeras, o al estado y a su participación con respecto al deterioro y la situación actual de la provincia. Se transparenta una apatía cómplice, asentada y fomentada desde un modo de vida "mejor" en cuanto a las oportunidades que el Ecuador continental no ofrece versus aquellas que el archipiélago sí brinda a sus pobladores. El mismo autor, quien ostenta un cargo público de importancia, mantiene un programa radial y funciona como un sujeto actante en cuanto al debate insular, pertenecería de manera ejemplar a esta élite. No sorprende que reproche a los lugareños que mantienen un discurso crítico, y que evite hablar de las empresas turísticas, el aparato comercial y el Estado. Al hablar de la cantidad de habitantes cada vez mayor su preocupación parece desviarse hacia lo que, en su opinión, es algo valioso para el futuro de la provincia con relación a los jóvenes: "Ventajosamente, a mediados de los años noventa se abrieron a una práctica atlética que equilibró la balanza, y es la esencia misma de la comunión del hombre y la creación: el surfing" (Idrovo, *Huellas* 248). Que Idrovo postule una tendencia a este deporte como una ventaja—uno de muchos ejemplos de una mirada superficial—, o que se dedique a narrar anécdotas sobre como la señal televisiva peruana hubiera de influenciar sobre la relación

La fuerza del mercado

política del continente con las islas, muestra su poca formación y una apatía política creada en parte por la comodidad que la reificación ha ido labrando desde fines del siglo pasado.

Esta postura se refuerza por la importancia de la imagen turística por encima del texto narrado, imagen en la cual prima el incentivo al viaje y la exploración bajo la lente ecológica, entendida como parque de atracciones y presentada románticamente. En cuanto a las imágenes que retratan la biota de las Galápagos resulta edificante ver cómo operan las que se usan en publicaciones periódicas y en libros de colección o turismo:

> El 98% de las imágenes censadas representa la naturaleza y el 2% incluye seres humanos (turistas que aparecen en la foto). Esto hace creer que las Galápagos están deshabitadas y se crea una representación por la cual los humanos serían personas venidas a visitar las islas enteramente consagradas a la protección de la naturaleza. La gran mayoría de las fotos (71%) refiere a la fauna, la flora y los paisajes marinos y litorales. El interior solo representa el 27% de las tomas. (Grenier, citado en Ospina 42)

Grenier propone que las fotografías muestran un recorrido similar a aquel que ofrecen los tours adquiridos por los visitantes. El libro de Idrovo se ciñe a esta estrategia desde un punto de vista doble, con un discurso dirigido a lectores nacionales y otro a los extranjeros, dando a entender que su mirada difiere y es de mayor autoridad por su cargo y ubicación local. Si bien la mirada del autor en realidad diverge de la que un habitante del continente pudiera tener, su interpretación no deja de ser frívola, envuelta en un paquete que siempre intenta vender. En contraposición, a lo mejor no frontal pero divergente, la mirada que libros como *Huellas* poseen del archipiélago carece de lo que, en el actual debate ecocrítico latinoamericano, se entiende por "ciudadanía ambiental" (*environmental citizenship*).[17] Este concepto, de uso renovado y ciertamente acuñado con especificidad, alude a la identidad: "The growth of the identity dimension has led to an increasing attention to the discursive and performative contexts in which citizenship is represented and contested; these contexts are the sites of the cultural constitution of citizenship" (Orlove, Taddeir, Podestá y Broad 118). La relevancia de la ciudadanía ambiental en el caso de las Galápagos se define por cómo el territorio bajo la administración actual, y su contexto, restauran la identidad dominante. Al reinstaurarla, o intentar redefinirla, los parámetros entendidos en la teoría por lo menos deberían comprender "environmental issues in which individuals engage as members of political collectivities, rather than economic, social, cultural, or religious collectivities" (119).

El concepto de ciudadanía ambiental propone una vía que pretende remover una estasis reinante en cuanto a la apatía y a la comodidad que la prosperidad comercial ha tejido, con bastante éxito, en el archipiélago. Es iluso anhelar que solamente el factor político puede actuar en favor o en detrimento de la problemática ambiental; precisamente el mejor ejemplo de una resistencia de orden cultural a la globalización galapaguense se puede encontrar ya, por dar un ejemplo, en el poeta cuencano Efraín Jara Idrovo, quien vivió en las islas por un tiempo considerable. Sus poemas compuestos allí, en la década del sesenta, se prestan para una lectura que devela un "escenario cósmico" (Vintimilla 8) en el cual la armonía proviene de un paisaje que solo la poesía es capaz de descifrar. El paisaje en este autor no es americano, en el sentido identitario de la palabra que retrataban los poetas ecuatorianos de su generación, sino un paisaje universal cuya ventana principal son las Galápagos. No únicamente el componente político podría dialogar con la colectividad, sino también aquel que pertenece a la élite cultural. La poesía de Jara Idrovo presenta una alternativa para narrar las islas desde una subjetividad que no es sentimental, pero tampoco pragmática en relación a la identidad ni a los avatares del mercado, y que no ostenta beneficio a posteriori. Se transparenta en ella una veta existencial que se encuentra despojada de la cotidianeidad local que se intenta presentar en *Huellas en el paraíso*, la cual, en vez de presentar problemas que aquejan al territorio, oculta muchos de ellos con una retórica efectista y con poco sentido crítico.

Conclusión

Dentro de las posibles formas de complementar el estudio habría que proponer una lectura de Herman Melville desprovista de sus correspondencias con aquello que se entiende por americanidad, y con la especificidad de su obra de cara a la novela fundacional americana. Si *Moby-Dick* es uno de sus textos inaugurales, ¿cómo establecer una conexión entre este tipo de obra y aquellas compuestas en América Latina que tienen ambiciones semejantes? En especial en lo tocante a la autonomía del espacio y su creación, supuestamente, emancipada de Europa. ¿Es factible pensar que las Galápagos, como espacio y como texto, pueden operar como un vínculo para abrir el diálogo hacia la conformación de una americanidad similar? Dicho de otro modo, el espacio insular, ¿puede leerse como una resistencia hacia la conformidad estructural europea y pasar a formar una especie de entelequia con la estadounidense?

La representación evanescente de la retórica de viajes se permea hacia otros campos, entre ellos el legislativo. Es factible conjeturar que la inestabilidad de las narrativas que retratan las islas se repite al momento de establecer un marco legal y se hace difícil conjugar legislaciones globales con las impuestas a beneficio de los pobladores locales. La teoría desprovista de un trabajo de campo *in situ* vendría a ser un limitante de toda investigación narrativa; la importancia de una interpretación de las islas que solamente puede proporcionar el desplazamiento del sujeto de enunciación hacia ellas parece imposible de obviar. Pero si a partir de la visita al lugar se puede proponer una mirada más, a partir de análisis sociales que tomen en cuenta el componente demográfico, por dar un ejemplo, o el geográfico, por dar otro, se podrían proponer otras áreas de investigación. Dado que uno de los ejes principales del proyecto

Conclusión

intenta rastrear los inicios de la retórica de una literatura de viajes pertinente a la construcción del espacio, otras disciplinas seguro pudieran enriquecerlo.

Al hablar de representaciones de paisaje, espacio, naturaleza, es obligatorio centrarse en la interpretación de las imágenes, lenguaje que desde el siglo XIX ya tiene fuerte presencia, no se diga en la actualidad. Sería provechoso incluir un corpus visual cuyo criterio de selección se ciña a la reconstrucción y refundación del mito identitario, además de la enorme manifestación comercial que interviene en la actualidad en las Galápagos. ¿Cómo afecta al imaginario el cambio del lenguaje verbal al visual? ¿Acaso las imágenes se superponen al discurso literario, creando un texto nuevo que da la ilusión de una representación "moderna" ya instalada en el Ecuador? O ¿las representaciones visuales pueden interpretarse como un ente separado de sus precursoras verbales?

Es difícil evaluar las implicaciones de un análisis cuyo espacio de estudio se regenera constantemente. Las Galápagos han desencadenado una fertilidad narrativa, convertida ya en *topoi* tanto al momento de esbozar una idea reafirmadora de la modernidad de cara al creacionismo darwiniano, como también en la época actual en cuanto a la fragilidad del ecosistema. Pero también las islas se han constituido históricamente como un espacio inagotable para la ficción, a menudo más atractivo para autores extranjeros que para ecuatorianos.[1] Si algo tiene de interesante la lectura y escritura del archipiélago es la forma conceptual como ejemplifica que la retórica, y todo el campo semántico de poder que gravita a su alrededor, así como su recepción y contexto, pueden llegar a tener más peso que el referente. La composición de estos discursos tiene un fin identificable con relativa facilidad, y al desplazar el énfasis desde el lugar, y sus habitantes, hacia el concepto de su representación, siendo este lugar un espacio incómodo para lo *real*, se puede entablar un diálogo teórico del porqué de la configuración de una zona crucial que no ha sido estudiada exhaustivamente desde la literatura. Dicho diálogo no fluye hacia una condición satisfactoria de resolución, que se cuestiona desde la inmanencia misma de la constitución de las islas. Las Galápagos, por tanto, no serían un *lugar*, sino un *espacio*, como planteara De Certeau, en el que se da una fluidez de desplazamientos donde "intervienen los vectores de dirección, velocidad y tiempo, por lo tanto carece de univocidad y de estabilidad" (Colombi 297).

Conclusión

La diferenciación entre la impostada estabilidad o su ausencia, tanto en el nivel del imaginario como en el de la identidad política, está asociada a varios de los niveles discursivos que subyacen al discurso hegemónico dominante. Dichos niveles no siempre entran en conflicto con la hegemonía pero sí pueden mostrar cierta resistencia a ella, además de evidenciar tendencias divergentes—especialmente en el siglo XXI—a la interpretación de un conjunto de islas que se renuevan al momento de narrarse y de visitarse. Los textos pasan a recrear una idea de mayor importancia no solo que el lugar mismo (al convertirse en *espacio*), sino también que los sujetos que lo habitan. Percibir este fenómeno es importante porque la argumentación sobre la representación de las Galápagos siempre encuentra un flujo de circulación mediática al que se da prioridad: sus vías de comunicación primarias son inmediatas y globales, primeras planas, noticieros internacionales, foto-reportajes, crónicas de viaje, documentales, textos de ficción y ensayos académicos. Esta difusión no es gratuita y trae consigo una agenda que, a su vez, genera un movimiento a partir de su imagen y de su narrativa.

Martín Caparrós, por ejemplo, propone que el discurso ecológico opera como un engaño de los países industrializados para hacer creer, especialmente a las naciones en vías de desarrollo, que el statu quo económico, social y político de dichos países es aceptable. El engaño consistiría en que generar un cambio hacia un modelo de desarrollo y mejor calidad de vida de naciones como la ecuatoriana no convendría en absoluto a las potencias. Pero la tesitura de Caparrós presenta un problema fundamental: si bien las lecturas y escrituras del archipiélago parecen inagotables, los recursos que se demandan de él no lo son, y sus carencias son parcialmente sencillas de cuantificar para mostrarlo. La pujanza económica de las islas, tercera del Ecuador después de la capital y de Guayaquil en cuanto a generación de réditos, de ninguna manera borra las consecuencias que acarrean la pesca excesiva, la destrucción del hábitat natural y el cambio de conducta causado en ella por el turismo que se encuentra fuera de control en la actualidad.

Este desgaste, en vez de incentivar el desarrollo, devela el triunfo de un sistema que opera únicamente regido por las leyes del mercado, bajo un proceso sustentado por una industria que se postula abiertamente como la vía exclusiva para la

Conclusión

mejoría socioeconómica. Dicha vía se intenta presentar como una colaboración nacional e internacional en aras de una calidad de vida mejor para ambas partes, pero su impacto, amortiguado por la imagen mesiánica de lo ecológico, tiende a pasar a segundo plano al momento de evaluarlo. Esta industria apadrina un procedimiento no sostenible que requiere un superávit de recursos que no son inmanentes al lugar sino introducidos para sustentarla. Después de agotarlos, lo único que quedaría es la elaboración de una narrativa de ilusión de lo inagotable de la experiencia, del paisaje, del viaje, para justificar la posterior introducción de más recursos para que pueda seguir funcionando. Más grave viene a ser la fabricación de un discurso que pretende desviar la mirada hacia otras manifestaciones del problema provocado por el turismo; abundan ejemplos, desde el flujo de la migración o el abandono administrativo, hasta la diversificación de la identidad o el neoimperialismo: a todos ellos se los presenta como causantes del problema más que como extensiones de él.

Si, como plantea Georges Van Den Abbeele, todo viaje implica una escritura en la cual se configura un orden tanto de la experiencia del viajero como de la que es sujeto el espacio, ambos definidos por una matriz económica, la narrativa de viajes galapaguense ejemplifica el *oikos* como un "origen y fin absoluto de todo movimiento" (xviii). La conceptualización del *oikos* muestra uno de los matices que puedan definir de manera más precisa al imaginario galapaguense actual. Así como la apuesta de Van Den Abbeele pone todo su énfasis en la pérdida o la ganancia conceptualmente cuantificables por la economía, uno pudiera adherirse a una tesitura en la cual los textos de viaje de las Galápagos se definieran únicamente como una búsqueda de la siempre elusiva identidad ecuatoriana. Puesto que existe un vaivén de intereses por definir el fenómeno de representación de las islas a partir de una u otra perspectiva, atrae más la vigencia y la importancia del lenguaje hegemónico que colabora con el sistema imperante. ¿Cómo se reconstituye este lenguaje para resistir algún orden cultural, político o académico?

El lugar mismo opera como un significante vaciado de significación que debe llenarse a toda costa, y en ella se regeneran diversos imaginarios cuyo lenguaje funciona como algo total, desde el concepto de una identidad heterogénea atada a la migración de distintas nacionalidades del país, hasta el de paraíso terrenal que repiten las agencias de viaje y que motiva la migración extranjera para establecerse allí. Tanto desde un contexto pre-moderno dependiente de la metrópoli, como desde el esbozado por Darwin, la violencia textual se perpetúa y lo único que se ve alterado son los sujetos que la propagan, dependiendo de sus intereses, de la coyuntura política y del poder económico-discursivo que gobierna durante su enunciación. Es transcendental comprender la facilidad con la cual se recrean la narraciones del espacio, que parece ser más dúctil y cambiante por su condición inmanente de insularidad, y cómo las recreaciones a lo largo del tiempo dieron paso a la condición actual. Por ejemplo, el mito del origen, a partir de la teoría por la cual se conoce a las Galápagos, acarrea una impostada homogeneidad textual que dice poco acerca de la violencia fundacional del país en el siglo XIX, y de la búsqueda de cosmopolitismo durante la época. Esto es importante porque dicha homogeneidad fue abriéndose un camino retórico del cual, con facilidad, el turismo se fue apropiando desde mediados del siglo pasado hasta hoy.

Existen discursos alternos pero no forman parte del imaginario popular y, por lo general, no forman parte de la discusión conceptual porque contradicen el discurso instaurado por el comercio. La intensidad de las operaciones mercantiles, ahora mismo, está borrando la condición de "insularidad" de las Galápagos: su conexión con el continente es cada vez mayor, no solo a través de los sistemas financieros, sino también a través de un movimiento de traslado cultural, político y social, de inmediatez informática y logística. Debido a esto, las preguntas críticas deberían sustituirse por otras. ¿Cuáles serían las consecuencias principales de una pérdida de la condición insular del archipiélago? ¿Es posible que este fenómeno despierte una resistencia por parte de sus habitantes ante la cada vez mayor escasez de recursos? O ¿es que tal vez se constituya como un ente que pretende acoger con total comodidad al mercado? Además, ¿es posible que la pérdida de insularidad sea un constructo retórico que pretenda anexar las islas al continente para facilitar las transacciones entre uno y otro lugar?

Una consecuencia previsible de la privación del sentimiento insular puede surgir en el momento en el cual los residentes permanentes, y los visitantes temporales, se percaten de que la única diferencia entre este lugar y otros destinos turísticos mundiales, como Ibiza o Cancún, puede ser el tamaño y el precio

Conclusión

de los cocteles. En el mejor de los casos, esta carencia del efecto de aislamiento de las islas estimula una confrontación crítica de cara al aparato dominante y frente a la manipulación estatal de la protección ecológica del lugar, así como a las instituciones que se aferran al mito creado por Darwin. Una de las principales dificultades al momento de interpretar los textos galapaguenses tiene que ver con intentar desarrollar un pensamiento crítico que tome conciencia de la importancia y responsabilidad de sus representaciones a lo largo de la historia del espacio, incluso en la actualidad. Es decir, se hace necesario percatarse de la dificultad, por un lado, y de la necesidad, por otro, de mostrar consciencia social al narrar un significante tan susceptible al vaivén (geo)político y económico nacional y global, así como de las repercusiones que se pudieran desatar de dichas narraciones. Un ejemplo extremo, por parte de cronistas o historiadores ecuatorianos, sería el rumor publicado en el periódico *El Comercio*, diario de mayor circulación nacional, de que los alemanes que vivían en Galápagos fueron enviados por Hitler para anexar las islas a Alemania (Luna Tobar 247). Otro ejemplo, no menos extremo, sería la tesitura del historiador que asegura la existencia de una ominosa "maldición de la tortuga," la cual se ensañó con los primeros colonos que habitaron en la provincia.

Resulta fascinante contraponer textos como estos dos últimos con aquellos canónicos y "oficiales," pues muchas veces poseen más semejanzas que diferencias. Si las Galápagos operan como un significante de la modernidad para Occidente, para el Ecuador, dicho espacio, se definió como antimoderno, si bien esta paradoja ha cambiado a fines del siglo XX. La característica más común a los acercamientos críticos que defienden la primera idea es entender a las islas como un paraíso, pero si dicha conceptualización se repite hasta componer el discurso homogéneo que se viene discutiendo, también se puede mostrar la generación de un discurso escindido con los textos de Melville y de Bilbao, pues ambos presentan varios niveles de resistencia. Con respecto a Bilbao, una lectura se relaciona con la construcción de la identidad galapaguense vis à vis la isla como presidio, y el sistema penitenciario como una institución que suscita dependencia de la fundación del Ecuador. Visto bajo esta lente, el espacio insular se transforma en un territorio incómodo, ya no bucólico, cuestionando la construcción imperante y forzada que el texto de la selección natural presenta

Conclusión

y que la industria turística explota hasta ahora. Aunque radical, vale repetir la hipótesis de que si la violencia, y no el edén, opera como un marcador identitario de constitución republicana, la identidad criminal vendría a ser la primera que se instaurara en el archipiélago ecuatoriano. La ruptura que muestra *El pirata del Guayas* funciona como evidencia de un discurso social diferente de aquel que se desarrollara fuera del estado, y es relevante hoy en día para entender, por ejemplo, cómo la diferenciación textual se torna en diferenciación social, visible a través del surgimiento de comunidades ecuatorianas minoritarias, como la indígena salasaca o la afroecuatoriana, que actualmente habitan en las Galápagos.

La posibilidad de aplicar a otros campos las conclusiones que se desprenden de la construcción textual de las Galápagos no depende tanto de las conclusiones en sí mismas, sino del proceso utilizado para obtenerlas. Es decir, centrar el análisis en el movimiento retórico e intentar conceptualizarlo a partir del emisor y del receptor para aplicarlo a otros espacios similares. Dichos espacios en los cuales el imaginario, y los usos narrativos del viaje al que se adhieren, al analizarlos, deben ser eficaces al definir una tesitura cultural, histórica, social, biológica, etc. Si la literatura de viaje desde la modernidad hasta hoy en día se postula como uno de los géneros discursivos más poderosos y populares, a partir del siglo XXI tiene una potencialidad distinta. Una causa de este cambio podría ser la emergencia y prominencia del lenguaje visual en lugar del lenguaje verbal, el cual puesto que pretende ser más notorio, por no decir público, es más eficaz para generar demanda. La cuestión principal no es identificar el clásico referente a la inmediatez de acceso a través de las nuevas tecnologías; tampoco se trata de repetir aquello de que éstas borran la frontera temporal y presencial que prometen a sus usuarios. Lo que interesa es ver cómo se perpetúa la misma narrativa de viaje y exploración que siempre ha existido, y sus técnicas retóricas tópicas enfundadas en nuevos medios de producción, distribución y acceso. En su mayoría, las tecnologías suponen un cambio de formato que modifica el contenido a pesar de que el referente sigue siendo el mismo, y dichos cambios prácticos le deben sus técnicas de representatividad a la genealogía de sus precursores de viaje más que al desarrollo tecnológico.

El surgimiento de nuevos formatos de representación durante la postmodernidad y, concretamente, aquellos que prometen la

Conclusión

visita virtual, acrecientan el desplazamiento de turistas, empresas y organismos estatales hacia las islas. El flujo se acentúa porque dichos métodos dan la ilusión de ser más eficientes—sobre todo en cuanto a su circulación—al momento de manipular su referente mediante la mímesis del paisaje, el espacio, la cultura, etc. La espectacularidad tiene un impacto inicial mayor en el campo visual, y la realidad documentada por los reportajes, la propaganda y las crónicas, se hace pasar con bastante éxito por una narrativa "real" para los consumidores. Dado que cada vez hay más relatos de viaje a las Galápagos y posibilidades de realizarlos de modos distintos—una de las diferencias radicales está supeditada al presupuesto del viajero, mientras más alto, más arriesgada o más lujosa promete ser la experiencia—cada vez hay más turistas que las visitan para comprobar las representaciones consumidas a priori. El consumo es doble: por un lado el de la representatividad, sea cual sea "el lenguaje de la mercancía" y, por otro, el presencial para la comprobación del primero. ¿Debo visitar todas las islas del catálogo o solamente aquellas que prometen ser las más llamativas? ¿Tengo que ver al Solitario George[2] con mis propios ojos?, ¿es realmente una tortuga diferente de tantas otras que viven allí? El doble consumo vende la idea de que la experiencia y el conocimiento pre-adquirido que permite contrastarla, o verificarla, son necesarios y se complementan.

Si algo tiene de interesante analizar un pedazo del Ecuador escindido de él geográfica y conceptualmente, es la posibilidad de comprender la muestra de la gestación identitaria desde dentro y desde fuera del país. No se trata de intentar redefinir el espacio ni el objeto referencial que lo designa, empresa imposible como ya lo muestra Naveda, sino de configurar la mediación del sujeto que compone su narrativa. Al comprender, por ejemplo, la creación del vacío del significante insular que se llena de una significación a medida que aparecen discursos interesados en un beneficio concreto que se emana de ella, se puede comprender un "vacío" inherente a ciertas regiones latinoamericanas y ecuatorianas. Un ejemplo sería la región amazónica del Ecuador vis à vis la explotación petrolera, o los bosques húmedos en cuanto a la potestad indígena, y los conflictos que pudieran surgir de ambos casos. Las narrativas de estos espacios no están desprovistas de un fenómeno similar a aquel que las Galápagos sufrieron desde 1535, aunque hay una diferencia sustancial: en la isla existe una *condensación espacial* que no puede ocurrir en ningún lugar continental. Plantea Frances Bartkowski: "… we have much to learn from the collision of identities, as fragmentarily framed as they may be, in order to understand why we must construct them even if only to discover their misrecognized morphologies" (xvii).

Un fenómeno recurrente de cara a la configuración de espacios similares se relaciona con la forma de institucionalizar los discursos que las describen, en especial si provienen de una autoridad reconocida. La recepción de Darwin en el país es el ejemplo que de mejor forma ilustra una univocidad que se disfraza de progresista para esconder argumentaciones alternas. Si Darwin se convirtió en institución fue para propagar la idea de pertenencia a la modernidad tan anhelada históricamente por las naciones latinoamericanas, fenómeno del cual el Ecuador no se ve exento. Después de que el discurso evolucionista se reafirmó, creó un sentimiento de distinción entre ecuatorianos insulares y continentales. Pero la institucionalización por la cual se ha creado un orgullo de pertenencia a un espacio que se imagina ser mejor que la nación a la que pertenece, no deja de ser una ficción elaborada a partir de otra originada con anterioridad.

La ficción refundacional muestra una crisis de pertenencia y su necesidad de acceder a un espacio nuevo en el que se pueda redefinir *lo ecuatoriano*. Si el deseo, en este caso de mostrar la identidad nacional, es siempre carencia, la incompletitud de las islas permite la escritura de ficciones que pretenden ajustarse más a la realidad de los pobladores. Es decir, la fabulación de la identidad galapaguense diferenciada se debe a la falta de un mito que la unifique, y así como el discurso capitalista se apodera del espacio para sus fines mercantiles, aquel de la élite cultural se apropia del mismo espacio para postular un sistema de equivalencias. Desde este punto de vista las Galápagos siguen siendo un laboratorio en el que se fragua una teoría concomitante con el grupo de interés que aspira diseminarla. Así como hay una redefinición identitaria constante, existe una reformación material del espacio que ocurre debido a las erupciones volcánicas que van formando islas nuevas con el pasar del tiempo; esta comparación desplaza la energía antropocéntrica a un segundo plano, para centrarse en una de orden geocéntrico. La aporía que característicamente define a

Conclusión

los espacios insulares se está disolviendo, lo cual no significa que el concepto de soberanía en el Ecuador continental se pueda interpretar en las Galápagos del mismo modo, así como tampoco es factible hacerlo desde una perspectiva global.

Anexo

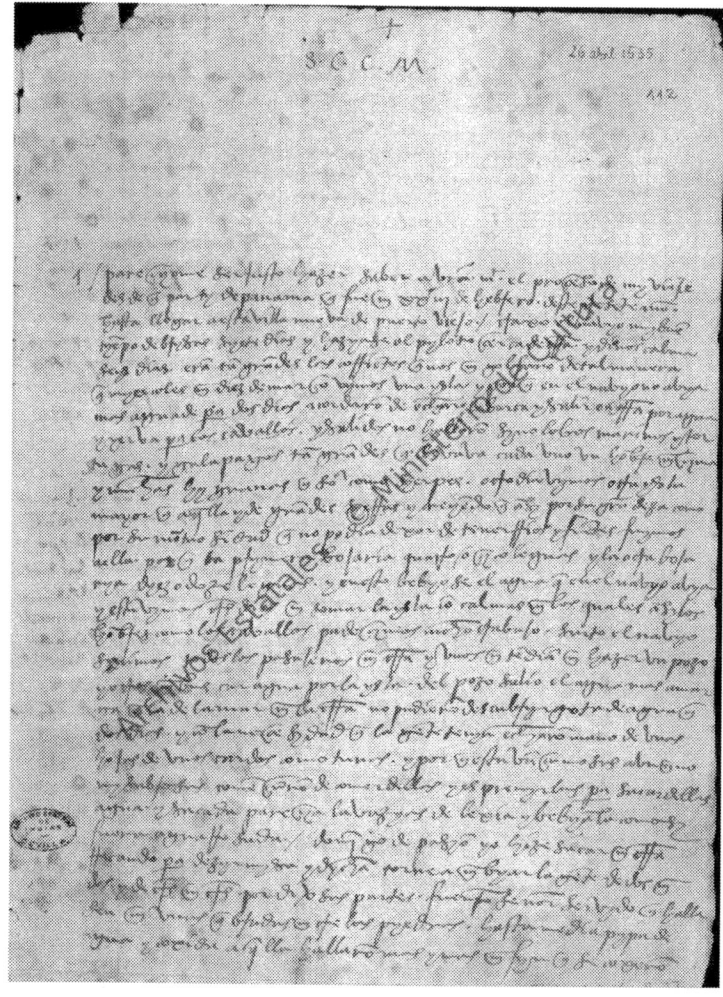

Anexo

Anexo

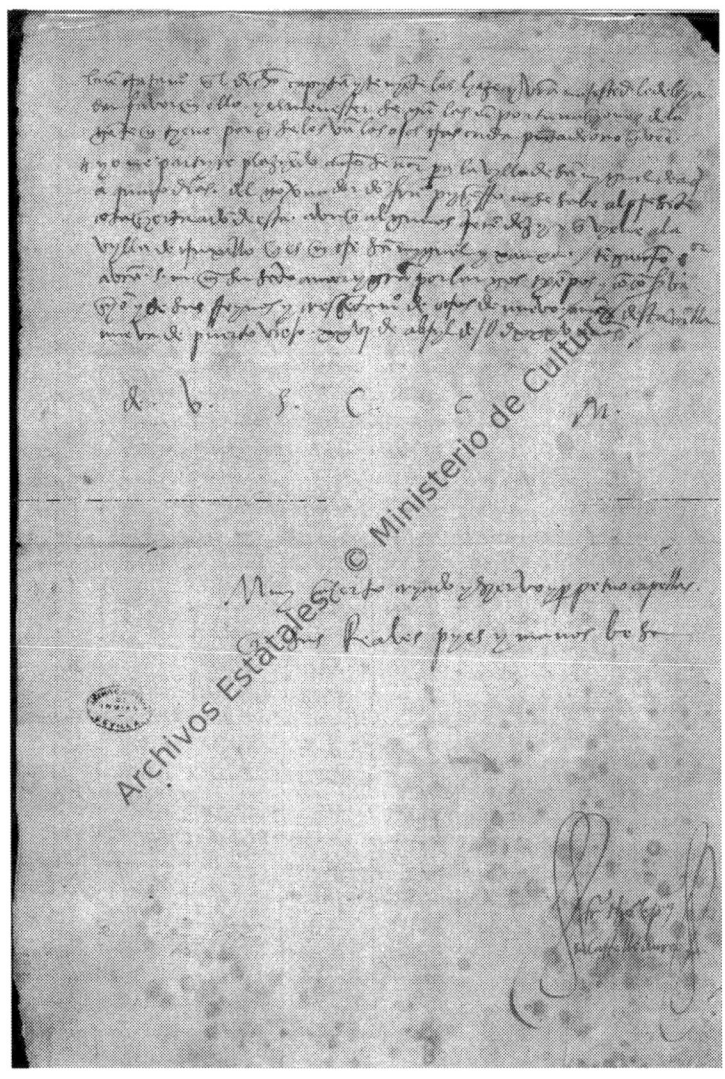

Notas

Narrativas Insulares

1. Sobre el descubrimiento de restos humanos pre-coloniales en Galápagos véase el libro *Archaeological Evidence of Pre-Spanish Visits to the Galapagos Islands* de Heyerdahl y Skjølsvold, en obras citadas.

2. Según el CENSO de 2012 la población actual de las Galápagos es de 25.124 habitantes; según Idrovo la población en 2005 era de alrededor de 30.000, incluidos turistas (*Galápagos* 248).

3. Según el censo de 2010, el 21,4% de los habitantes de las islas trabaja para el Estado, el 36,2% para un empleador privado y el 20,9% por cuenta propia.

4. La edición facsímil de esta carta se puede encontrar al final, como anexo.

5. No fue sino hasta 1973 que las islas Galápagos se convirtieron en provincia ecuatoriana.

6. El libro de Idrovo es de formato *quarto* (30 cm x 24 cm) en edición de lujo, contiene fotografías, grabados y pinturas.

7. Según el último censo, el 18,9% de la población masculina de las islas son oficiales, operarios o artesanos; el 16,6% trabajan en servicios y ventas; el 12% en ocupaciones elementales.

8. Novela olvidada e importante cuya última edición tuvo lugar en 1904 y que, gracias a este estudio, se ha vuelto a editar y publicar en 2012.

9. Dice Pierre Bourdieu: "Sería preciso ponerse de acuerdo sobre a qué se llama contracultura. Lo que por definición resulta difícil o imposible. Hay contraculturas: todo lo que permanece al margen, fuera del *establishment*, exterior a la cultura oficial … sería fácil mostrar que el discurso ecologista, con su estilo de caravana, pedaleo libre, turismo ecológico, teatro con los pies descalzos, etc., …" (12).

Capítulo uno

1. Según Walter Mignolo el género relatorio se divide en por lo menos dos tipos: "Los textos del descubrimiento se diferencian de este modo, de los de la conquista no sólo por su tema, sino por la dimensión que tal tema adquiere: en el caso del descubrimiento la *carta* (información verbal en la que se *describe* la posición de las nuevas tierras) es complemento de la *carta* (el mapa, información gráfica donde se *diseña* la posición de las nuevas tierras)" ("Cartas" 60).

2. Berlanga escribe: "… porque la primera [isla] boxaria quatro o cinco leguas, e la otra boxaria diez o doze leguas." Otro ejemplo: "yo tomé el altura para saber en qué paraje estaban estas islas, y están dende medio grado hasta grado e medio de la Equinocial, a la banda del Sur" (539–40).

3. El segundo mapa sería el de Gerard Mercator en 1569, pero el más popular fue el de Abraham Ortelius en 1570 (Larrea 16). La edición

Notas a las páginas 12–15

cartográfica de Ortelius tuvo mayor difusión pues se realizaron por lo menos trece más entre 1570 y 1584, lo que permitió que se diera a conocer el archipiélago a nivel mundial y que, a partir del mapamundi y de las visitas de bucaneros y piratas, cada vez se hicieran representaciones más detalladas del lugar y sus alrededores (Larrea 98–99). El nombre está mal escrito tanto en el mapa de Mercator como en el de Ortelius, "y: de los galopegos" en el primero, "Ins: de los galepegos" en el segundo.

4. Mignolo habla de cognición y Olson escribe en *The World on Paper* (1994): "the 'organized vision' which generated the voyages of discovery was a theoretical conception of the world as represented by maps" (204).

5. Olson explica "Our graphic systems not only preserve information but also provide models which allows us to see our language, our world and our minds in a new way" (258).

6. Al hablar de autoridad salta a la vista el ejemplo, sobre la posibilidad de leer los textos coloniales como ficción, de Marcelino Menéndez y Pelayo sobre el Inca Garcilaso en *Orígenes de la novela* (1905), así como la tesis central del célebre libro *Metahistory* (1973) de Hayden White, y el ensayo de Carlos Fuentes "La épica vacilante de Bernal Díaz del Castillo" (1990); véase obras citadas.

7. Varios autores han conjeturado que Tupac Inca Yupanqui llegó a las Islas Galápagos según lo documentan Olaf Holm (79–122), Alfredo Luna Tobar (12–23), Marcos Jiménez de la Espada (10–23) y Hermann Buse de la Guerra (859–928).

8. Tomado de la conferencia sobre *El Carnero* que dictó la profesora en la Universidad de Boston, véase obras citadas.

9. Sobre este tema es difícil encontrar un ejemplo contemporáneo a Berlanga mejor argumentado que el de Michel de Montaigne en su ensayo "De los caníbales": "I find (from what has been told me) that there is nothing savage or barbarous about those peoples, but that every man calls barbarous anything he is not accustomed to; it is indeed the case that we have no other criterion of truth or right-reason than the example and for of the opinions and customs of our own country" (231).

10. Escribe Dampier: "There he found such plenty of land turtle, that he and his men eat [sic] nothing else for three months (…) They were so fat that he saved fifty jars of oil out of those that he spent: this oil served instead of butter, to eat with doughboys or dumplins [sic]" (109–10).

11. Todas las citas de nombres propios de cara a las nombres indígenas de las islas constan así en los originales porque no existe concenso en cuanto a cómo escribirlos.

12. Con respecto a la fabulación, un ejemplo sobre lo que William Hacke escribió: "And between York and Albemarle Island lieth a small one, which my Fancy led me to call Cowley's enchanted island; for we having had a fight of it upon several Points of the Compass, it appeared always in as many different Forms, sometimes like a ruined Fortification; upon another point like a great City, etc." (10).

13. Grenier cita este pasaje de Dampier y lo traduce mal, cambiando "barren islands" por "îles desolées," y "pretty big rivers" por "belles rivières" (59); este tipo de errores sigue siendo común.

14. No es mi intención ahondar en el tema de la transcripción pero sí mencionar que Latorre no explicita sus criterios de edición, así como tampoco lo hacen los otros dos autores que parecen haber acudido a éste para reproducir el documento y no a su fuente original.

15. ¿Cómo pretender interpretar los textos cuando no existe siquiera un consenso ecdótico? ¿Con qué autoridad editorial se realizan estas transcripciones y bajo qué condiciones de financiamiento?

16. Idrovo ha publicado por lo menos dos libros sobre las islas así como realizado un documental sobre la ocupación estadounidense de la isla Baltra durante la Segunda Guerra Mundial. La figura del autor como autopromotor de su obra lo traduce en una mercancía como apuntó Theodor Adorno; éste es uno de los temas del último capítulo.

17. Dicha búsqueda genera una duda en cuanto a la real importancia del territorio que muta a través del tiempo en base a la génesis narrativa y no a la experiencial. Interpretaciones como las de los autores citados pueden recordar—*mutatis mutandis*—al texto canónico de Mary Louise Pratt *Imperial Eyes: Travel Writing and Transculturation* (1992), y lo que ella denomina la vanguardia capitalista. Este concepto aplicado a la literatura de viaje explica el llamado que exploradores como Stevenson—aunque el ejemplo paradigmático sería Humboldt—hicieron en el siglo XIX para que vinieran industrias inglesas a explotar las minas sudamericanas, se construyeran puertos, rieles y carreteras para crear un endeudamiento inicial pagadero únicamente por medio de las riquezas que se pretendían extraer a futuro (143). El simple hecho de usar la palabra "diamantes" reimpresa y reeditada descuidadamente, mediada por una suerte de economía libidinal, ha dado margen para hallar esta potencial lectura si bien la conexión con la teoría de Pratt suene desproporcionada para evidenciarlo.

18. Según ambos autores, Rivadeneira fue el primero que utilizó el calificativo de "Encantadas."

19. Para información detallada sobre los nombres de cada isla véase Latorre (*El hombre* 58–62).

20. Más adelante se elabora sobre la leyenda de Sarmiento de Gamboa que originara estos nombres. Según Jiménez de la Espada, Ninachumbi es "Isla de Fuego" y Haguachumbi es "Isla de fuera o de más afuera" (31). Buse de la Guerra explica los significados así: "Auachumbi [aua o agua=foráneo/chumpi=motivos menudos (en tejidos)=¿conjunto de islas de vistosos contornos?], y como Ninachumbe [nina=fuego (¿volcán?)/chumpi=motivos menudos (en tejidos)=islas de vistosos contornos]" (citado en Kauffmann Doig 671). La nomenclatura, así como los paréntesis y corchetes son del autor.

21. Este pasaje recuerda lo que comenta Darwin sobre el nombre de un tipo de avestruz en Bahía Blanca: "… a very nearly perfect specimen has been put together, and is now exhibited in the museum of the Zoological Society.

Mr. Gould, in describing this new species, has done me the honour of calling it after my name" (Darwin, *The Origin of Species and The Voyage of the Beagle* 107).

22. El título de la novela de la célebre escritora ecuatoriana Alicia Yánez Cossío lo dice todo: *Esclavos de Chatham* (2006).

23. El título completo es: "Carta a su Majestad de Fray Tomás de Berlanga, describiendo su viaje desde Panamá á Puerto Viejo, e los trabajos que padeció en la navegación."

24. Sobre la autoridad y el testimonio, véase Rolena Adorno (210), en obras citadas.

Capítulo dos

1. Solamente se conoce la "Segunda" parte de la historia de los Incas, no se han encontrado ni la primera ni la tercera que el autor menciona en su libro. El título de esta crónica varía con el tiempo, la edición más nueva lo titula *Historia de los Incas*, y la primera *Segunda parte de la historia general llamada índica, la cual por mandado del excelentísimo señor don Francisco de Toledo, virrey, gobernador y capitán general de los reinos del Pirú y mayordomo de la casa real de Castilla, compuso el capitán Pedro Sarmiento de Gamboa*.

2. 1844–1917.

3. Citado en Larrea: "una isla de admirable grandeza (…) la cual siempre les parecía que la cubría una niebla, entraban en ella muchas ensenadas y aun junto a la costa se veían grandes montañas, y dicen algunos que vieron humos y otros no" (49).

4. No matizar este fenómeno suscita interpretaciones como la de Ospina, quien explica la visión infernal-paradisíaca del archipiélago así: "Originalmente en Galápagos convivieron dos proyectos colonizadores; el de los extranjeros europeos que buscaban el paraíso perdido alejándose de aquella civilización de la que se sentían desengañados; y el de los colonizadores ecuatorianos que buscaban exactamente lo contrario, es decir acercar las islas al progreso" (15).

5. A Ortega y Gasset la excursión del explorador Beebe—véase obras citadas—hacia las Galápagos, le recuerda los viajes que iniciaron los "griegos continentales" (527).

6. Específicamente Buse de la Guerra y el propio Kauffman Doig.

7. Viene a la mente un pasaje de Fernández de Oviedo en el cual acude a las novelas de caballerías para describir su impresión de México.

8. Lo más importante de estas teorías, entre ellas la *Schema Theory*, es que pretenden explicar la generación de dos fenómenos que en Sarmiento de Gamboa son evidentes: la representación *ficticia* del referente como *real*, y la instauración de dicha representación como una verdad asumida en sus receptores. Según Richard Gerrig, el cerebro del lector recrea algo llamado *situation models* al momento de leer; cuando el ser humano lee realiza un viaje que lo abstrae de la realidad y que trae consigo un movimiento mental dependiente del contexto y de lo que la ciencia cognitiva llama *schemata*: el conocimiento y visión cosmogónica pre-adquiridos a la lectura (6–13). Esto permite explicar lo que Walton llama el *reality principle*, fenómeno en el cual el lector no puede hacer absolutamente nada para afectar el transcurso de la diégesis narrativa a pesar de que ésta contradiga su *schemata* (citado en Gerrig 14). De acuerdo a este investigador el *reality principle* ocurre siempre que leemos: "Walton's arguments in favor of being transported, I argue, apply equally to both fictional and non-fictional narratives" (14). Las preguntas principales que intenta responder son: ¿qué pasa en el cerebro cuando leemos ficción? ¿Es diferente a lo que ocurre cuando leemos textos no ficticios? ¿Qué infiere el lector automáticamente al leer? ¿Quién decide si nuestras lecturas son ficticias o no?

9. Su condición de "insularidad" se está perdiendo en la actualidad; este tema se analiza en el último capítulo.

10. Esta oposición de epistemes recuerda a una de las tesis centrales de *Escribir en el aire* (1994) de Cornejo Polar; especialmente al capítulo sobre Valverde y Atahualpa, en el que se muestra la tensión entre oralidad y escritura.

11. Sobre este tema, véase en especial el concepto de *Autopsy* planteado por Pagden, en su libro *European Encounters with the New World from Renaissance to Romanticism* (1993).

12. "… vuestros santos abuelos (…) descubrieron las Indias, pobladísimas de ánimas a quien se pudiese mostrar el camino del cielo, y abundantísimas de todo género de inestimables tesoros" (19).

13. Escribe otro historiador: "Y se certificará del hecho de la verdad de la pésima y más que inhumana tiranía de estos incas y de los curacas particulares, los cuales no son, ni nunca fueron, señores naturales, sino puestos por Tupac Inca Yupanqui, el mayor y más atroz y dañoso tirano de todos. (…) porque Vuestra Majestad y sus antepasados reyes santísimos impidieron sacrificar los hombres inocentes y comer carne humana, el maldito pecado nefando y los concúbitos indiferentes con hermanas y madres, abominable uso de bestias, y las nefarias y malditas costumbres suyas" (Cabello de Balboa 23).

14. Cabello de Balboa, al igual que Berlanga, no se atrevió a denominar las islas con algún nombre, hecho que justifica de la siguiente manera: "… el auerse dado poco por buscallas á los Principes que an gobernado este Piru es causa de que nos sean ocultas, y ansi las pongo yo en mi Mapa con nombre de huérfanas, por no auer tenido padre que las rescate" (324).

15. De acuerdo a la teoría minimalista de la lectura de Gerrig, todos inferimos un significado básico al leer, el cual está supeditado a los *schemata* (26–39); esta teoría no presenta nada que tal vez Isser o Genette no hubieran dicho ya, sino que intentan verificarlo por métodos empíricos, estudiando la actividad en el cerebro al momento de leer.

16. El término que usa es *unfinished modernity*.

17. Este libro ha cambiado de título varias veces. *The Voyage of the Beagle* es el más reciente; el primero de 1839 es *The Narrative of the Voyages of H. M.*

157

Ships Adventure and Beagle; Darwin escribió el último volumen: *Journal and Remarks 1832–1836*. De esto trata el siguiente capítulo.

Capítulo 3

1. El Beagle hizo dos expediciones, la primera sin Darwin al mando de King en 1828, y la segunda comandada por Fitzroy, quien lo admitió como compañero en 1831.

2. *Journal of Researches into the Geology and Natural History of the Various Countries Visited by H.M.S.*

3. Escribió Engel: "In its influence on modern man's outlook upon the world, no voyage since Columbus matches the voyage described in this book" (citado en Franklin, 353).

4. Hay un total de doce ilustraciones en la segunda edición; la primera no tiene ninguna.

5. Supuesta ausencia de ecuatorianos, porque en las Galápagos vivían algunos presos, además de personal administrativo gubernamental. Tal vez la génesis de la identidad galapaguense sea precisamente una de reclusión.

6. Entiéndase este concepto aquí como lo planteara Baudrillard.

7. Véase Lansdown y Worden en obras citadas.

8. Comenta Grenier: "Darwin insiste en effet sur l'importance des lieux, des étendues, de leur extension ou de leur isolement (ou de la modification de celui-ci), dans la formation, l'évolution et la disparition des espèces …" (55).

9. No deja de ser curioso como la noción del satélite es todavía un criterio de percepción: Ospina, en su libro *Identidades en Galápagos*, utiliza la siguiente epígrafe: "El archipiélago es un pequeño mundo y, en cierto modo, un satélite de América" (22).

10. En *The Origin* dice que en Galápagos hay desterrados "de la república del Ecuador" pero no detalla nada más (387).

11. Menciona, de refilón en *The Voyage*, cierta colonia penal cuyos penados son "… personas de color, que han sido desterradas por crímenes políticos de la república del Ecuador" (387).

12. Sobre el tema del presidio y sus implicaciones para la modernidad latinoamericana véase el capítulo 5 sobre la novela *El pirata del Guayas*.

13. Es poco probable que lo conociera, la carta de Berlanga no se reeditó hasta bien entrado el siglo diecinueve y, que yo sepa, nunca se tradujo al inglés.

14. Comenta Burgos Jara: "Probablemente fue ése el periodo más turbulento de la vida nacional en el siglo XIX [1839–1859]; una época plagada de guerras civiles, luchas ideológicas e inestabilidad socioeconómica" (*Entensión* 67); y también Paladines: "El Ecuador nació, entonces, debilitado al extremo, cuando (…) se acordó su separación de la Gran Colombia y se dictó la Constitución de 1830 …" (200).

15. No es arriesgado afirmar que no se lee a Darwin en español transcurrido un tiempo considerable, la primera traducción de *The Origin of Species* se realizó en 1877 (Menéndez y Pelayo 386).

16. De igual manera lo entiende Edmond: "The beginnings of evolutionary science in Darwin's voyage to the Galapagos Islands and Wallace's exploration of the Malay Archipelago demonstrated the capacity of islands to serve as laboratory environments, whose life forms preserved in delicate equilibrium evidence of a developmental trajectory" (*Islands in History* 3).

17. Por la parte española de esta misión vinieron Jorge Juan y Santacilia y Antonio de Ulloa, autores del célebre *Relación histórica del viaje a la América meridional* (1748), texto ejemplar de "la vanguardia capitalista" según Mary Louise Pratt.

18. Afirma De Certeau: "Only the appeal to the senses and a link to the body seem capable of bringing closer and guaranteeing, in a single but indisputable fashion, the real that is lost in language" (68).

19. Según Grenier la ecología se fundó en 1866 en gran medida por el énfasis que Darwin pone sobre el espacio-lugar como determinantes del origen de la vida (95).

20. Sobre esta cuestión, comenta Pagden: "The ability to bear witness in this way was, for obvious reasons, to mark off those who had been there from those who had not" (52), mientras que Darwin escribe: "... I was very nearly being an *eye-witness* to one of those atrocious acts which can only take place in a slave country" (39); más adelante agrega: "We were told a fact, which I would not have credited, if I had not had partly *ocular proof of it*" (129); continúa: "... the hot dry deserts of Northern Chile, vividly brought *before my eyes*" (405); y finalmente: "It is a most *magnificent testimony* to the power of the British nation. (...) My first feeling was to congratulate myself that I was born an Englishman" (443, la cursiva es mía). Todas las citas son de la edición *The Origin of Species and The Voyage of the Beagle*.

21. Recordemos a Deleuze: "... it is true that from the deserted island it is not creation but re-creation, not the beginning but a re-beginning that takes place. The deserted island is the *origin*, but a second origin. From it everything begins anew" (*Desert* 13, la cursiva es mía).

22. Como señala Engels: "... what we are seeing (...) is the elevation of Darwin to the status of scientific sage, a Victorian cultural type described famously by Carlyle, and evident in some of the iconography of Darwin that begins to appear in the late 1860s, culminating in the great memorial statue erected in the British Museum" (58).

23. Dugard comenta: "It is the lack of concern of the birds and animals, their freedom from fear that gives the islands a Garden of Eden atmosphere" (8).

24. Escribe Darwin, por ejemplo: "... abruptly conical hills are characteristic of the formation which Humboldt designates as gneiss-granite" (*The Origin of Species and The Voyage of the Beagle* 43).

25. Villoro la explica mejor: "... buscar la lección de la naturaleza equivale a modificarla: no podemos borrar nuestras huellas" (84).

Capítulo 4

1. Tanto Specq (145) como Henry Adams (Museum of Art, Carnegie Institute, Pittsburgh) piensan que este seudónimo alude al pintor barroco Salvator Rosa (1615–73).

2. La cita en inglés es: "One of the best received of Melville's tales" (88).

3. La cita de Bloom, no exenta de cierto humor, dice así: "Unable to accept Emersonianism, or to reject it totally, Melville cultivated antithetical revenges upon the Sage of Concord … [he] remained unhappily haunted by the 'deadly' Trascendentalist" (xi).

4. Para Emerson, Dios era la realidad última e única y la naturaleza su proyección en la Tierra (Copleston 263).

5. Escribe Hymowech: "… there is no novelist *perceived* as more skeptical of Emerson's work at the time than Melville, skepticism made possible the very impersonality he 'rebukes'" (9, cursiva en el original).

6. Para la diferencia entre espacio y lugar, que es la que Jonik utiliza más adelante, ver De Certeau en obras citadas.

7. Olson escribe: "Melville (…) revises Kantian spatial intuition (in terms of congruence and projective space) in *Moby-Dick,* transforming Kant's mapping of space into a writing of local, flexible physicality" (123).

8. El narrador comenta: "In no world but a fallen one could such lands exist" (136).

9. Beecher, quien circula por caminos semejantes, señala: "Yet one approach that I find suggestive is to consider 'The Encantadas' as a kind of dystopia—or, better perhaps, as a *series of variations on the dystopian theme*" (88, la cursiva es mía).

10. La cita completa es: "Physically, the islands are pretty much the way Melville presents them in 'The Encantadas'" (465).

11. Sobre este tema Fitzroy escribió: "We landed upon black, dismal-looking heaps of broken lava, forming a shore fit for Pandemonium. Innumerable crabs and hideous iguanas started in every direction as we scrambled from rock to rock. Few animals are uglier than these iguanas; they are lizard-shaped, about three feet in length; of a dirty black color: with a great mouth, and a pouch hanging under it; a kind of horny mane upon the neck and back; and long claws and tail" (486).

12. Ahora se sabe que estas islas reciben mayormente la corriente marina centroamericana, que es más templada, mezclada con la fría de Humboldt, pero no reciben la corriente de Cromwell que es, en parte, responsable de la característica temperatura del territorio y muchas de sus singularidades (Latorre, *El hombre* 11–15). Estas islas son las que se ubican más al sureste y poseen más verdura, lagunas, lluvias y tierras altas; consecuentemente, aparentan ser menos hostiles para el visitante. Esto sin tomar en cuenta la estación de la garúa, cuando la corriente de Humboldt permanece por medio año y crea un efecto primaveral evidente, sobre todo en lo que concierne a la vegetación.

13. Darwin permaneció alrededor de cinco semanas, Melville incluso menos tiempo, no se diga Berlanga o Sarmiento de Gamboa, pues el primero alrededor de una semana según su bitácora de viaje, y con respecto al segundo no existe evidencia alguna de que hubiera puesto un pie allí.

14. Como plantea Jonik: "As in the cetology chapters from *Moby-Dick*, Melville emphasizes in the sketches how the physicality of living nature defies any scientific system of closed or fixed classification" (31).

15. La cita está en el Canto XII.

16. Acá parafraseo una de las ideas del artículo de Daniel Defert "The Collection of the World," véase obras citadas.

17. El principal ejemplo es el de Worden, quien escribe: "He [Darwin] imparts the general feeling that these islands have been time-locked and have gone untouched by the changes" (88).

18. Un componente medular de la teoría de la evolución es mostrar que toma miles de millones de años en realizarse, de allí el comentario de Worden en el pie de página anterior.

19. Sobre el mismo tema dice Albrecht: "The changelessness of the islands reflects the endless and unchanging exploitation and fraud by human beings of one another. In other works written about the time of 'The Encantadas' the same theme appears" (477).

20. Aunque en los últimos cuentos, como se explica más abajo, tiene más influencia de la historiografía ecuatoriana.

21. En él se narra el rescate de una mujer llamada Hunilla (una "chola" peruana) abandonada por un barco francés en una de las islas. Vivía allí con su esposo español y su hermano indígena. El marido y el hermano construyen una lancha para poder salir y al probarla zozobran y mueren, dejando a Hunilla sola, en la más absoluta desolación.

22. Comenta Fogle, sin mucho aporte, "Melville again and again pays tribute to complexity during these sketches. The final truth is hard to fix" (39).

23. Escribe Pratt: "One coinage that recurs throughout the book is the term 'contact zone,' which I use to refer to the space of imperial encounters, the space in which peoples geographically and historically separated come into contact with each other and establish ongoing relations, usually involving conditions of coercion, radical inequality, and intractable conflict" (8).

24. El narrador comenta: "Her story was soon told, and though given in her own strange language was as quickly understood, for our captain, from long trading on the Chilean coast, was well versed in the Spanish" (161).

25. Los nombres en inglés y en español iniciaron ya esta tendencia durante el siglo anterior.

26. Dice Jonik: "… John Dryden and William Davenant's 1667 *The Tempest, or the Inchanted Island*, Thomas Shadwell's 1674 *The Tempest, or, the Enchanted Isle*, Thomas Duffet's *The Mock Tempest, or, the Enchanted Castle* [published] the same year …" (192).

27. Según Olson, el concepto de libertad en Melville se definía por el modo de abrumar a la naturaleza que le es inmanente al ser humano (citado en Ziegler 58).

28. Dice Jonik al respecto: "The structure of the sketches also seems to betray any fixed categorization. Indeed, critics have often had difficulty in understanding how the 'structure' of the sketches should be articulated, and to which genre they should be assigned. Are they a collection of travel sketches? Are they fiction? Are they nature writing? Are they an allegory? How do they fit into the 'plan' of the *Piazza Tales*?" (191). Personalmente creo que las *Piazza Tales* responden a una recopilación de las obras dispersas publicadas hasta 1856 por Melville.

29. En realidad no se vislumbra una conciencia ecuatoriana, sino un lugar fuera de la episteme eurocéntrica perteneciente a Latinoamérica.

30. El autor usa la palabra *Riotocracy*, del inglés *riot*: disturbio, motín (159).

31. El cuento del rey de los perros cuenta como un caudillo intenta establecer un reinado en las islas, una suerte de nación autónoma, declarándose rey. La población de la isla se subleva y declara una nueva república, única, que "prospera" bajo la consigna de no tener ley alguna.

32. Tanto Albrecht (473) como Lazo (217) concuerdan acertadamente en que el personaje representa a Villamil.

33. Inevitable no citar a Vonnegut, quien escribe en su novela *Galápagos*: "… no other nation wished to own it [the archipelago]. But then in 1832, one of the smallest and poorest countries in the planet, which was Ecuador, asked the peoples of the world to share this opinion with them: that the islands were part of Ecuador. No one objected. At the time, it seemed a harmless and even comical opinion. It was as though Ecuador, in a spasm of imperialistic dementia, had annexed to its territory a passing cloud of asteroids" (18).

34. Criollo nacido en Nueva Orleans cuando la región aún pertenecía a Francia, venía de una familia española acaudalada y su perfil se define claramente como el de un empresario o militar más que como el de un verdadero intelectual gestor de la independencia (118–19).

35. Villamil fue gobernador pero viajaba frecuentemente fuera de las islas; en 1842 intentó quedarse más tiempo porque la colonización se había vuelto difícil, sin embargo preparó un informe desalentador. En 1853 presentó su proyecto para la explotación de guano, el cual se aprobó; regresó con un grupo de norteamericanos para llevarlo a cabo. En 1862 fundó la "Empresa Agrícola y Pecuaria de Cristóbal" con un famoso contrabandista y obtuvo el 50% de derechos sobre el ganado de Chatham (Destruge 5–11).

36. *Pilgrims*: no resulta difícil traducir esta palabra con la connotación teocéntrica, en español, muy específica, sin embargo, en cuanto a la fundación de los Estados Unidos.

37. El peregrino viajero recuerda también al ensayo de Thoreau "Walking," en el cual escribe: "I wish to speak a word for nature, for absolute Freedom and Wildness, as contrasted with a freedom and Culture merely civil …" (1).

38. Aunque el asunto esté zanjado desde hace mucho impresiona leer la cantidad de argumentos a favor de una y otra postura, y cabe mencionar que Hunilla, el personaje del octavo cuento, es de nacionalidad peruana.

39. Vale la pena recordar un pasaje de *Moby-Dick*: "But if the doctrine of Fast-Fish be pretty generally applicable, the kindred doctrine of Loose-Fish

is still more widely so. That is internationally and universally applicable. What are the Rights of Man and the Liberties of the World but Loose-Fish? What all men's minds and opinions but Loose-Fish? What is the principle of religious belief in them but a Loose-Fish? What to the ostentatious smuggling verbalists are the thoughts of thinkers but Loose-Fish? What is the great globe itself but a Loose-Fish? And what are you, reader, but a Loose-Fish and a Fast-Fish, too?" (414–15).

40. Escribe Luna Tobar: "… la oferta que hace Flores de las islas Galápagos estaba destinada aparentemente a pagar la deuda que manteníamos con Inglaterra por su ayuda a nuestra independencia" (74).

41. Según Luna Tobar el presidente Robles pidió autorización al congreso "para contratar un empréstito con la garantía de las Islas Galápagos," y a pesar de que se le dieron las facultades en 1858 esto no sucedió (114–15). Los franceses también quisieron arrendarlas pero Napoleón III se opuso porque "no valían tanto como se pensaba" (121). Añade que "en 1866 los tenedores ingleses de los bonos de la deuda de la independencia del Ecuador volvieron a hacer insistentes insinuaciones de que aceptarían su pago a cambio de la cesión de una, varias o todas las islas del archipiélago de las Galápagos" (122), la deuda era de entre 20 y 25 millones de dólares. También señala: "… por dos ocasiones buscaría Alfaro solucionar los problemas económicos del país con alguna forma de cesión del archipiélago y, si no lo hizo, fue por la desfavorable reacción de la opinión pública que, afortunadamente para el país, siempre tuvo el acierto y el cuidado de consultar" (154). A la vez que informa que los Estados Unidos, en 1906, negociaron arrendar las Galápagos por 99 años a cambio de diez millones de dólares (186).

42. Una anécdota cuenta que el estudiante ecuatoriano Rafael Pólit Narváez afirmó que se habían vendido las islas. Eloy Alfaro lo metió preso y luego lo mandó a las Galápagos para que "cuide que no se vendan" (Luna Tobar 153).

43. Según Larrea, Manuela Sáenz lo ayudó con los trámites (128).

44. La lectura de Specq del cuento sobre el náufrago Oberlus se relaciona con este tema, asunto muy controvertido y de ineludible discusión en la época, y que Melville parece detestar (170).

45. La novela del escritor español Vázquez-Figueroa, *La iguana* (1982 y 1992), se basa en las aventuras de Oberlus durante su vida en las Galápagos.

46. La cita completa: "*The Encantadas* gives us a nightmare world, a world of monsters and slaves, grotesque and violent, over which Mammon reigns supreme. It is a world not only abandoned by God, but deserted by faith. The madness and cruelty …" (Specq 171).

Capítulo 5

1. *Historia del general Salaverry* (1853), *Historia de Rosas* (1868) y *Compendio de la geografía del Perú* (1856).

2. Sobre sus obras literarias dice Quiroz: "Es posible distinguir una breve etapa novelística en la producción intelectual de nuestro autor, puesto que la totalidad de sus obras de ficción—en rigor sólo tres—fueron compuestas en el lapso de tres años (1852–55), aunque fueron posteriormente revisadas y corregidas" (10).

3. Este texto se volvió a editar y publicar tanto en Chile (Valparaíso, 1865) como en Argentina (Buenos Aires, 1871) y en Ecuador, por diario *El Telégrafo* de Guayaquil, en 1904 (Quiroz 9–10). Esta última reimpresión fue un compendio en el que constan, además del texto de Bilbao, dos crónicas adicionales sobre la muerte de empresarios ecuatorianos tiránicos a manos de sus trabajadores en sendas haciendas del territorio insular; el libro se titula *Los crímenes de Galápagos (Archipiélago de Colón)*, véase obras citadas.

4. Acertadamente, Burgos cuestiona a la novela como género fundacional en Ecuador y propone el relato periodístico, algo que no sorprende en absoluto y cuyas semillas se pueden rastrear ya en la obra de Eugenio Espejo desde el siglo XVIII. No obstante, *El pirata del Guayas* contradice su postura pues no fue escrita por entregas sino publicada como novela y, al contrario de la tan ansiada cohesión, postula solo caos en el recién fundado Ecuador.

5. Caso similar al de la novela *Cumandá o un drama entre salvajes*, en donde los dos protagonistas, Carlos y Cumandá, resultan ser medios hermanos.

6. Un chico de baja condición, Bruno, se enamora de Ángela pero su matrimonio es imposible porque, nos enteramos al final del texto, resulta ser su media hermana. Bruno, sin saberlo, roba y mata por dinero y así poder escapar con ella, que está esperando un hijo suyo. Se lo captura, se lo azota, se lo humilla públicamente y se lo deporta al presidio galapaguense, de donde escapa al mando de su empresa pirática en busca de "venganza." Una vez capturado, se lo condena a muerte no sin antes contarle que su madre fue adúltera y que producto de ello su amada es su hermana; al final se alegra de ir a la horca.

7. La novela arranca en 1852, época en la cual se temía que el ex-presidente y general Flores intentara usurpar el poder a Urbina, presidente desde 1851. Se sabía que Flores, quien fue el primer mandatario del Ecuador, se encontraba reuniendo hombres para tal propósito y se avizoraba una invasión a Guayaquil, pues se tenía noticia de que se encontraba cerca y de que era una cuestión de días para que desembarcara con sus tropas. Ayala Mora lo resume así: "Cuando el Caudillo [Flores] se hizo elegir Presidente por una segunda y hasta una tercera vez y puso en vigencia una constitución, la Carta de Esclavitud (1843), que establecía la dictadura perpetua, la reacción nacional acaudillada por la oligarquía guayaquileña lo echó del poder (1845). Los años subsiguientes los pasó organizando invasiones al Ecuador con mercenarios extranjeros, al servicio de España y el Perú" (30).

8. Briones y sus acompañantes, presidiarios todos, se jactaron de sus hazañas, pues alegaban haber peleado por la patria y derrotado al invasor que iba a derrocar al presidente. Si bien los piratas esperaban una recepción heroica fueron capturados y sentenciados a muerte cuando llegaron al territorio ecuatoriano (Luna Tobar 80–81, Larrea 137–38).

9. Según la lectura de Howard, Foucault "... suggests that the incarceration of the insane through institutions of our own making enables us to distinguish between truth and madness and the marginal and the normal" (26).

10. Escribe Latorre: "Ninguno de los colonos iba como confinado, sino como colonizador voluntario, pero entre las recomendaciones que llevaba la comisión estaba la de buscar un lugar para un 'presidio' que el Gobierno se proponía mantener en aquellas islas" (*El hombre* 74).

11. Incluso cerca de 1930, refiriéndose al fracaso de la colonia noruega que intentara vivir en las Galápagos, señala Latorre: "... un archipiélago donde no había una infraestructura mínima ni comunicación permanente con el continente" (*El hombre* 243).

12. El resto del poema: "Alors, ô Villamil, quand la nuit étoilée / Surprendra les travaux chéris de la journée, / Le Florien satisfait mêlera dans ses chants / Ton nom, et sa Filis, tes bienfaits et ses champs: / Entouré de ses fils, et caressant son chien, / Il redira toujours que sur le sol florien / Tu appelas le premier, parmi ces déserts bois, / Hommes, plantes, troupeaux, arts, plaisirs, mœurs / [et lois, / Tous les biens de la paix ... de Cérès tous les dons, / Qui révèlent aux mers le bonheur des nations" (88).

13. Tuvieron varias discrepancias importantes, una de ellas en torno al célebre "Canto a Bolívar." Para una interpretación nueva del tema léase el artículo de Burgos Jara "Olmedo y Bolívar en conflicto: Una relectura de 'La victoria de Junín: Canto a Bolívar'" (2008).

14. Según Latorre la colonización de Villamil por "su ilusión de ser dueño del archipiélago" cambió los siguientes nombres: de Chatham a Mercedes; de Indefatigable a Bolivia; de Duncan a Ana; y de James a Olmedo (77).

15. Específicamente cuando el narrador se refiere a los presos: "... constituyendo, según ellos, un gobierno independiente, que no reconocía potestad superior en la tierra ni tenía obligación de obedecer a hombre alguno que se presentara en adelante, imponiéndoles cargas. Se creían libres y con facultad de hacer por sí lo que las autoridades del Ecuador habían hecho con ellos" (49).

16. Bruno dice: "... mantenernos en ese desierto que dejamos, sufriendo hambres y desnudez y cuanto usted sabe; usted era el carcelero de nuestras vidas, el verdugo destinado a hacernos cavar el sepulcro de la desesperación" (62).

17. Indica Lazo: "Given the vacuum in social control, pirates can vie for control with governmental authorities" (230–31).

18. En la edición de *El pirata del Guayas* publicada por *El Telégrafo* de Guayaquil en 1904, los editores (…) muestran gran sorpresa ante el hallazgo de esta obra de Bilbao: "… En la primera parte reproduciremos la obrita titulada "El pirata del Guayas" […] es rarísima y casi podemos asegurar que el ejemplar que poseemos es el único que existe en Guayaquil; pues la edición fue destruida y el referido ejemplar ha sido uno de los pocos que se salvaron y procede del archivo de Rocafuerte. En la época en que se dio a la luz hizo una gran sensación, y nuestros ancianos le recuerdan con gran interés; pero las nuevas generaciones no le conocen y creemos que prestarán toda atención a esas páginas conmovedoras o terribles en las que palpita uno de los dramas más interesantes de la vida real" (citada en Quiroz, 10).

19. Entiéndase la espectacularidad definida por Guy Debord.

20. La hacienda de Manuel Cobos "El Progreso" duró desde 1879 hasta 1904 cuando fue asesinado, hecho que desencadenó la publicación de crónicas sobre los crímenes en las islas.

21. Los de Latorre son *La maldición de la tortuga* (1980–90), *El hombre en las Islas Encantadas: la historia humana de Galápagos* (1999) y *Manuel J. Cobos, emperador de Galápagos* (1991); el de Donoso Game se titula *El cacique de las Galápagos* (1994); y el de Yánez Cossío *Esclavos de Chatham* (2006).

Capítulo 6

1. "Sin hipérbole, pero también sin regateos empequeñecedores creo que (…) es un aporte fundamental a la bibliografía ecuatoriana de los últimos años. Libro definitivo que, prácticamente, cubre la integralidad del tema, abordándolo por todos los ángulos de contemplación posibles (…) El libro se complementa con la más amplia información estadística que ha podido recogerse hasta hoy sobre las islas" (Naveda 549–53).

2. "Reúne la descripción pintoresca con el dato científico (…) Es una valiosa contribución al conocimiento del territorio patrio y el lector estará satisfecho (…) Un deseo sincero de servir a la patria" (Naveda 563).

3. "Todo lo que pueda interesar al lector curioso o despreocupado está incluido en la obra Galápagos a la vista (…) que ahora va a aparecer en forma de libro con 600 páginas de texto, interesante, útil y de muy patriótica intención" (Naveda 568).

4. Como propone Iván Carvajal: "… Rasgos de esta 'esquizofrenia' [establecer el patriotismo] entre el afán del intelectual que tiene que crear o recuperar la patria y el afán del artista que quiere crear un poema, los encontramos ya en la narrativa social (…) Ahí donde prima el interés pedagógico, ahí donde interviene desnuda la posición ideológica" (227).

5. Margret Wittmer, autora de *Postlagernd Floreana: Ein außergewöhnliches Frauenleben am Ende der Welt* (1949), colona alemana quien viviera allí con su familia durante la época y fuera relacionada con historias de espionaje, menciona seis visitas de periodistas entre 1932 y 1942 (Grenier 82–83).

6. Ortega y Gasset, con deliberada imprecisión, escribe: "El caso del delfín es de los más extraños, los escolásticos subrayan ya como un atributo específico de la humanidad la risibilitas, la aptitud para la risa y sonrisa. 'La alegría del delfín' fuera un espléndido título bajo el cual, equivocadamente, podía hacerse un profundo estudio de psicobiología o un vaudeville" (528). Sigue: "… intimar con dos hórridas iguanas: la de mar y la de tierra, representantes en postrera degeneración de la gran raza heráldica de los dragones, de los saurios" (530). La noción del vodevil así como aquella tocante a la mitología que señala Ortega y Gasset predice, acertadamente, la forma como se evaluará a las Galápagos en el futuro, específicamente de cara a la estructura mercantil.

7. Worden escribe: "*Harper's* (1852–1975), *Atlantic Monthly* (1882–2002), *National Geographic* (1921–88), and the *New York Times* (1899–2001) [sic] illustrate that the islands were first popularized by their mysterious and otherworldly appeal and only later by their scientific value" (29–30).

8. Morote, investigador peruano, señala que "las Islas Galápagos del Ecuador influyen en la seguridad de nuestra costa norte en el papel que debe desempeñar el Perú como líder ... Fueron conquistadas por Tupac Yupanqui. Bolívar entregó a Guayaquil, a la sazón peruana, a la Gran Colombia, pero no las islas que están frente a dichas costas nacionales ... Ecuador siempre ha logrado nuevos territorios en desmedro del Perú. Debe aclararse la posesión por parte del Ecuador del Archipiélago de Galápagos ... islas con nombre quechua" (citado en Luna Tobar 318). El pleito fronterizo con el Perú se solventó recién en 1995 con la firma del Acta de Brasilia.

9. En un discurso al Congreso de 1901 el presidente Eloy Alfaro dijo: "Además debe pensarse seriamente en la colonización de las principales Islas, estableciendo familias ecuatorianas en ellas; familias que deben recibir del Estado la subvención necesaria hasta que adquieran su modo de vivir en el nuevo territorio. Sin colonización ecuatoriana en el archipiélago, la soberanía de la República sería nominal y estaría sujeta a todos los caprichos y vaivenes de las colonias extranjeras" (33–34). Aproximadamente quince años más tarde, en una circular al gobernador de Guayaquil, él mismo escribió: "He recibido insinuaciones para arrendar el Archipiélago de Galápagos a los Estados Unidos de Norteamérica, por el precio de 15 millones de dólares y el tiempo de noventa y nueve años (...) Desde que formamos una Nación independiente y soberana, no hemos reportado utilidad alguna de las Islas mencionadas; sino antes bien nos han ocasionado gastos para conservarlas y mantener en ellas la soberanía ecuatoriana. Por lo general los terrenos son estériles; siendo muy limitada la zona productiva y adecuada para la agricultura. Pero, en cambio, el grupo de estas islas se presta para el desarrollo en grande de la pesca (...) industria que formaría una fuente inagotable de riqueza (...) Aparte de esto, la posición geográfica de nuestro archipiélago, lo colocará entre los más importantes del mundo de Colón, tan luego como se abra el Canal de Panamá" (citado en Luna Tobar 412).

10. La novela de Vásconez Hurtado, *Galápagos. La Isla de los gatos negros* (1981), se basa en estos sucesos.

11. El autor critica que "Los miembros de la UNP alcanzaron a surcar las aguas del Archipiélago y recoger de las playas isleñas desconsoladoras impresiones, que a su retorno fueron publicadas en los rotativos de la capital. La delegación de periodistas permaneció en Galápagos poco menos de un mes, tiempo que resulta muy estrecho para conocer bien solo una de las islas grandes" (Naveda 379).

12. Naveda escribe en el prólogo: "… el pasado histórico y de leyenda del Archipiélago de Colón, me ha sugerido verter una gota de agua en el océano de valiosas producciones literarias, adoptando un plan de composición sencillo, ameno y ajustado a la más estricta verdad" (16).

13. Cevallos también escribe: "Es la primera línea de fuga dentro de esta geografía (…) es también la primera hacia el proyecto de Estado nacional (…) En la esfera del lenguaje y en el marco de un proyecto nacional, se puede ver al realismo como una superación del modernismo" (157).

14. Ospina, Idrovo y Grenier, véase obras citadas.

15. En especial después de la guerra que se mantuvo con el Perú por motivos limítrofes y que desembocaría con la firma del Protocolo de Río de Janeiro en 1942 donde, según Ayala Mora, "se cedía la mitad del territorio que el Ecuador había reclamado históricamente" (38).

16. Latorre escribe lo siguiente: "La expectativa de los ecuatorianos por la llegada de los colonos nórdicos era grande y se imaginaban que transformarían las islas y los mares adyacentes" (*El hombre* 236).

17. Escribe Naveda: "La colonia penal se fundó el año 1944, con el propósito de enviar a ese lugar a los rateros reincidentes, para que fueran sometidos a un régimen de reeducación, hasta por el tiempo de cinco años. Después se hizo costumbre sin que nadie lo hubiera autorizado legalmente, remitir toda clase de delincuentes, sin sujeción a ningún régimen carcelario, ni ninguna ley, únicamente por el arbitrio de hombre sin experiencia, (…) se puso en práctica (…) los métodos más inhumanos, tales como trabajos especiales, quizá fuera el alcance humano, la ley de fuga y otros procedimientos (…) habían 231 penados (…) unos caían al abismo de las piedras por su debilidad, y otros morían de inanición" (468–69). Según Ospina la segunda colonia penal se estableció en 1946 y se desalojó en 1959 (10). Según Latorre duró mucho más: "Ya desde esta época los gobiernos tomaron la costumbre de deportar a los opositores políticos, como castigo y para silenciarlos; costumbre que duraría hasta la década de 1970" (*El hombre* 341).

18. Habla de prostitutas (Naveda 60–61), espías y asesinos (82–90), marinos desertores (101–07), ex-militares enfermos cuyo "espectro errante se muestra las noches" (112) y piratas, entre otros personajes (162–63) que se presentan románticos y proclives a reformarse si es que el Estado lo quisiera.

19. Ospina escribe: "Galápagos es un verdadero laboratorio de la construcción de identidades sociales a ritmos vertiginosos (…) no es raro que el proceso migratorio hacia Galápagos haya sido muy intenso desde fines de los años setenta (…) convirtiéndola en la tercera provincia de mayor crecimiento del país" (2).

20. Se suponía que después de la ocupación de la isla Baltra la marina estadounidense entregaría las instalaciones construidas a las autoridades del Ecuador pero se dejó muy poco. Lo más útil, sin duda, fue la pista del aeropuerto, en Baltra, la misma que se usa hoy en día. La infraestructura que se pudo demoler fue demolida, e incluso se lanzaron vehículos y equipos al mar. La instalación de una base de los EEUU, fue nefasta dado que los soldados practicaron tiro al blanco con los lobos marinos y las iguanas, y que se comieron todas las tortugas de la isla, explicando así la ausencia total de estos animales en el lugar (Sylva Charvet, "Colonialismo" 715). De cualquier modo, la armonía con el paisaje o el medio ambiente que se pudiera plantear a priori se ve cuestionada por dicha base.

21. Escribe Naveda: "… debemos acariciar las ideas que tiendan a mantener el prestigio de su descubrimiento [de Darwin]" (232).

22. Sí se menciona a sus precursores, principalmente a su abuelo Erasmo Darwin y al naturalista francés Lamarck.

23. El modernismo latinoamericano estuvo presente en el Ecuador hasta la década de los treinta, aunque esto sea debatible. No sorprende entonces notar que la escritura de Naveda hable de tópicos tales como sirenas, suspiros esotéricos, o que incluya expresiones como "surca Ulises con sus naves" (72–74). Hay que recordar que modernistas como Gómez Carrillo y Asunción Silva, además de otros tales como Martí, Darío y Nájera, escribieron crónica de viajes.

24. Latorre: "Hay un momento histórico que vale la pena resaltar: la visita de los dos científicos europeos Eibl-Eibesfeldt y Bowman en 1958 para constatar la situación real del Archipiélago (…) El resultado fue animar al Ecuador a declarar Parque Nacional para conservarlo y respaldar a La Fundación Charles Darwin, las dos instituciones para conservar Galápagos" (*El hombre* 8–9).

25. En septiembre de 1978 la UNESCO declaró a las islas patrimonio natural de la humanidad.

Capítulo 7

1. "El espectáculo, como tendencia a visualizar, merced a diversas mediaciones especializadas, un mundo que ya no es directamente accesible, encuentra normalmente en la vista el sentido humano privilegiado (…) La mercancía es la ilusión efectivamente real, y el espectáculo es su manifestación general (…) El espectáculo es un dinero sólo para mirar" (Debord 43–59).

2. Decía Paul Valéry: "No hay mercado, no hay intercambio sin lenguaje; el primer instrumento de todo tráfico es el lenguaje, se puede decir aquí (dándole un sentido convenientemente alterado) el célebre enunciado: Al comienzo fue el Verbo. Fue necesario que el Verbo precediera al acto mismo del comercio" (16).

3. El concepto original es *commodity-induced environmental change*.

4. Explicado por Debord: "El sistema económico basado en el aislamiento es una *producción circular de aislamiento* (…) todos los *bienes seleccionados* por el sistema espectacular constituyen asimismo sus armas para el refuerzo constante de las condiciones de aislamiento de las 'muchedumbres solitarias'" (48, cursivas en el original).

5. Lo efímero de la visita no crea una continuidad o un verdadero beneficio de este tipo de intercambios.

6. Ospina: "en las islas existe una sociedad 'próspera' si la medimos con las trágicas medidas de la sociedad ecuatoriana" (1).

7. Idrovo escribe: "De manera que en Galápagos, a diario surgen polaridades para el modo de la destreza en el vivir. Todo depende del lugar en el amplio espectro de realidades y desacuerdos en el que a cada uno le corresponda estar. Por ejemplo, con gran frecuencia he visto que entre la gente bien de las islas, la charla nunca evita un sufrido análisis de los insondables problemas que bullen sin solución a la vista. Muy por el contrario, en compañía de aquellos isleños de pura cepa, cuyas callosas manos huelen a tierra fresca o a entrañas de bacalao, siempre he tenido que dar gracias por hacerme creer (…) que en lugar de conflictos solo hay lugar para un regocijo que jamás imaginé" (10).

8. La cita completa de Grenier: "Sans en faire pour autant 'la dernière instance' de toute explication, la notion de capitalisme permet en effet de regrouper un ensemble très vaste de facteurs qui déterminent en grande partie l'histoire des sociétés contemporaines avec la Terre. (…) il existe, outre des contradictions entre les impératifs du capitalisme et ceux de la préservation de la planète, une 'dichotomie entre l'interdépendance écologique mondiale et la fragmentation du système politique international'" (15–16).

9. Grenier escribe más adelante: "La loi se dissout ainsi dans la distance séparant l'État d'un espace ouvert où il n'a pas les moyens d'être présent" (74–75).

10. Escribe Idrovo: "Una tarde en San Cristóbal me hicieron una pregunta, ¿Galápagos, infierno o paraíso? Mi respuesta osciló ante aquella alegoría de que según nuestra actitud, Galápagos a una misma hora y como parte de su embrujo, puede crearnos esa impresión" (8).

11. La postura de Turner resume este problema; no concuerdo con ella necesariamente: "The polluter and the ecology freak are two faces of the same coin; they both perpetuate a theory about nature that allows no alternative to raping it or tying it up in a plastic bag to protect it from contamination" (45).

12. Escribe Idrovo: "… los operadores de turismo, guías, técnicos en preservación son gente 'de afuera,' una suerte de advenedizos que pertenecen a un estrato cultural y social diferente y que gozan, aparte de frecuentes y millonarios donativos internacionales, de ingresos y sueldos fijos durante todo el año por usufructuar de lo que por historia y derecho les pertenece a los galapagueños" (230).

13. Debord: "Al ser un subproducto de la circulación de mercancías, la circulación humana considerada como consumo, el turismo, remite fundamentalmente al ocio que consiste en visitar aquello que se ha vuelto *banal*. La ordenación económica de la frecuentación de lugares diferentes es ya, por sí sola, la garantía de su equivalencia. La modernización no ha extinguido únicamente el tiempo de los viajes, les ha hurtado también la realidad del espacio" (144).

14. En 2012, se declaró el estado de emergencia en las Galápagos porque el turismo se encuentra fuera de control, el lugar y el ecosistema no resisten la cantidad ingente de visitantes: más de cien mil en 2004 (Idrovo 239).

15. Según Grenier la administración del Parque Nacional Galápagos recibe $250,000 por año, la Fundación Darwin $450,000 y el nuevo proyecto "The Galapagos Islands Biosphere Reserve: an Analysis of Biological Diversity and Human Impact" ya ha recaudado $480,000 (111).

16. Es oportuno citar a Bhabha: "… we find ourselves in a moment of transit where space and time cross to produce complex figures of difference and identity, past and present, inside and outside (…) cultural hybridity that entertains difference without an assumed or imposed hierarchy (…). The Western metropole must confront its postcolonial history, told by its influx of postwar migrants and refugees, as an indigenous or native narrative internal to its national identity (162).

17. La noción de ciudadanía ambiental se diferencia, principalmente, de la clásica noción de política pública de cuidado del medio ambiente de los politólogos, por su particular enfoque en países en vías de desarrollo y por un análisis no necesariamente normativo.

Conclusión

1. Desde Kurt Vonnegut hasta el mexicano Ignacio Padilla y el español Alberto Vázquez-Figueroa, pasando por autores de ficción especulativa como Jennifer Bassett, y libros de literatura infantil y juvenil cuya ingente cantidad imposibilita listarlos. Hay algunos escritores ecuatorianos que también han escrito sobre las Galápagos: Pedro Jorge Vera, Leonardo Valencia, además del mencionado Jara Idrovo, por dar tres ejemplos.

2. La BBC hizo un documental sobre esta tortuga, que califica como "el animal más solitario del planeta." George murió en junio de 2012 por causas naturales, tenía alrededor de cien años.

Obras citadas

Adorno, Rolena. "The Discursive Encounter of Spain and America: The Authority of Eyewitness Testimony in the Writing of History." *The William and Mary Quarterly: A Magazine of Early American History and Culture* 49.2 (1992): 210–28.

Adorno, Theodor W. *Notas sobre literatura. Obra Completa.* Trad. Antonio Brotons-Muñoz. Ed. Rolf Tiedemann. 11 Vol. Madrid: Ediciones Akal, 2003.

———. *Prismas: La crítica de la cultura y la sociedad.* Trad. Jorge Navarro. Barcelona: Ariel, 1962. Colección Zetein 4.

Aillón Tamayo, Aurelio. *Galápagos: tragedia y esperanza.* Quito, s. ed., 1954.

Ainsa, Fernando. "Las ínsulas de 'tierra firme' de la narrativa hispanoamericana: entre la memoria y la esperanza" en *La isla posible.* Eds. Carmen Alemany, Remedios Mataix y José Carlos Rovira. Universidad de Alicante: Associación Española de Estudios Literarios Hispanoamericanos, 2001: 17–27.

Aira, César. "Exotismo." *Boletín del Centro de Estudios de Teoría y Crítica Literaria* Boletín 3. (1993): 73–79.

Albrecht, Robert C. "The Thematic Unity of Melville's 'the Encantadas.'" *Texas Studies in Literature and Language: A Journal of the Humanities* 14 (1972): 463–77.

Alfaro, Eloy. *Mensaje especial del poder ejecutivo al Congreso Nacional de 1901 sobre el Archipiélago de Colón.* Quito: Impr. Nacional, 1901.

Arias, Augusto. "Galápagos, hasta hace algunos años …" en *Galápagos a la vista* por Bolívar H. Naveda. Quito: Casa de la Cultura Ecuatoriana, 1952: 565–56.

Ayala Mora, Enrique. *Nueva historia del Ecuador.* Quito, Ecuador: Corporación Editora Nacional: Grijalbo, 1983–95.

Barthes, Roland, Richard Miller y Richard Howard. *The Pleasure of the Text.* New York: Hill and Wang, 1975: 198.

Bartkowski, Frances. *Travelers, Immigrants, Inmates: Essays in Estrangement.* Minneapolis: U of Minnesota P, 1995.

Becerra, Eduardo. "Viajes sin islas: la aventura de la desventura en algunas novelas hispanoamericanas recientes" en *La isla posible.* Eds. Carmen Alemany, Remedios Mataix y José Carlos Rovira. Alicante: Universidad de Alicante: Associación Española de Estudios Literarios Hispanoamericanos, 2001: 67–74.

Beebe, William, and New York Zoological Society. *Galapagos, World's End.* New York: G. P. Putnam's Sons, 1924.

Obras citadas

Beecher, Jonathan. "Variations on a Dystopian Theme: Melville's 'Encantadas.'" *Utopian Studies* 11.2 (2000): 88.

Beer, Gillian. "Island Bounds." *Islands in History and Representation.* Eds. Rod Edmond y Vanessa Smith. London: Routledge, 2003: 32–42.

———. *Darwin's Plots: Evolutionary Narrative in Darwin, George Eliot and Nineteenth-Century Fiction.* Cambridge; New York: Cambridge UP, 2009.

Benjamin, Walter. *The Arcades Project.* Ed. Rolf Tiedmann. Trad. Howard Eiland y Kevin McLaughlin. Cambridge, MA y London: Belknap/ Harvard UP, 1999.

Berlanga, Fray Tomás de. "Carta a su Magestad de Fray Tomás de Berlanga, describiendo su viaje desde Panamá á Puerto Viejo, e los trabajos que padeció en la navegacion." *Colección de documentos inéditos relativos al descubrimiento, conquista y organización de las Antiguas posesiones españolas de América y Oceanía. Tomo XLI, Cuaderno II.* Madrid: Impr. de Manuel G. Hernández, 1884: 538–44.

Bhabha, Homi K. *The Location of Culture.* London ; New York: Routledge, 1994.

Bilbao, Manuel. "El Pirata Del Guayas." *Los crímenes De Galápagos (Archipiélago de Colón) El pirata del Guayas. Asesinato de Valdizán; asesinato de Cobos y Reina.* Guayaquil, Ecuador: Impr. de El Telégrafo, 1904: 12–96.

Bloom, Harold. *Herman Melville.* New York: Bloom's Literary Criticism, 2008.

Borja, Luis Felipe. "Documentos importantes acerca de Galápagos." *Boletín de la Academia Nacional de Historia antes Sociedad Ecuatoriana de Estudios Históricos Americanos* 26.68 (1946): 264–68.

Borja, Rafael. *Galápagos: mito y realidad.* Quito: Casa de la Cultura Ecuatoriana, 1948.

Bourdieu, Pierre, y Criado E. Martín. *Cuestiones de sociología.* Madrid, España: Istmo, 2000.

Bryant, John. "Rewriting Moby-Dick: Politics, Textual Identity, and the Revision Narrative." *PMLA: Publications of the Modern Language Association of America* 125.4 (2010): 1043, 1060, 1148.

Burgos, Carlos. "Olmedo y Bolívar en conflicto: una relectura de 'La victoria de Junín: Canto a Bolívar.'" *Semiosis: Seminario de Semiótica, Teoría, Análisis* 4.8 (2008): 193–235.

Burgos Jara, Carlos. *Entensión.* Guayaquil: Dirección de publicaciones de la Universidad Católica de Santiago de Guayaquil, 2008.

Buse de la Guerra, Hermann. "La expedición de Tupac Inca Tupanqui." *Historia Marítima del Perú. Época Prehistórica. Tomo II.* Lima, 1973: 859–928.

Obras citadas

Cabello de Balboa, Miguel. *Miscelánea Antártica: una historia del Perú antiguo*. Lima: Univ. Nacional Mayor de San Marcos, Facultad de Letras, Inst. de Etnología, 1951.

Campos Plaza, Ernesto. *Por las Galápagos*. Guayaquil: Imprenta Municipal, 1953.

Carrión, Benjamín. "Selección y Prólogo." *Las Catilinarias. El Cosmopolita. El Regenerador.* España: Biblioteca Ayacucho, 1985: ix–xxxviii.

Carvajal, Iván. "¿Volver a tener Patria?" *La cuadratura del círculo: Cuatro ensayos sobre la cultura ecuatoriana*. Quito, Ecuador: Orogenia, 2006: 191–297.

Castillo, Abel Romeo. "Galápagos: notas e impresiones." *Revista de la Casa de la Cultura Ecuatoriana*. Núcleo del Guayas. 1.2 (1964): 9–12.

Certeau, Michel de. *Heterologies: Discourse on the Other. Theory and History of Literature*, Vol. 17. Minneapolis: U of Minnesota P, 1986.

Cevallos, Santiago. "Hacia los confines." *La cuadratura del círculo: cuatro ensayos sobre la cultura ecuatoriana*. Quito, Ecuador: Orogenia, 2006: 119–88.

Chiriboga, Gerardo. *Galápagos: El hombre, la tierra y el paisaje*. Quito: Grupo América, 1948.

Chiriboga, Manuel. "Las fuerzas del poder durante el período de la Independencia y la Gran Colombia." *Nueva Historia del Ecuador*. Ed. Enrique Ayala Mora. 6 Vol. Quito, Ecuador: Corporación Editora Nacional: Grijalbo, 1983–95: 263–306.

Clifford, James. *Routes: Travel and Translation in the Late Twentieth Century*. Cambridge, MA: Harvard UP, 1997.

Colnett, James. *A Voyage to the South Atlantic and Round Cape Horn into the Pacific Ocean, for the Purpose of Extending the Spermaceti Whale Fisheries, and other Objects of Commerce, by Ascertaining the Ports, Bays, Harbours, and Anchoring Births, in Certain Islands and Coasts in those Seas at which the Ships of the British Merchants might be Refitted*. London: W. Bennett, 1798.

Colombi, Beatriz. "El viaje, de la práctica al género" in *Viaje y relato en Latinoamérica*. Eds. Monica Marinone de Borrás y Gabriela Tineo. Buenos Aires: Ediciones Katatay, 2010.

Copleston, Frederick C. *A History of Philosophy, Volume 7, Modern Philosophy, Part 1 Fichte to Nietzsche*. Garden City, NY: Image Books, 1965.

Cornejo Polar, Antonio. *Escribir en el aire: ensayo sobre la heterogeneidad sociocultural en las literaturas andinas*. 2016. www.digitaliapublishing.com/a/49608

Costales, Piedad, y Alfredo Costales. *Nina Chumbi y el General Villamil*. Quito: Editorial Publitecnica, 1984.

Obras citadas

Cowley, William. "A Short Account of My Voyage Round this Terrestrial Globe of the World from Virginia to England and through the Great South Sea." *Miscellanea Curiosa: Collected by Dawson Turner.* Vol. IV. Richmond, Virginia: Virginia Historical Society, 1686.

Los crímenes de Galápagos (Archipiélago de Colón). El pirata del Guayas (escrito por Manuel Bilbao), Asesinato de Valdizán; asesinato de Cobos y Reina. Guayaquil: Impr. de El Telégrafo, 1904.

Dampier, William. *The Voyages and Adventures of Capt. William Dampier. Wherein are described the Inhabitants, Manners, Customs, ... &c. of Asia, Africa, and America.* London: [unknown Publisher], 1776.

Darwin, Charles. *Journal and Remarks, 1832–1836.* London: Colburn. 1839.

———. *Journal of Researches into the Natural History and Geology of the Countries Visited during the Voyage of H.M.S. Beagle Round the World, under the Command of Capt. Fitz Roy.* London: J. Murray, 1845.

———. *The Origin of Species and the Voyage of the Beagle.* Ed. Richard Dawkins. New York: Alfred A. Knopf, 2003.

Dawkins, Richard. "Introduction" *The Origin of Species and the Voyage of the Beagle.* Por Charles Darwin. New York: Alfred A. Knopf, 2003

Debord, Guy. *La sociedad del espectáculo.* Trad. José Luis Pardo. España: Pre-Textos, 2010.

Defert, Daniel. "The Collection of the World: Accounts of Voyages from the Sixteenth to the Eighteenth Centuries." *Dialectical Anthropology.* 7.1 (1982): 11–20.

Deleuze, Gilles. *Desert Islands and Other Texts, 1953–1974.* Cambridge, MA: MIT Press, 2004.

———. *Essays Critical and Clinical.* Minneapolis: U of Minnesota P, 1997.

DeLoughrey, Elizabeth M. *Routes and Roots: Navigating Caribbean and Pacific Island Literature.* Honolulu: U of Hawai'i P, 2007.

Destruge, Camilo. "Una excursión al archipiélago en 1842." *Boletín de la Biblioteca Municipal de Guayaquil* 1.1 (1910): 5–11.

Donoso Game, Juan Francisco. *El cacique de las Galápagos.* Quito, Ecuador: Corporación Editora Manuel Andes, 1994.

Dugard, Jane. "The Influence of the Galápagos Islands on Charles Darwin, and the Subsequent Development of His Theory of Evolution." *Unisa* 7.2 (1991): 4–15.

Edmond, Rod. "Abject Bodies/Abject Sites: Leper Islands in the High Imperial Era." *Islands in History and Representation.* Eds. Rod Edmond y Vanessa Smith. London: Routledge, 2003: 133–45.

Obras citadas

Edmond, Rod, y Vanessa Smith. *Islands in History and Representation*. London; New York: Routledge, 2003.

Emerson, R. W. *The Complete Works of Ralph Waldo Emerson: Nature Addresses and Lectures [Vol. 1]*. Digital Ed. U of Michigan, 2006. quod.lib.umich.edu/e/emerson/

Engels, Eve-Marie, y Thomas F. Glick, eds. *The Reception of Charles Darwin in Europe*. London: Continuum, 2008.

Fernández, Christian. "Consideraciones para una edición crítica de *la segunda parte de la historia general llamada índica de Pedro Sarmiento de Gamboa*." *Lecturas y ediciones de crónicas de Indias: una propuesta interdisciplinaria*. Ed. y prólogo Ignacio Arellano. Ed. y epílogo Fermin del Pino Díaz. Madrid, Frankfurt: Universidad de Navarra; Iberoamericana; Vervuert, 2004: 319–25.

Fitzroy, Robert, Philip P. King, Warren D. Mohr, y Charles Darwin. *Narrative of the Surveying Voyages of His Majesty's Ships Adventure and Beagle, between the Years 1826 and 1836: Describing Their Examination of the Southern Shores of South America, and the Beagle's Circumnavigation of the Globe. in Three Volumes. Vol. I–III*. New York: AMS Press, Inc. New York, 1966.

Fogle, Richard H. "The Unity of Melville's 'the Encantadas.'" *Nineteenth-Century Fiction* 10.1 (1955): 34–52.

Foucault, Michel. *Madness and Civilization: A History of Insanity in the Age of Reason*. London: Tavistock Publications, 1971.

Franklin, H. Bruce. "The Island Worlds of Darwin and Melville." *Centennial Review* 11 (1967): 353–70.

Fuentes, Carlos. "La épica vacilante de Bernal Díaz del Castillo". *Valiente mundo nuevo. Épica, utopía y mito en la novela hispanoamericana*. Madrid: Mondadori, 1990: 71–94.

Gerassi-Navarro, Nina. *Pirate Novels: Fictions of Nation Building in Spanish America*. Durham: Duke UP, 1999.

Gerrig, Richard J. *Experiencing Narrative Worlds: On the Psychological Activities of Reading*. New Haven: Yale UP, 1993.

Gillis, John R. "Taking History Offshore: Atlantic Islands in European Minds, 1400-1800." *Islands in History and Representation*. London: Routledge, (2003): 19–31.

González Suárez, Federico. *Historia general de la República del Ecuador*. Quito: Casa de la Cultura Ecuatoriana, 1971.

Grenier, Cristophe. *Conservation contre nature : Les Îles Galápagos*. Paris: Editions de l'IRD, 2000.

Hacke, William, et al. *A Collection of Original Voyages ... Illustrated with Several Maps and Draughts*. London: James Knapton, 1699.

Obras citadas

Handelsman, Michael H. *Leyendo la globalización desde la mitad del mundo: identidad y resistencias en el Ecuador*. Quito, Ecuador: Editorial El Conejo, 2005.

Heyerdahl, Thor, y Arne Skjølsvold. *Archaeological Evidence of Pre-Spanish Visits to the Galápagos Islands: English and Spanish Texts*. Oslo: Norwegian UP, 1994.

Holm, Olaf. "Galápagos en la prehistoria ecuatoriana." *Tomás De Berlanga y el descubrimiento de Galápagos*. Ed. Octavio Latorre. Quito: O. Latorre T, 1996: 97–122.

———. "La navegación precolombina (análisis de una leyenda)." *Tomás De Berlanga y el descubrimiento de Galápagos*. Ed. Octavio Latorre. Quito: O. Latorre T, 1996. 79–96.

Hymowech, Steven. *A Transcendental Trace: The Impersonal Poet and the American Novel*, Diss. University at Albany. State U of New York P, 2008

Idrovo, Hugo. *Galápagos: huellas en el paraíso*. Quito: Ediciones Libri Mundi, 2005.

———. *Página oficial de Hugo Idrovo*. 2012. www.hugoidrovo.com/

Jara Idrovo, Efraín. *El mundo de las evidencias: obra poética, 1945–1998*. Quito: Libresa, 1999.

Jiménez de la Espada, Marcos. *Las islas de los Galápagos y otras más á poniente*. Madrid: Impr. de Fortanet, 1892.

Jonik, Michael E. *A Natural History of the Mind: Edwards, Emerson, Thoreau, Melville*. Diss. State U of New York Albany, 2010.

Kauffmann, Doig F. *Historia y arte del Perú antiguo*. Lima, Perú: PEISA, 2002.

Landázuri Camacho, Carlos. "La independencia del Ecuador (1808–1822)." *Nueva Historia Del Ecuador*. Ed. Enrique Ayala Mora. Vol. 6. Quito, Ecuador: Corporación Editora Nacional: Grijalbo, 1983–95: 79–126.

Lansdown, Richard. "'An Instinct for Truth': Darwin on Galapagos." *The Critical Review* 40: 109–22.

Larrea, Carlos Manuel. *El archipiélago de Colón (Galápagos): Descubrimiento, exploraciones científicas y bibliografía de las islas*. Quito: Editorial Casa de la Cultura Ecuatoriana, 1960.

Latorre, Octavio. *El hombre en las islas encantadas: La historia humana de Galápagos*. Quito:, 1999.

———. *Manuel J. Cobos, emperador de Galápagos*. Quito, Ecuador: Fundación Charles Darwin para las Islas Galápagos, 1991.

———. *Tomás de Berlanga y el descubrimiento de Galápagos*. Quito: O. Latorre T, 1996.

Obras citadas

Lawson, Andrew. "*Moby-Dick* and the American Empire." *Comparative American Studies: An International Journal.* 10.1, 2012: 45–62.

Lazo, Rodrigo J. "Filibustering an Empire: Transamerican Writing and United States Expansionism." Diss. U Maryland, College Park, 1998.

Levine, George. "Foreword" *Darwin's Plots: Evolutionary Narrative in Darwin, George Eliot and Nineteenth-Century Fiction*. Por Gillian Beer. New York : Cambridge University Press, 2009: ix–x.

Lionnet, Françoise. "Cosmopolitan or Creole Lives? Globalized Oceans and Insular Identities." *Profession* (2011): 23–43.

Livon-Grosman, Ernesto. *Geografías imaginarias: el relato de viaje y la construcción del espacio patagónico*. Rosario, Argentina: Beatriz Viterbo Editora, 2003.

Longinus, Dionysus. "On the Sublime" *The Critical Tradition* 3rd Edition. Ed. David Richter. Boston: Bedford/St. Martin's, 2007: 95-108.

Luna Tobar, Alfredo. *Historia política internacional de la islas Galápagos*. Quito: Ediciones Abya-Yala, 1997.

Manes, Christopher. "Nature and Silence." *The Ecocriticism Reader*. Eds. Cheryll Glotfelty y Harold Fromm. Athens, Georgia: U of Georgia P, 1996: 15–29.

Martínez, Nicolás G. *Impresiones de un viaje a Galápagos*. Quito: Talleres gráficos nacionales y observatorio astronómico y meteorológico. Sección de geofísica. Publicaciones, 1934.

McMahon, Elizabeth. "The Gilded Cage: from Utopia to Monad in Australia's Island Imaginary." *Islands in History and Representation*. Eds. Rod Edmond y Vanessa Smith. London: Routledge, 2003: 190–202.

———. "Encapsulated Space: The Paradise-Prison of Australia's Island Imaginary." *Southerly: A Review of Australian Literature* 65.1 (2005): 20–30.

Melville, Herman. *The Complete Shorter Fiction*. Intro. por John Updike. London: Everyman's Library, 1997.

———. *Moby-Dick*. Intro. por Charles Child Walcutt. New York: Bantam Classic, 2003.

Menéndez y Pelayo, Marcelino. *Orígenes de la novela*. Madrid: Casa Editorial Bailly Baitliere, 1915.

Mignolo, Walter. "Cartas, Crónicas y Relaciones Del Descubrimiento y La Conquista." *Historia de la literatura hispanoamericana. Tomo I, Época Colonial*. Eds. Manuel Alvar y Luis Íñigo Madrigal. Madrid: Cátedra, 2002: 57–116.

Obras citadas

Mills, Nick. "Economía y sociedad en el periodo de la independencia (1780–1845). Retrato de un país atomizado." *Nueva Historia del Ecuador*. Ed. Enrique Ayala Mora. 6 Vol. Quito, Ecuador: Corporación Editora Nacional: Grijalbo, 1983–95: 127–163.

Montaigne, Michel de, y M. A. Screech. *The Complete Essays*. London: New York: Penguin Books, 2003.

Murúa, Martín. *Historia general del Piru*. Santa Monica, CA: Getty Research Institute, 2008.

Musgrove, Brian. "Travel and Unsettlement: Freud on Vacation." *Travel Writing and Empire: Postcolonial Theory in Transit*. Ed. Steven Clark. New York: Zed Books, 1999: 31–44.

Myers, Kathleen Ann. *Fernández De Oviedo's Chronicle of America: A New History for a New World*. Austin: U of Texas P, 2007.

Naveda, Bolívar H. *Galápagos a la vista*. Quito: Casa de la Cultura Ecuatoriana, 1952.

Newbery, Ilse. "'Encantadas': Melville's Inferno." *American Literature* 38 (1966): 49–68.

Novitz, David. *Knowledge, Fiction and Imagination*. Philadelphia: Temple UP, 1987.

Olmedo, José Joaquín de. *Poesías, edición corregida conforme á los manuscritos o primeras ediciones, con notas, documentos y apuntes biográficos por Clemente Ballén*. Paris: Garnier Hermanos, 1896.

Olson, David R. *The World on Paper: The Conceptual and Cognitive Implications of Writing and Reading*. Cambridge: Cambridge UP, 1994.

Orlove, Benjamin S., Renzo Taddei, Guillermo Podestà y Kenneth Broad. "Environmental Citizenship in Latin America: Climate, Intermediate Organizations, and Political Subjects." *Latin American Research Review*. 46.4 (2011): 115–40.

Ortega y Gasset, José. "Galápagos, el fin del mundo." *Obras Completas*. Vol. 3. Madrid: Alianza Editorial, Revista de Occidente, 1927: 527–32.

Ortelius, Abraham. *Theatrum Orbis Terrarum*. Antwerp: G. Van Diest, 1570.

Osorio Garcés, Beatriz. "Charla sobre *El Carnero* de Juan Rodríguez Freyle (1859)." *Charla organizada por el Departamento de Estudios Romances de La Universidad de Boston*. 31 de marzo de 2010, Boston University CAS 200.

Ospina, Pablo. *Identidades en Galápagos: el sentimiento de una diferencia*. Quito, Ecuador: Ediciones Trama, 2001.

Pagden, Anthony. *European Encounters with the New World from Renaissance to Romanticism*. New Haven: Yale UP, 1993.

Paladines Escudero, Carlos. "Pensamiento independentista: el movimiento ilustrado ecuatoriano." *Nueva Historia Del Ecuador*. Ed. Enrique Ayala Mora. 6 Vol. Quito, Ecuador: Corporación Editora Nacional: Grijalbo, 1983–95: 165–209.

Pelayo, Francisco. "Darwinism and Paleontology: Reception and Diffusion of the Theory of Evolution in Spain." *The Reception of Darwin in Europe*. Eds. Eve-Marie Engels y Thomas F. Glick. London: Continuum Books, 2008: 386–89.

Pérez Pimentel, Rodolfo. "José María Villamil Joly." *Diccionario biográfico Ecuador*. www.diccionariobiograficoecuador.com/tomos/tomo7/v4.htm.

Porter, David. *A Voyage in the South Seas, in the Years 1812, 1813, and 1814: with Particular Details of the Gallipagos and Washington Islands*. London: Sir R. Phillips, 1823.

Pratt, Mary Louise. *Imperial Eyes: Travel Writing and Transculturation*. London; New York: Routledge, 1992.

Quiroz, Mabel. *Manuel Bilbao and the First Chilean Historical Novel: Critical Introduction and Annotated Edition of 'the Great Inquisitor.'* Diss. City U of New York, 2008.

Rendón, Paulette E. de. *Galápagos, las últimas islas encantadas*. Guayaquil, Ecuador: Museos del Banco Central del Ecuador, 1985.

Ribadeneira, Jorge. "Señor Don. Bolívar H. Naveda" en *Galápagos a la vista* por Bolívar H. Naveda. Quito: Casa de la Cultura Ecuatoriana, 1952: 571.

Rodríguez-Arenas, Flor María. "Introducción" *La emancipada*. Por Miguel Riofrío. Buenos Aires: Stockcero, 2005.

Rogers, Woodes. *A Cruising Voyage Round the World*. London: A. Bell, 1712. www.empire.amdigital.co.uk/contents/ 30 May 2019.

Sarmiento de Gamboa, Pedro. *Historia de los Incas*. Madrid: Miraguano Ediciones: Ediciones Polifemo, 1988.

Schmink Marianne, y José Ramón Jouve-Martín. "Editor's Foreword: Contemporary Debates on Ecology, Society, and Culture in Latin America." *Latin American Research Review*, Vol. 46.4 2011: 3–10.

Sommer, Doris. *Foundational Fictions: The National Romances of Latin America*. Berkeley: U of California P, 1991.

Specq, François. *Transcendence: Seekers and Seers in the Age of Thoreau*. Higganum, CT: Higganum Hill Books, 2006.

Obras citadas

Spenser, Edmund. *The Works of Mr. Edmund Spenser: In Six Volumes. with a Glossary Explaining the Old and Obscure Words. Publish'd by Mr. Hughes*. London: Printed for Jacob Tonson at Shakespear's Head, 1715. iiif.lib.harvard.edu/manifests/view/drs:14638555$2i 30 May 2019.

Steiner, George. *Language and Silence; Essays on Language, Literature, and the Inhuman*. New York: Atheneum, 1967.

Sulloway, Frank. "Darwin's Early Intellectual Development: An Overview of the Beagle Voyage (1831-1836)." *The Darwinian Heritage*. Eds. David Kohn y Malcolm J. Kottler. Princeton: Guildford: Princeton UP, 1985: 121–54.

Sylvia Charvet, Paola. "Colonialismo y colonización de las Islas Galápagos: un doble proceso depredador." *Cultura: Revista del Banco Central del Ecuador* 8.24b (1986): 711–23.

———. "Las Islas Galápagos en la historia del Ecuador." *Nueva Historia Del Ecuador*. Ed. Enrique Ayala Mora. Vol. 12. Quito: Corporación Editora Nacional Grijalbo, 1985: 253–303.

Tallmadge, John. "From Chronicle to Quest: The Shaping of Darwin's 'Voyage of the Beagle.'" *Victorian Studies,* 23.3 (1980): 324–45.

Thoreau, Henry D. *Walking*. www.thoreau-online.org/walking.html 30 May 2019.

Todorov, Tzvetan. *Nosotros y los otros: reflexión sobre la diversidad humana*. México: Siglo Veintiuno, 1991.

Valéry, Paul. *La libertad del espíritu*. Ediciones Elaleph.com, 2000.

Van den Abbeele, Georges. *Travel As Metaphor: From Montaigne to Rousseau*. Minneapolis: U of Minnesota P, 1992.

Vásconez Hurtado, Gustavo. *La isla de los gatos negros (Galápagos)*. Quito: La Quimera, 1981.

Vázquez-Figueroa, Alberto. *La Iguana*. Barcelona: Plaza & Janés, 1982.

Villamil, Francisco José de. "Una excursión al Archipiélago en 1842." *Boletín de la Biblioteca Municipal de Guayaquil*, 1:1 (Mar. 1910): 5–11.

Villoro, Juan. *De eso se trata*. Barcelona: Anagrama, 2008.

Vintimilla, María Augusta. Estudio introductorio a *El mundo de las evidencias: obra poética, 1945–1998 de Jara Idrovo, Efraín*. Quito: Libresa, 2003. Crónica De Sueños.

Vonnegut, Kurt. *Galápagos: A Novel*. New York, NY: Dell, 1986.

Walton, Kendall L. "How Remote are Fictional Worlds from the Real World?" *Journal of Aesthetics and Art Criticism*. 37.1 (1978): 11–23.

White, Hayden V. *Metahistory*. Baltimore: Johns Hopkins UP, 1973.

"Wild Bull Shooting in the Galapagos Islands." *Harper's* 24 (1877): 160.

Wittmer, Margret. *Floreana*. Oswestry, Shropshire: A. Nelson, 1996.

Worden, Joel Daniel. "The Galapagos in American Consciousness: American Fiction Writers' Responses to Darwinism." Diss. U of Delaware, 2005.

Yánez Cossío, Alicia. *Esclavos de Chatham*. Cuenca, Ecuador: Editorial Sano Placer, 2006.

Ziegler, James. "Charles Olson's American Studies: Call Me Ishmael and the Cold War." *Arizona Quarterly: A Journal of American Literature, Culture, and Theory* 63.2 (2007): 51–80.

Zimmerer, Karl. "'Conservation Booms' with Agricultural Growth? Sustainability and Shifting Environmental Governance in Latin America, 1985–2008. (Mexico, Costa Rica, Brazil, Peru, Bolivia)." *Latin American Research Review* 46.4. (2011): 82–114.

Índice alfabético

abandono estatal, 109, 110
abyecto/lo abyecto, 112
adaptación, 46
Adorno, Rolena, 13
Adorno, Theodor, 110, 122
Aira, César, 27
aislamiento
    carencia del efecto de, 144
    casi infernal, 19
    o conexión del imaginario, 129
    en Darwin, 5, 46, 47
    en la era global, 122–23
    estasis geográfica y política, 94
    fuera de protección estatal, 90
    identidad y, 49
    metáfora del satélite, 47, 48
    origen insular, 33
    punitivo como un espectáculo, 91
    en Sarmiento de Gamboa, 32
    sistema económico, 169n4
Albrecht, Robert C., 161n19, 162n32
Alfaro, Presidente Eloy, 97, 163nn41–42
    sobre colonización, 167n9
alteridad, 28
    en Melville, 64–65
América
    como enigma, 26
    reescritura heterogénea de, 27
americanidad, concepto de, 72
Ángela, 97, 164n6
animales
    docilidad animal, 56
    énfasis en la especificidad animal, 45–46
    parentesco con seres humanos, 121
    Véase también avestruces, iguanas, tortugas, vizcachas
anonimia, problema de la, 83
apropiación, discurso de, 2

artistas ecuatorianos, 130
asentamiento
    dificultades de, 88
    particularidad de, 131
aspecto cromático, 65, 67
autenticidad, estrategia de, 83
autor, como "traductor," 55
autores ecuatorianos, 99, 105, 134, 171n1
autoridad
    ausencia de ecuatorianos en Darwin, 44
    autoridad narrativa en Melville, 68
    de Darwin, 57
    filosofía positivista, 68
    fuentes para, 154n6
    narraciones fundacionales, 18
    de Sarmiento de Gamboa, 30
avestruces, 54, 155–56n21

barbarie anti-moderna, 50
barbarie como producto del sistema, 97
barbarie, componentes de, 97
Barrera, Isaac, 101
Bartkowski, Frances, 147
bautismo como tema, 93
Beagle, 37, 158n1
    como *survey ship*, 114
    vaguedad de los viajes, 51
Beebe, William, 102
Beecher, Jonathan, 72, 160n9
Beer, Gillian, 28, 94, 121
Benjamin, Walter, 6
Berkeley, George, 51
Berlanga, Tomás de
    desplazamiento geográfico, 34
    no bautizar las islas, 19
    oposición con relato de Sarmiento de Gamboa, 24
    poca descripción de la fauna, 22
    técnicas retóricas, 4

Índice alfabético

Berlanga (*continuación*)
    ubicación de las islas, 11–12
    valor de las islas, 15–16
    visión general de obra, 3–4
Bhabha, Homi K., 171n16
Bilbao, Manuel
    análisis reductivo, 91
    ansiada preocupación, 83
    antecedentes, 81
    define a los presos, 95
    fuentes de archivo, 82–83
    como hombre público e
        intelectual, 81
    informe de Hernández
        comparado, 88
    poema de Olmedo y, 93
    como representante criollo, 96
    visión general de, 6
Bloom, Harold, 59, 160n3
Bourdieu, Pierre, 153n9
Briones y acompañantes, 9, 83, 86,
    99, 164n8
Bruno, 86–87, 97, 164n6, 165n16
Bryant, John, 5
bucaneros, 14
Burgos Jara, Carlos, 94, 158n14,
    164n4

Cabello de Balboa, Miguel, 23, 31
Caldas, Francisco José de, 51
Canal de Panamá, ubicación
    próxima, 104
caos fundacional, 50
Caparrós, Martín, 141
capital humano, 78, 93
capitalismo, 117
    noción capitalista en Idrovo, 125
capital social, 125
carencia de habitantes
    en Berlanga, 13–14
    en Bilbao, 89
    carencia de indígenas, 95
    efecto en aparato crítico, 35
    énfasis en la especificidad
        animal, 45–46

Galápagos como algo incómodo
    para postulación postcolo-
    nial, 28
génesis de la identidad
    galapaguense, 158n5
gobierno y, 43
hostilidad del paisaje, 14
imaginario foráneo actual, 111
impacto en los textos, 1–2
teoría de la selección natural y, 28
textos coloniales, 28
textos en inglés, 95
Véase también habitantes
Carrión, Benjamín, 101
Carta a su majestad (Berlanga)
    comparado con textos coloniales
        paradigmáticos, 21–22
    copia facsímil, 149–52
    descripción en general, 20–22
    doble lectura de, 18
    interrogantes, 11
    pasaje sobre piedras de diaman-
        tes, 16
    reediciones, 158n13
    reproducida por Idrovo,
        131–32
    título del texto, 20, 156n23
    tradición representativa de las
        islas, 49
    visión general de la obra, 4
Carta de Esclavitud, 164n7
Carta Magna, 97–98
cartografía/modelo cartográfico
    afán por controlar el espacio, 9
    cambios en los mapas, 9
    composición del imaginario y,
        20
    en Darwin, 5
    importancia de, 4
    mapa de Ortelius, 153–54n3
    mapas coloniales, 11
    mapas en inglés, 5
    primeros mapas europeos, 12,
        153–54n3
    proceso de apropiación, 13

Índice alfabético

representaciones del espacio, 12–13
técnicas de escritura, 13
Carvajal, Iván, 166n4
Casanova, Camilo, 79
Castillo, Abel Romeo, 101
caza de toros, 103
Certeau, Michel de, 140, 159n18
Cevallos, Santiago, 168n13
ciudadanía ambiental, 137–38, 171n17
civilización
    anhelada pero irreal, 88
    empresa civilizada ecuatoriana, 74–75
    proyecto civilizatorio institucional moderno, 82
civilización-barbarie
    barbarie se define, 95–96
    en De Montaigne, 154n9
    impacto del texto de Bilbao, 96–97
    molde desgastado de, 85
Clifford, James, 34
Cobos, Manuel, 99, 166n20
Colnett, James, 20
colonia penal
    alterando el imaginario, 36
    como ausencia burocrática, 111
    idea nace de, 88
    Naveda sobre, 168n17
    como sitio turístico, 98
    Véase también presidiarios
colonización
    abandono estatal y, 111
    Alfaro sobre, 167n9
    durante Segunda Guerra Mundial, 105
    función de, 33
    por hacendados, 111
    ímpetu ecuatoriano, 75
    intentos fallidos en siglo XX, 110
    nacional o extranjera, 110–11, 115
    noruega, 101, 102, 110–11, 165n11
    obsesión por, 104
    para asegurar la ocupación, 48, 57, 104
    potenciales beneficios, 115
    de Villamil, 165n14
comercio, fines comerciales en las islas, 76
condensación espacial, 147
conocimiento imperial, 25
conquistadores, 27
conservación, tema de
    crisis, 1
    grupos de interés, 128
    territorios de biota especial, 129
consumo de la experiencia, 53
contra-cultura
    Bourdieu sobre, 153n9
    las islas como espacio de, 9
corriente de Humboldt, 160n12
cosmopolitismo, 9, 135
Costales, Piedad y Alfredo, 16, 17
Cowley, William, 20, 21, 42, 43, 45, 154n12
creacionismo, 39, 56
    peso del, 55
creole, 135–36
criminal, noción del, 112
crítica postcolonial, 27
crónica como documento histórico, 30
crónicas rojas, 98–99
Crusoe, Robinson, 79, 94
"Crusoe de Galápagos," 109
cuadro de costumbres, 109

Dampier, William, 14–16, 154n10
Darwin, Charles
    autores coloniales y, 55
    como autoridad, 18
    cartas y diario, 38
    centenario de la visita, 102
    corpus intratextual darwiniano, 53
    Dawkins sobre, 41
    desvirtuado en Melville, 65
    efecto de purgación, 49

Índice alfabético

Darwin (*continuación*)
    estadía en las islas, 160n13
    en Idrovo, 124
    institucionalización burocrática en Ecuador, 36
    maleabilidad narrativa en, 46
    marco teórico inicial, 39
    Melville parodia a, 63
    Naveda sobre, 113–14
    nombre de un avestruz, 155–56n21
    publicación de sus textos, significado, 5
    recepción por ecuatorianos, 114, 147
    técnicas retóricas, 38, 40, 55
    textos coloniales vis à vis, 36
    tres puntos principales, 46
    viajes, 37
    visión general de, 5
Dawkins, Richard, 41
De Bry, Théodore, 131
Defert, Daniel, 19, 27
Deleuze, Gilles, 4, 32, 33, 34, 55, 132, 159n21
    imagen del rompecabezas, 73
delfines, 166n6
"De lo sublime," 33
DeLoughrey, Elizabeth, 12
denuncia social, 110
Derisle, Guillaume, 19
desconocido, lugar "desconocido," 33
descripción etnográfica, en el inicio, 1
descubrimiento, 11
    mapas en, 12
    Mignolo sobre, 153n1
    por los incas, 24
diamantes, pasaje sobre piedras de diamantes, 16–17
    reproducido por Idrovo, 130
    teoría de Pratt, 155n17
difusión mediática, 141
discurso científico
    bibliografía referencial, 57
    carencia de habitantes, 28
    citas europeos, 44
    conflictos con la política, 39
    Darwin como sabio, 159n22
    imaginario transformado por, 38
    inglés, 41
    las islas como edén científico, 56
    jerga científica, 107
    marco teórico de Darwin, 39
    movimiento textual de Darwin, 39–40
    en Naveda, 106, 108
    observación experimental, 56
    prestigio, 40
    proceso de recepción, 49
    síntesis darwiniana, 52–53
discurso dominante
    incomodidad de algunos textos, 2–3
    niveles discursivos, 141
    cómo se construye, 135–36
discurso ecológico como engaño, 141
discurso "en negativo," 70
discurso hegemónico
    aparición, 1
    las islas como paraíso, 144
    mercantil y turístico, 53
discurso oficial
    contradicciones en, 104
    fines comerciales, 98
    imágenes de las islas, 99
    mercantil, 104
    sitio incontrolable, 99
discursos alternos, 143
distopía, 17, 29, 160n9
    en Melville, 60
docilidad animal, 56
doctrina Monroe, 112, 115
Dugard, Jane, 159n23

ecología
    discurso, 141
    disfraz del discurso mercantil, 2
    fundación, 159n19
ecosistema, turismo y, 121

Índice alfabético

ecoturismo, 116
  intereses económicos y, 119
Ecuador
  anexación de las islas, 162n33
  apropiación del contexto por Melville, 60
  autores ecuatorianos, 77, 99, 105, 134, 171n1
  caos fundacional, 50
  contexto colonial, 83
  crecimiento económico en los años cincuenta, 115
  crisis de identidad, 101
  desfase entre extranjeros y locales, 104
  lo ecuatoriano, 147
  historia turbulenta, 158n14
  homogeneización falaz, 134
  imagen indefensa, 119
  intentos por ocupar el territorio, 48, 57, 104
  intereses en las islas, 78, 118–19
  locales y continentales, 134
  minorías históricas, 135
  como nación emergente, 50
  como país dolarizado, 129
  posesión de las islas, 74
  recepción de Darwin, 114
  región amazónica, 146
  relación de las islas con, en Naveda, 107
  serie de crónicas, 104
  como sujeto, 55
  sumisión instrumental, 56
  tumulto post-independencia, 77
  usos de las islas, 98
  vender, alquilar o negociar las islas, 57, 77, 163n41, 167n9
lo ecuatoriano, 147
ecuatorianos, significado de las islas, 8–9, 77
Edmond, Rod, 91, 112, 128, 129, 159n16
El Comercio, 144
elipsis, 68
élites
  criolla, 74
  en la era global, 130
  relaciones de poder criollo y terrateniente, 83
El pirata del Guayas (Bilbao)
  componentes epítomes de la ficción fundacional, 82
  crónicas adicionales, 164n3
  enloquecimiento del personaje, 84
  hibridez narrativa, 136
  imagen medular espectacular, 96
  publicación, 81
  reimpresión, 164n3
  reimpresión tardía, 165–66n18
  ruptura en, 145
  visión general de, 6
El Telégrafo, 97, 99, 164n3, 165n18
Emerson, Ralph Waldo
  apreciaciones sobre, 160nn4–5
  Dios en, 78, 160n4
  escepticismo de Melville, 59
  Melville sobre, 160n3
  "Naturaleza," 62
encantado, calidad de, 25–26
  en Darwin, 39
Engels, Eve-Marie, 159n22
era global
  borrar fronteras maniqueas, 128
  élites, 130
  estabilidad y representatividad, 129–30
  imaginario, 118
  investigaciones científicas en, 133
  roce entre colonos ecuatorianos y extranjeros, 109
  turismo en, 122
  Véase también globalización
escenario cósmico de la poesía, 138
Esmeraldas, 135
espacio
  condensación espacial, 147
  formación geológica del, 51

Índice alfabético

espacio (*continuación*)
    identidad y, 125–26
    manifestación viciada del, 12
    en Melville, 59
    mercantilización del, 122
    reformación material del espacio, 147
    separado del Ecuador, 107
    y no lugar, 140
espacio abierto, 71, 90, 126, 127
espacio anti-moderno, 90
espacio insular
    reconstrucción del, 28
    como significante sin potestad, 117
espectacularidad, 146
espectáculo, 169n1
estado ecuatoriano
    abandono estatal, 109, 110, 111
    ausencia burocrática, 111
    cambio fundacional, 116–17
    dificultad de acceso, 126
    en la era global, 133
    fundaciones e instituciones estatales, 133
    manejo adecuado vis à vis intereses internacionales, 118–19
    modernización de Galo Plaza, 114–15
    Plan General de la Cooperativa Agrícola Industrial Ecuatoriana, 118
    presencia del, 111
estado-mercado, pugna de, 2
estado-nación
    administraciones oligarcas, 96
    caso de estudio único, 2
    construcción del, 81–82
    definir lo abyecto, 112
    Ecuador, 158n14
    fascinación romántica por narraciones de aventuras, 94
    fragmentación estatal, 50, 84
    intentos de golpe de estado, 96
    liberal progresista, 87
    movimiento como criterio de definición, 94
    narrativas fundacionales, 24
    piratas y, 96
    producción cultural, 83
    proyectos nacionales y violencia, 87
    reformas liberales, 97
    tema bautismal, 93
    violencia en, 85, 89
Estados Unidos
    centenario de la visita de Darwin, 102–03
    ficticio programa radial estadounidense, 102
    intervenciones estadounidenses, 77, 117
    negociar arrendamiento, 163n41, 167n9
    ocupación durante Segunda Guerra Mundial, 7, 77, 105, 122, 168–69n20
    política del panamericanismo, 115
    "presencia imperial" en siglo XX, 116
    presencia neoimperialista, 7
    revistas, 102–03
estasis, 34
Estonia, 109
estructura social, 93, 98
eurocentrismo peninsular, 13
evolucionismo
    componente medular de la teoría, 161n18
    institucionalización de, 147
    Melville sobre, 67
    origen de la idea, 39, 159n16
    representación evolucionista, 49–50
    representación imperialista, 56
    significado de las islas, 90–91
    totalidad y, 50
    tres puntos principales, 46
    viabilidad, 55

Índice alfabético

exilio, 85
expediciones científicas, siglo XX, 101
experiencia sensorial, 51–52
experiencia, venta de la, 132

fabulación, 154n12
   en Sarmiento de Gamboa, 25
familia, ruptura, 97
fenómeno y elucubración, 24
Fernández, Christian, 30
Fernández de Oviedo, 156n7
ficción
   como auxiliar del pensamiento, 27
   como creadora de identidad, 107
   crónicas y, 82–83
   las islas como espacio inagotable, 140
   Naveda sobre, 109
ficción fundacional, 6
   consideraciones a Herman Melville, 139
   El pirata del Guayas (Bilbao), 81, 86, 164n4
ficción refundacional, 147
filibusteros, 86, 94
fisura identitaria, en Naveda, 7–8
Fitzroy, Capitán Robert, 20, 37, 51
   iguanas, 160n11
Flores, Presidente, 75, 163n40
   historia de, 164n7
"fluid text," teoría de, 5
Fogle, Richard H., 64, 73, 161n22
fotografías, 137
   representaciones visuales, 140
Foucault, Michel, 84, 95, 165n9
Francia, 51
Fuentes, Carlos, 29
Fundación Darwin, 133, 171n15

Galápagos: huellas en el paraíso (Idrovo)
   aparato de actores heterogéneo, 125
   cambio ambiental y discurso mercantil, 122
   carta de Berlanga en, 130–31
   como catálogo para visitantes, 132
   crónicas sangrientas de isla-presidio, 99
   cuestionar empresas extranjeras o el estado, 136
   formato, 153n6
   ilusión de independencia económica, 125
   imagen de la "huella," 134
   mapa de Melville en, 130–31
   visión general de, 7–8, 99–100
Galápagos
   dos tipos de, 33
   como espacio y como texto, 139
   historia borrada por Darwin, 49
   interés regenerativo y mutante, 105
   islas como sitios estratégicos, 90
   nombres indígenas, 19, 155n20
   nomenclatura, 19, 71, 74, 155n20
   oficios, 153n3
   oficios masculinos, 153n7
   como parque nacional, 116, 169n24, 171n15
   población actual, 153n2
   potencialidad para el turismo, 122
   segundo origen de, 33–34
   UNESCO patrimonio natural, 169n25
   vista desde el extranjero, 98
Galápagos a la vista (Naveda)
   características de, 105–06
   crítica favorable, 101
   crónicas sangrientas de isla-presidio, 99
   entre ciencias naturales y descripción literaria, 108–09
   exotismo y cientifismo, 106–07
   falta de objetividad, 108

Índice alfabético

Galápagos a la vista (*continuación*)
  hibridez narrativa, 136
  Premio Tobar, 101
  reseñas de, 105
  tono novelesco, 114
  valoración extranjera ignorada, 114
  visión general de, 6–7, 99
género relatorio, 11, 153n1
Gerassi-Navarro, Nina, 96
Gerrig, Richard J., 156–57n8, 157n15
globalización
  discusiones fértiles, 127
  ecocrítica de, 126, 127
  interpretación por artistas ecuatorianos, 130
  en marco teórico, 3
  resistencia, 118, 128
  Véase también era global
gobierno, abandono de, 109, 110
González Suárez, Federico, 24
Gran Colombia, 84
Grenier, Christophe, 19, 24, 126, 132, 137, 155n13, 158n8, 159n19, 170nn8–9
grupos de interés
  dominantes, 127
  fundaciones investigativas e instituciones estatales, 133
  internacionales, 129
Guantánamo, 115
Guayaquil, amenazada por filibusteros o corsarios, 86, 96
guerra con el Perú, 76, 101, 107, 168n15
  hostilidad hacia, 115

habitantes
  colonos versus visitantes, 135
  consecuencias del turismo, 123
  "cosmopolitas," 135
  creencias de, 108
  desazón e incertidumbre, 133–34
  diferenciación con los continentales, 84
  ecoturismo, 116
  énfasis en, 108
  exigencias contradictorias, 129
  homogeneización falaz, 134
  en Idrovo, 136
  imagen paradisíaca, 113
  en la imagen turística, 137
  legislaciones globales, 139
  lenguaje poético, 107–08
  en Naveda, 106, 107–08
  necesidades de, 115
  opiniones de las islas, 170n7
  oportunidades, 136
  permiso residencia, 8
  políticas de control, 8
  promesa de mejoría social, 8
  resistencia en la era global, 133
  siempre mutando, 136
  sujetos nacionales y extranjeros, 8, 109, 128, 170n12
  Véase también carencia de habitantes
Hacke, William, 154n12
Handelsman, Michael, 129
Harper's, 103
hermenéutica cognitiva, 29
Hernández, General, informe, 87–88, 90, 92, 93
Historia de los Incas (Sarmiento de Gamboa), 23
  construcción narrativa, 32
  fuerza del texto, 27
  partes perdidas de, 156n1
  veracidad e invención, 28
Humboldt, Alejandro von, 41
Hunilla, 66–67, 69, 70
  antecedentes, 161n21
  espacio dúctil, 72
  inefabilidad del narrador, 68–69
  lengua hablada, 71, 72, 161n24
  nacionalidad, 162n38
  relato de, 71
  ruptura estructural con cuento del náufrago, 79

Índice alfabético

simpatía no genuina de Melville, 71
tiempo, 66–67
Hymowech, Steven, 160n5

idea neoplatónica, 63
idealismo subjetivo, 51
identidad
    actual, 146
    arraigada, 91–92
    ciudadanía ambiental, 137–38
    ciudadano continental, 92
    ciudadano galapaguense, 92
    colisión de identidades, 147
    colonos versus visitantes, 135
    concepto molestoso, 134
    constante movimiento, 134
    construcción de, 144
    crisis nacional de, 101
    cuestionar sentimiento unificado, 135
    del Ecuador, 6–7, 107, 134, 142
    era global, 110, 134
    en la era global, 118, 124
    fabulación de, 147
    fisura identitaria, 7–8
    formación actual de, 112
    fundacional, 49
    híbrida, 135, 171n16
    ilegal, 91
    insular y migración, 112
    local, en Darwin, 55, 56
    nacionalismo, 107
    en Naveda, 6–7
    niveles discursivos, 140
    Ospina sobre, 168n19
    re-composición identitaria, 119
    redefinición identitaria constante, 147
    turista como formador de, 123
    viaje como búsqueda de la identidad, 8
    violencia y, 6
Idrovo, Hugo
    actividades de, 122
    confundir a los autores, 130–31

    documental de, 122, 155n16
    interpretación simplificada de, 124–25
    obras patrocinadas, 123
    opiniones de habitantes, 170n7
    significación de sus errores, 130–31
    transcripciones de Latorre, 17
    visión general de, 7–8
iguanas, 166–67n6
imagen turística, 137
imágenes, interpretación de, 140
imaginario
    anti-imperial y anti-biológico, 59
    cambio del lenguaje verbal al visual, 140
    conexión o aislamiento del, 129
    cosmopolita, 93
    definición postmoderna del, 126
    discurso científico y, 40
    económico, 18
    ecuatoriano, 111, 129
    era global, 118, 129
    folclórico, 109
    foráneo, 104
    galapaguense actual, 142
    impacto del turismo, 119
    inestabilidad, 124, 129
    del lugar en el extranjero, 50
    mítico, 35
    moldeado por el turismo, 132
    movimiento antropocéntrico y, 26
    niveles discursivos, 140
    opuestos, de colonización, 111
    representación popular, 96
    sitio violento y poco acogedor, 111
    de variada inclinación, 103
imitación de la metrópoli, 92–93
imperialismo
    anti-imperialismo en Melville, 59, 71–72, 79
    conexión entre islas mayores y las Galápagos, 117

Índice alfabético

imperialismo (*continuación*)
    intervenciones estadounidenses, 77
    lo conocido y lo desconocido, 25
    Melville sobre, 6
    políticas ambientalistas, 116
    presencia estadounidense siglo XX, 116
    representación de evolución, 56
    zona de contacto, 161n23
incas, navegación por, 31
indígenas
    carencia de, 95
    inteligencia indígena, 31
    Sarmiento de Gamboa sobre, 31
    visiones horrorosas, 14
inefabilidad
    en cuento de Hunilla, 68, 70
    repetida, 53
    sensorial, 56
infierno
    descripción en Berlanga, 14
    perversidad en Melville, 60
infierno-paraíso
    en Idrovo, 124–25, 127, 170n10
    en Melville, 156n4
    en Naveda, 111
    en Sarmiento de Gamboa, 25
infraestructura, falta de, 103
Inglaterra
    bucaneros, 14–15
    empresas navieras inglesas, 15
    hegemonía cultural, 41, 48
    ideología imperial británica, 48–49
    narrativas bilingües, 2
    paralelismos con las islas, 42–43, 48
    relación simbiótica de mapas, 42
inglés, nomenclatura, 20
inmovilización, 66
insularidad, pérdida de, 143–44, 157n9

inteligencia indígena, 31
interpretación bilingüe, 70–71
interpretación cosmopolita, 62
investigaciones científicas
    en la era global, 133
    islas como laboratorio, 7, 159n16
    por europeos, 169n24
    turismo y, 133
investigaciones narrativas, limitantes, 139
isla
    isla en la discusión postcolonial, 128, 129
    como refugio, 26
    tamaño simbólico, 126
    topos, 25
    como versión pequeña de América, 25
isla desierta
    carencia de habitantes (textos en inglés), 95
    imaginarios opuestos, 111
    origen y construcción, 33
    postulado darwiniano, 55
    presos y piratas socavan noción, 94
    re-creación de, 32, 159n21
    en los textos, 57
isla-presidio, 91
    distanciarse de, 118
    como lugar romántico, 98, 168n18
islas
    falta de homogeneidad, 61–62
    mirada y, 64
    utilidad de, 65
islas coloniales, como joyas preciosas, 16
islas conocidas y desconocidas, 31
islas de Salomón, 31
islas huérfanas, 31

Jara Idrovo, Efraín, 138
Jiménez de la Espada, Marcos, 24

Índice alfabético

Jonik, Michael E., 160n6, 161n14, 161n26, 161n28

Kristeva, Julia, 112

La Condamine, Charles Marie de, 51
La Emancipada, 81
Lansdown, Richard, 38
Larrea, Carlos Manuel, 15, 90, 156n3
Las Encantadas (Melville)
   autoría del mapa, 130
   cambios en el paisaje, 62
   disparidad estructural, 72–73
   interpretación individual y, 63
   náufrago, 78–79
   prejuicios del texto, 78
   presentación en libro de Idrovo, 130–31
   publicación de, 59
   reseñas del libro, 61
   tiempo en, 161n19
   visión general de, 57–58
   visitantes exteriores e interiores, 73
Latinoamérica
   Manifest Destiny y, 72
   repercusiones del creacionismo, 41
Latorre, Octavio, 16, 17, 23, 99, 116, 134, 165nn10–11, 165n14, 166n21, 168nn16–17, 169n24
   criterios de edición, 155n14
"La Victoria de Junín" (Olmedo), 92–93, 165n12
Lawson, Nicholas, vicegobernador de la colonia, 42, 44
Lazo, Rodrigo, 87, 165n17
legislaciones globales, 139
Leibniz, Gottfried Wilhelm, 126, 127
lenguaje, significado de, 169n2
lenguaje de la mercancía, 122
   Véase también mercantil, discurso
lenguaje del mercado, 121
lenguaje modernista, 108
lenguaje visual, 140
   en literatura de viaje, 145
leproso, noción del, 112
leyendas, cómo puede leerse, 134
leyendas chocantes, 25
liberales-conservadores, división entre, 83–84
libertad, concepto de, 161n27
libro como objeto, 131–32
Lionnet, Françoise, 136
literatura de ventas, 122, 132
literatura de viaje
   autoridad y fuentes, 57
   construcción del espacio, 140
   cuestionar por Naveda, 106
   deducciones de desestabilización, 63
   derechos de globalización, 3
   fama temprana de las islas, 103
   como género poderoso y popular, 145
   lenguaje visual en, 145
   libro de Beebe, 102
   Melville sobre, 6
   mestizaje, 136
   por modernistas, 169n23
   morfologías, 8
   objetivos, 54–55
   potencial provecho del lugar, 65
   como representación que permea, 139
   del siglo XIX, 67
   tema del náufrago, 79
   uso de autoridades, 68
   uso del inglés, 71
   vis à vis Darwin, 48–49
Luna Tobar, Alfredo, 104, 163nn40–41

McMahon, Elizabeth, 7, 16, 17, 26, 123, 126
"mago" Antarqui, imaginario y, 27, 28–29, 30
Malthus, Thomas, 38, 114

Índice alfabético

Manes, Christopher, 121
Manifest Destiny, 62
    burlado por Melville, 75
    criollo, en Naveda, 112
    escepticismo de Melville, 76
    en historia de EEUU, 72
    Latinoamérica y, 72
    Moby-Dick como texto, 72
maniqueismo, valoración de las islas, 50
mano de obra, 88, 91
mapas
    comparados con cartas, 12
    de Cowley, 21
    de Darwin, 43
    navegantes de habla inglesa, 20
    visión organizada por, 12, 154n4
    en *Voyage* (Darwin), 42
mapas coloniales, función de, 11
maravilla biológica, 53–54
marco teórico
    falta de, 3
    selección de textos relacionados, 3
Melville, Herman
    canonicidad, 59
    cuestionar, 6
    espacio de Kant en *Moby-Dick*, 160n7
    modelos arquetípicos, 71
    novela fundacional americana vis à vis, 139
    viaje a las islas, 59
    visión general de, 5–6, 57–58
mercado libre, ley de, 126
mercantil, discurso, 2
    en Berlanga, 4, 17
    criterios ideales de desarrollo comercial y agrario, 93
    extracción del guano, 18
    en Idrovo, 7, 123, 124–25, 130
    imagen de riquezas inimaginables sin ningún esfuerzo, 17
    intensidad actual, 143
    introducción de, 17
    en Melville, 65
    minorías históricas del Ecuador, 135
    en el oficialismo, 104
    pasaje sobre piedras de diamantes, 16
    registros imagen-texto, 130
    turismo y consigna ecológica, 121
    valor siempre mutante, 76
    Villamil, 74
mestizaje, 135–36
Mignolo, Walter, 11, 12, 33, 153n1, 154n4
migración, 107, 109
    identidad y, 112
    lenguaje del mercado, 121
    razón económica, 8
    turismo ecológico y, 116
Mills, Nick, 83
mirada, 54
    Darwin y Melville comparadas, 67–68
    engaño de, 67–68
    en Melville, 63, 64–66, 67–68
    poder de, 65–66
Misión Cultural del Ecuador, 116–17
Misión Geodésica francesa, 51
Moby-Dick (Melville), 160n7, 162–63n39
    pasaje de *Loose-Fish*, 162–63n39
modernidad
    ansias de Latinoamérica, 3
    ansias por llegar, 9
    apropiación de espacio, 35
    barbarie/anti-moderna, 50, 144
    en Bilbao, 86, 89
    Darwin como institución, 147
    espacio anti-moderno, 90
    falta de, 86, 89
    Galápagos como significante, 144
    lenguaje modernista, 108

Índice alfabético

presidio como tema, 158n12
proceso hacia lo moderno, 110
teoría de la selección natural, 28
turismo de élite, 102
viaje y contacto con el Otro, 34
visión general de, 1
modernismo latinoamericano en Ecuador, 169n23
mónada, 126–27
monstruosidad
  en Berlanga, 22
  carencia de habitantes y, 13–14
  iguanas, 160n11
  de isla-presidio, 91
  en Melville, 60, 63–64, 68, 163n46
  del náufrago, 78
  opinión pública y, 98–99
  en Sarmiento de Gamboa, 25
  de tortugas, 63–64
  visión de América, 131
Montaigne, Michel de, 154n9
movimiento antropocéntrico, 26, 34, 134
movimiento retórico, 145
múltiple puesta en escena, 64
Murúa, Martín de, 23

nacionalidad
  condición individual de, 107
  como criterio, 110
nacionalismo
  "hacer país," 114
  en Naveda, 107, 113
  orgullo nacional, 113
narraciones
  en la era global, 118
  intento por refundar la narrativa galapaguense, 119
  inventados, 26
  visión global de, 140
narraciones del espacio, 143
narraciones fundacionales, 18
  nexo político-estatal, 24

narrativa colonial, técnicas de persuasión, 31
narrativa extranjera de apropiación, 77
narrativa global, 114
narrativa sustancial, 46
narrativa del turismo, 142
narrativa de viajes, 142
narrativas bilingües, 36
  de Idrovo, 7, 123
  primeras instancias, 2
narrativas fundacionales, 18, 24
  caos fundacional, 50
"Naturaleza" (Emerson), 63
naturaleza
  inacabada en Melville, 64
  presencia del ser humano y, 66
náufragos, 78–79
  en Bilbao, 95
  ficticio programa radial estadounidense, 102
  relatos y episteme neoimperial, 94
Naveda, Bolívar
  discurso de, resumido, 7
  fisura identitaria, 7–8
  lenguaje poético para explicar a Darwin, 113–14
  permanencia en las islas, 105
  visión general de, 6–7
neocolonialismo, en Naveda, 117
nomenclatura, 19–20, 71, 74, 155n20
novela exótica, 27

observación del narrador, 67–68
océano, como espacio de negociación de identidad, 95
océano pacífico como espacio liminar, 71
Olmedo, José Joaquín de, 74, 92–93
  interés doble de, 93
Olson, David R., 72, 154nn4–5, 160n7, 161n27

197

Índice alfabético

origen insular
    aislamiento, 33
    como criterio de evaluación, 33
    mito del, 143, 144
    segundo, 33–34
    volcánico, 51
origen volcánico, 51
The Origin of Species (Darwin)
    comparado con *The Voyage*, 49
    especies endémicas, 45–46
    primera traducción, 158n15
Ortega y Gasset, José, 102, 156n5, 166–67n6
Osorio Garcés, Beatriz, 14
Ospina, Pablo, 26, 113, 134, 156n4, 158n9, 168n19, 169n6
Otro
    lugar "desconocido" y, 33
    representación colonial del, 28
    subjetividad presencial del, 95
    como sujeto, 28
    viaje y contacto con, 34

Pagden, Anthony, 155n20
paisaje
    en Emerson, 62, 73
    hostilidad en Berglanga, 14
    en Melville, 61, 62–63
paraíso, como discurso homogéneo actual, 144
paraíso perdido, 18, 156n4
pasaje
    capacidad del autor y, 30
    valor siempre mutante, 76
pasaje como modelo, 30
patriotismo/impulso patriótico
    en detrimento de lo extranjero, 107
    dualismo en el autor, 166n4
    por escritores nacionales, 3
    en Naveda, 113
    novelas de, 82
    resistencia insular, 117
pena de muerte, 85
    Briones y acompañantes, 164n8

Bruno, 97
Miguel Pérez, 89
presidarios y, 89–90
percepción visual, ejemplos, 54
peregrinos, 162nn36–37
periodismo, 102, 167n11
perros salvajes, 106
Perú, pleito fronterizo con, 167n8
    Véase también guerra con Perú
pesca, 18, 54
    ley de, 116
pesca y fauna, listado de, 115
Piazza Tales (Melville), 161–62n28
picos de los pinzones, 39, 42, 46, 47
pilgrim, 75
    traducción de, 162n36
piratas
    Briones y acompañantes, 9, 83, 86, 99, 164n8
    británicos, 90
    descripción de Dampier, 14–15
    estado-nación y, 96
    figura del pirata como modelo, 86
    figuras de alta subjetividad emocional, 82
    irracionalidad, 6
    libros sobre, 82
    tortugas como alimento, 15, 18
    valor simbólico de, 86
Plan General de la Cooperativa Agrícola Industrial Ecuatoriana, 118
Plaza, Galo, 114
Plaza, Leonidas, 97
población extranjera, 127
Polar, Cornejo, 157n10
Pólit Narváez, Rafael, 163n42
Polk, James, 71
Porter, David, 78
positivismo, 49, 54, 55, 64, 67, 68, 78
Pratt, Mary Louise, 155n17, 159n17
    zona de contacto, 70, 161n23

Índice alfabético

presencia estatal en las islas, visión general de, 2
presidarios
   Briones, 164n8
   como capital humano, 78
   en Darwin, 48
   definición de Bilbao, 95
   desterrados, 158nn10–11
   división antropológica, 111–12
   como enemigos monstruosos, 91
   génesis de la identidad galapaguense, 158n5
   gobierno independiente, 165n15, 165n17
   identidad criminal, 144–45
   ignorados en Darwin, 5
   en informe de Villamil, 88–89
   irracionalidad, 6
   isla-presidio, 91
   literatura de viajes y, 49
   movida astuta diplomática, 77
   en Naveda, 111–12
   opinión pública y, 98–99
   pena de muerte, 89–90
   como presencia estatal, 2, 57
   como seres abyectos, 112
   Villamil sobre, 75, 88–89, 92
   como vínculo, 92
   vistos por las autoridades, 91
   Véase también colonia penal
presidio como tema, 48, 158n12
   menosprecio por ecuatorianos, 111
   noción del criminal, 112
   Véase también isla-presidio
preso-pirata, figura del, 94
presos políticos, 48, 158n11
progreso, 92
   cosmopolita, 93
   posibilidades actuales, 109, 110
propiedad pública universal, 2, 35, 36
prostituta de Guayaquil, 109
proyecto nacional, en Naveda, 108

Quiroz, Mabel, 163–64n2

lo real, 140
   en Bilbao, 83
Real Expedición Botánica, 51
lo real maravilloso americano, 4
realismo social, 109
reality principle, 156–57n8
recepción, relaciones de, 8
   ambigüedad, 66
   en Melville, 64
re-creación, movimiento de, 4
   en Idrovo, 132
   isla desierta, 32
   pautas de, 33–34
   en Sarmiento de Gamboa, 27
   a través de textos, 32
recursos naturales
   conservación, 127
   desgaste, 141–42
   políticas ambientalistas foráneas, 116
   reglamentos, 116–17
   reuniones cumbres, 115, 116
   tensión ecológica, 116
   torpeza administrativa, 118
reforma penal, 85
reificación, 132, 137
relatividad cultural, 30
relato de rey de los perros, 73, 75, 162n31
relatores coloniales, 12
   intento constante por ubicar, 13
relatos alternos, 5
religión/tema religioso, 38
   en Darwin, 50, 57, 78
   relativización religiosa, 78
representaciones del espacio, 12–13
representaciones ideales, 12
representaciones visuales, 140
   fotografías, 140
reproducción narrativa de las islas, visión general de, 1
residencia legal o ilegal, 107
   como criterio, 110

Índice alfabético

resistencia insular, 117, 143
retórica, peso de, 140
retórica española de desacralización, 14
Rivadeneira, Diego de, 19, 25–26, 155n18
Robles, Presidente, 163n41
Rodríguez-Arenas, Flor María, 93–94
Rogers, Woodes, 15
rompecabezas, imagen del, 73
Rosa, Salvator, 160n1
ruptura familiar, 97

Sáenz, Manuela, 163n43
salvaje, *topos de*, 79
Sarmiento de Gamboa, Pedro
　agenda del autor, 31
　sin conocer las islas, 23
　credibilidad, 29
　cuestiona el paradigma historiográfico, 26
　movimiento ficticio, 34–35
　oposición con relato de Berlanga, 24
　posibilidades de riquezas, 31
　técnicas retóricas en, 4
　visión general de, 4–5
satélite, noción del, 47, 48, 53, 107, 158n9
Schema Theory, 29, 156–57n8, 157n15
Segunda Guerra Mundial
　capital simbólico y, 18
　colonos alemanes, 166n5
　documental de Idrovo, 122, 155n16
　ocupación por Estados Unidos, 7, 77, 105, 168–69n20
　renovado atractivo de las islas, 104–05
selección natural, postulado de capítulo sobre "las islas encantadas," 39
narrativas bilingües, 2

en Naveda, 113
oposición a, 6
primera aparición de seres humanos, 55
como re-fundación autoritaria, 55
uso del idioma, 5
valor al turismo, 19
sensación auditiva, 52
sentidos, cinco, 51
sentidos gustativos y visuales, 52–54
seudónimo, uso del, 68, 70
significación, condensación de, 9
　en Berlanga, 22
significado
　evolucionista, 38
　de experiencia, 49
　heterogeneidad del significado representativo, 16
　imaginario en Idrovo, 124, 129
　lugar mismo como, 142–43
　marco teórico y, 3
　polisemia a partir de los sentidos, 54
　potencial, 24
　referente real y, 9
　sintético y analítico en Melville, 67
significante insular, creación del vacío del, 146
significante de la modernidad, 144
silencios en la narración, 69–70
sinestesias, 52–53
Smith, Vanessa, 128, 129
soberanía del territorio
　colonizar las islas con criminales, 77
　en Darwin, 48
　Ecuador vis à vis las islas, 148
　Guantánamo, mención de, 115
　Perú-Ecuador, 76, 101, 107
　La sociedad de colonizadores de Galápagos, 102, 110–11
Sommer, Doris, 81, 94, 107
Specq, François, 160n1, 163n44

Índice alfabético

sujeto
 configurar la mediación del, 146
 Ecuador como, 55
 Otro como, 28
 relación de poder con el paisaje, 43
surfing (deporte), 136–37

Tallmadge, John, 44
Tarnmoor, Salvator R., 59
tecnologías y cambio de formato, 145
testimoniar, 155n20
textos coloniales
 casi desaparecen, 53
 condiciones inherentes, 21
 copia facsímil, 149–52
 derechos de globalización, 3
 mestizaje, 136
 pertenencia a la colonia de las islas, 32
 recreación a través de, 32
 teoría de viaje y, 27
textos galapaguenses, dificultades de interpretar, 144
Thoreau, Henry, 162n37
tiempo
 concepto temporal en Naveda, 113
 estancamiento del, en Melville, 66–67
 proyección temporal de Melville, 62
 silencios en la narración, 69–70
Toledo, virrey del Perú, 27, 30
topos de la isla(s), 15, 25, 55
tortugas
 como comida, 15, 18, 53–54, 154n10
 descrita de modo monstruoso, 63–64
 dramatismo calculado en Darwin, 44
 como emblema turístico, 15

énfasis en la especificidad, 45
especies diferentes entre islas, 42
"maldición de la tortuga," 144
Solitario George, 146, 171n2
totalidad, 50, 56
tradición literaria galapaguense, en Melville, 73
tradición representativa, 49, 52
traducción, problema de, 70–71
Transcendentalismo, 5
 antítesis en Melville, 59
 desestabilización en Melville, 62, 65
 Meville sobre Emerson, 160n3
 en Naveda, 113
transporte, o trasplante, 33
tributo, 94
Tungurahua, 135
Tupac Yupanqui, 24, 26
 esquema mental europeo sobre su navegación, 28
 presencia de mercaderes, 31
 razonamiento de, 30
 en relatos coloniales, 23
 visión general de, 4
turismo
 autodenominarse ecológico, 116
 banal, 132, 170n13
 componentes de narrativa utilizados por, 19
 consecuencias del, 123
 consumo doble, 146
 ecosistema y, 121
 ecoturismo, 116
 del Ecuador, 124, 126
 de élite, 7, 101–02, 132, 146
 estado de emergencia por, 170n14
 experiencia del viaje, 8
 fuerza de la industria turística, 1
 impacto en el imaginario, 119
 como industria, 141–42
 internacional, 116

201

Índice alfabético

turismo (*continuación*)
    de masa, 132
    narrativa de, 142
    políticas de control, 8
    potencialidad para, 122
    del sentimiento insular, 143–44
    turista como espectador activo, 123
    variedad de turistas, 124
Turner, 170n11

Urco Huaranca, 30
utopía y distopía, 17

Valéry, Paul, 169n2
valor de las islas, 3
valores fabricados o verdaderos, 109
Van Den Abbeele, Georges, 142
vanguardia capitalista, 159n17
venta, literatura o retórica de, 122, 132
viaje
    como búsqueda de la identidad, 8
    contacto con el Otro, 34
    mental, 29
    Véase también literatura de viaje
viaje, relatos de, como manuscritos oficiales, 27
viaje, teoría de, 27
Villamil, José de
    antecedentes, 74, 162n34
    como autoridad, 18
    cuento de Melville, 75–76
    Darwin no lo nombra, 43
    disciplina un problema, 89
    guano como recurso, 18, 74, 89, 162n35
    informe (1833), 88–89
    en Melville, 74
    ocupar las islas con presos, 87
    primer informe, 75
    referencias a los presidiarios, 92
    como representante mercantil, 77–78

títulos de propiedad, 87
Villoro, Juan, 159n25
violencia
    Asilo de Paz contrasta, 88
    como constructo historiográfico, 85
    construir proyecto nacional, 87
    en derecho natural, 84–85
    identidad y, 6
    como marcador identitario de constitución republicana, 145
    medio para alcanzar un objetivo mayor, 85
    en Naveda, 112
    pena de muerte, 85
    racionalizar mediante matriz política, 84
    representación galapaguense y, 98
violencia textual
    actual, 143
    extranjera, 113
    en Naveda, 106
visión, como mecanismo de comprobación y observación, 54
vizcachas, 54
vodevil, noción del, 166–67n6
Vonnegut, Kurt, 162n33
The Voyage of the Beagle (Darwin)
    alteraciones entre ediciones, 37, 38, 44–45, 158n4
    cambios en el título, 157–58n17
    capítulo sobre "las islas encantadas," 39
    comparado con *The Origin*, 49
    cuestionamiento, 37–38
    distribución de especies endémicas, 46
    ediciones contemporáneas, 41
    fluidez del texto, 38
    fuentes de información de segunda edición, 44
    imágenes adicionales, 41–42
    importancia y difusión, 37

Índice alfabético

lectura híbrida, 42
recepción del *Origin*, 54
significado de la reescritura, 38, 55–56

Walton, Kendall, 156–57n8
Watkins, Patrick "fatherless Oberlus," 78, 163n45
White, Hayden, 29
Worden, Joel Daniel, 161nn17–18

Zimmerer, Karl, 127

Sobre el libro

Esteban Mayorga
Galápagos: Imaginarios de la evolución textual en las islas encantadas
PSRL 77

Este libro intenta mostrar la representación textual de las islas Galápagos desde su descubrimiento hasta nuestros días. El argumento principal sugiere que la descripción de este espacio crucial para la modernidad, dada la retórica de los escritores de viajes y ficción, transforma el área insular para concebir formas alternativas del proyecto de construcción nacional en América Latina. Como resultado de las empresas coloniales, excursiones científicas, crónicas periodísticas o expediciones, la escritura de viaje de las Galápagos condiciona la formación del estado y su imaginario nacional. Esto ocurre por el capital simbólico que posee archipiélago y por el deseo de los intelectuales latinoamericanos de pertenecer a un territorio cosmopolita.

El espacio insular funciona como un significante vacío donde los viajeros pueden comunicar su propio significado al narrar las experiencias de sus viajes. Este fenómeno crea una división conceptual y política entre la identidad de las islas y la nación ecuatoriana. Dichas ambigüedades narrativas crearon una ruptura que condujo a variaciones fundamentales en la forma en que los habitantes locales y entidades extranjeras interpretan las Galápagos hoy en día, ya que su literatura refleja una tensión particular de cara a las tendencias migratorias en las islas, así como los intereses globales que prevalecen en la apropiación del espacio.

About the book

Esteban Mayorga
*Galápagos: Imaginarios de la evolución textual
en las islas encantadas*
PSRL 77

This book, written in Spanish, takes a literary and cultural studies model to explain the textual representation of the Galapagos islands since their discovery until present day. The main argument suggests that the depiction of this crucial space for modernity, given the rhetoric of travel and fiction writers, transforms the insular area in order to conceive alternate forms of the nation-building project in Latin America. As a result of colonial enterprises, being scientific excursions, journalistic pieces or expeditions, travel writings of the Galápagos condition the formation of the state and its national imagery through the symbolic capital of the archipelago and the desire of Latin American intellectuals to belong to a cosmopolitan territory.

The insular space functions as an empty signifier where travelers are able to communicate their own signified upon narrating the experiences of their journeys. This phenomenon creates a conceptual and political division between the identity of the isles and the nation of Ecuador. The narrative ambiguities created a rupture leading to fundamental variations in the manner in which local inhabitants and foreign entities interpret the insular province nowadays, as the literature of the Galápagos reflects a scale of friction and migratory tendencies into the islands, as well as global interests that prevail in the appropriation of the space.

Sobre el autor

Esteban Mayorga es doctor por el Boston College en letras hispánicas y sus áreas de investigación son la novela latinoamericana, literatura de viajes, la ficción transatlántica contemporánea y literatura comparada. Es autor de varios libros de ficción, incluidos *Moscow, Idaho* (2015) y las novelas cortas *Cuarenta y Faribole,* publicadas en 2018. El Dr. Mayorga imparte un curso sobre literatura de viajes latinoamericana y lleva a sus estudiantes a Ecuador y a las islas Galápagos. Es profesor en la Universidad de Niagara, NY y en la Universidad San Francisco de Quito, Ecuador.

About the author

Esteban Mayorga is on the faculty of the Department of Modern and Classical Languages at Niagara University, and Universidad San Francisco de Quito, Ecuador. He received his PhD in Hispanic Studies from Boston College. His areas of research include the Latin American novel, travel writing, contemporary transatlantic fiction, and comparative literature. He has written a variety of fiction works, including the novels *Moscow, Idaho* (2015) and *Faribole* (2018). Every other year he teaches a course on Latin American travel literature and takes students to the Galápagos Islands and the jungle of Ecuador.

Este libro aborda las distintas maneras en las que el archipiélago de las Galápagos ha sido representado y tergiversado, usado y abusado en las narrativas de viaje a lo largo de historia. El autor argumenta de forma muy convincente que, ya estén los autores a servicio de los imperios (español, británico, etc.) o sean ecuatorianos nacionales, sus representaciones de las Galápagos fueron mediadas siempre por intereses específicos que rara vez tuvieron en cuenta las islas o a los isleños mismos. El estudio abarca una impresionante cantidad de textos producidos a lo largo de cuatro siglos en diferentes idiomas y escritos en tradiciones y géneros diferentes (memoria, historia, ficción). Es un libro bien pensado y estructurado de erudición excelente que aporta una vida nueva al campo de estudios culturales latinoamericanos.
      Veronica Salles-Reese, Georgetown University

This book addresses the different ways the Galapagos archipelago has been represented or misrepresented, used and misused in travel narratives throughout history. The author argues quite convincingly that, whether the authors were at the service of empires (Spanish, British, etc.) or were Ecuadorian nationals, their representations of the Galapagos were always mediated by specific interests that seldom took into account the islands or the islanders themselves. The study covers an impressive number of texts produced over four centuries in different languages and written in different traditions and genres (memoirs, history, fiction). It is a well thought out and structured book of superb scholarship that gives new life to the field of Latin American Cultural Studies.
      Veronica Salles-Reese, Georgetown University

Printed in the United States
By Bookmasters